もくじ

第Ⅱ部　北坦事件の背景

第Ⅲ部　無差別虐殺の日

※銃砲撃の前線に、食糧をとどける
※南坦で日の丸をはっきり見た
※東湖村からかけつけ、区小隊・民兵一七人で守備

3

毒ガス散布——当日午後(五月二七日)……………………………………

※ガス中毒でつかまった後、抗日幹部らと脱走する
※李洛敏家の集団虐殺を、兄が目撃した
※八路軍の捕虜に仕立てあげられたため、井戸端の虐殺を免れる
※中国人を殺すと同時に、井戸のなかに蹴り入れた
※ロープで縛られたまま、日本兵をふり切って逃げる
※「漢奸」の密告で強姦された婦女救国会主任
※死体の上を這って逃げた
※毒ガス中毒のクシャミとセキで、地下道のなかは騒然
※地下道で毒ガスを嗅ぎ、姉、妹、弟の計四人が殺される
※一族一八人のうち一〇人を殺される
※毒ガスはトウガラシと硫黄を混ぜた臭い
※ニンニクと石けんで毒ガスを防いだ
※女性たちは、強姦された
※一〇〇人の民衆を連れて、東へ逃げた

装丁＝商業デザインセンター・松田　礼一

はじめに

中国・河北《ホーペイ》省定州《ティンチョウ》市北坦《ペイタン》村は、北京《ペイチン》市から南西へ車で四時間ほど行った「日本軍毒ガス作戦の村」です。

むかし、日本軍はこの村で毒ガスを使って、数百人の中国人を虐殺しました。一体、なぜ、そんなことをしたのでしょうか？　それはどんなようすだったのでしょうか？　中国の村人たちは、抵抗しなかったのでしょうか？　また、この事件はなぜ日本ではあまり知られてこなかったのでしょうか？　いや、そもそも本当に、そんな事件があったのでしょうか――？

私は、こうしたことを皆さんに知っていただくために、この本を書きました。

この事件が確かにあったということは、第Ⅰ部を読んでもらえればわかります。これは、私が八年前に、『週刊金曜日』に発表した「皇軍《こうぐん》毒ガス作戦の村」というルポ（一九九五年六月九日・一六日・二三日・三〇日号の四回連載）に加筆したもので、私が北坦を初めて訪問してから事件を理解していった時間の流れにしたがって、書いてあります。その後、改めてより多くの事件の生存者の人たちから、さらに詳しく聞き取った事件当日の全体像を事件の進行した時間にそってまとめ、本書のメインとして第Ⅲ部にすえました。

あしかけ一五年になるこうした一連の調査をしてきた動機の一つは、「本当のことを知りたい」という単純な思いです。日本では、かつての中国侵略に関し、本当のことがあまりにも語られません。後述するように、アジア太平洋戦史をまとめた「公刊戦史」といわれる『戦史叢書《そうしょ》』（防衛庁防衛研修所戦史室編、朝雲新聞社刊、全一〇二巻）では、日本軍が北坦村で毒ガスを使った事実は、意図的に隠されています（五五ページ参照）。日本軍にとって都合のいい部分だけが収められ、被害者の中国側の視点は欠落してきました。私のこの本は、その欠落を埋めるものです。

こうした日本社会の隠蔽《いんぺい》体質は、いまの日本のありようとも無縁ではありません。このような歴史の「欠落」を埋める努力をせず、日本の侵略戦争を美化し、正当化する歴史教科書が文部科学省の検定に合格、首相をはじめとする政府要人、国会議員の多くが靖国神社へ参拝するといったことが当然のように続いています。

また、それと並行するように、日本では次の戦争への準備が着々と進められてきました。米国での「九・一一テロ」以降、米国によるアフガン攻撃にはイージス艦を送り、続く米国の「イラク戦争」には小泉首相がいちはやく「理解」「支持」を表明、さらに「北朝鮮の脅威」を口実に、「有事法制」法案が国会で成立してしまいました。

こういう状況のなかで、いま、「北坦の虐殺」を調査・発表することには、次のような意味があると思われます。

二〇〇一年八月、『新しい歴史教科書』（新しい歴史教科書をつくる会編）の検定合格に対して、中国の人々は、またも日本に軍国主義が台頭してきたかと警戒の念を強めています。しかし、日本と中国の民衆は戦争に反対するために一致団結すべきであり、「日本人はみんな、戦争をしたがっている」という印象を中国の人たちに持たせることは、日中双方の民衆に憎悪の種をまき散らすことになると思います。こうしたなかで日本人が進んで過去の加害事実を掘り起こすことは、「日本の民衆だって戦争に反対しているのだ」というメッセージを中国の民衆に送ることになるでしょう。

日中戦争における日本軍の蛮行としては、日本では「南京大虐殺」が有名ですが、虐殺はなにも南京だけではありませんでした。日本軍は「聖戦」をかかげながら、実は華北のいたるところで「三光作戦」（焼き尽くし、殺し尽くし、奪い尽くす。七〇ページ参照）を行い、住民虐殺をくりかえしました。北坦事件はその典型的な一例でした。

まず、北坦事件の概要を整理しておきます。（北坦は「北疃」「北町」とも表記するが、歴史事件なので、私は事件時に日中双方が使っていた「北坦」をとる。現在は、『河北省普通地図集』〈河北省総合地図集編纂委員会編制、中国地図出版社〉では、「北疃」と表記されている）。

——いつ？　一九四二年五月二七〜二八日（毒ガス散布は二七日）
——どこで？　中国・河北省《ホーペイ》定南県《ティンナン》（現・定州市《ティンチョウ》）北坦村《ヘイタン》（事件当時の人口一二二七人、二二二戸）
——誰が？　日本陸軍第一一〇師団第一六三連隊（松江）第一大隊（第一大隊は、第一一〇連隊〈岡山〉第一一中隊からの抽出兵力をふくむ混成大隊）
——誰を？　中国側軍民八〇〇〜一〇〇〇人
——どのように？　地下道に避難した中国側軍民に対し、国際法で禁止された毒ガス「あか」を流し込んで、虐殺した。死者は主に、①毒ガス中毒によるもの、②中毒者に対する刺殺、銃殺などによるもの、③日本軍が村を包囲して直後の砲撃・銃撃によるもの——の三つに分けられる。強姦された女性も、相当数にのぼるという。
——事件の特徴　北坦事件は、①三光作戦、②毒ガス使用、③強制連行の「三点セット」であり、日本の中国侵略の象徴的な事件である。そこでは、侵略の正面に立ちはだかった本当の敵、すなわち全住民が目覚めて侵略者に抵抗した人民戦争を、毒ガスまで使ってなりふりかまわず殲滅《せんめつ》しようという日本軍国主義の残虐な本質がむき出しになった。

さて、北坦事件では、多くの中国人が殺されましたが、日本人も五人死にました。彼らは本当は誰に殺されたのでしょうか？　それを念頭において読んでいただければ、うれしく思います。

※本文中にある人物の年齢は事件当時の年齢（中国側の証言者の年齢は「数え年」で表記）。
※中国側の人名・地名については、中国語読みのフリガナをつけた。
※人物の敬称については、一部省略した。
※本文中の写真は、一点を除き、すべて著者の撮影したものである。

ロシア
黒河
ハイラル
チチハル
黒龍江省
モンゴル
ハルピン
吉林省
長春
内モンゴル自治区
山海関
潘家峪
瀋陽
錦州
遼寧省
承德
営口
河北省
包頭
北京
唐山
大連
旅順
天津
陽泉
北坦
太原
石家庄
臨県
済南
延安
西営鎮
青島
陝西省
山西省
山東省
鄭州
徐州
江蘇省
西安
河南省
安徽省
南京
上海
湖北省
武漢
四川省
宜昌
杭州
浙江省
南昌
湖南省
江西省
貴州省
福建省
台湾
広西壮族自治区
広東省
広州
香港

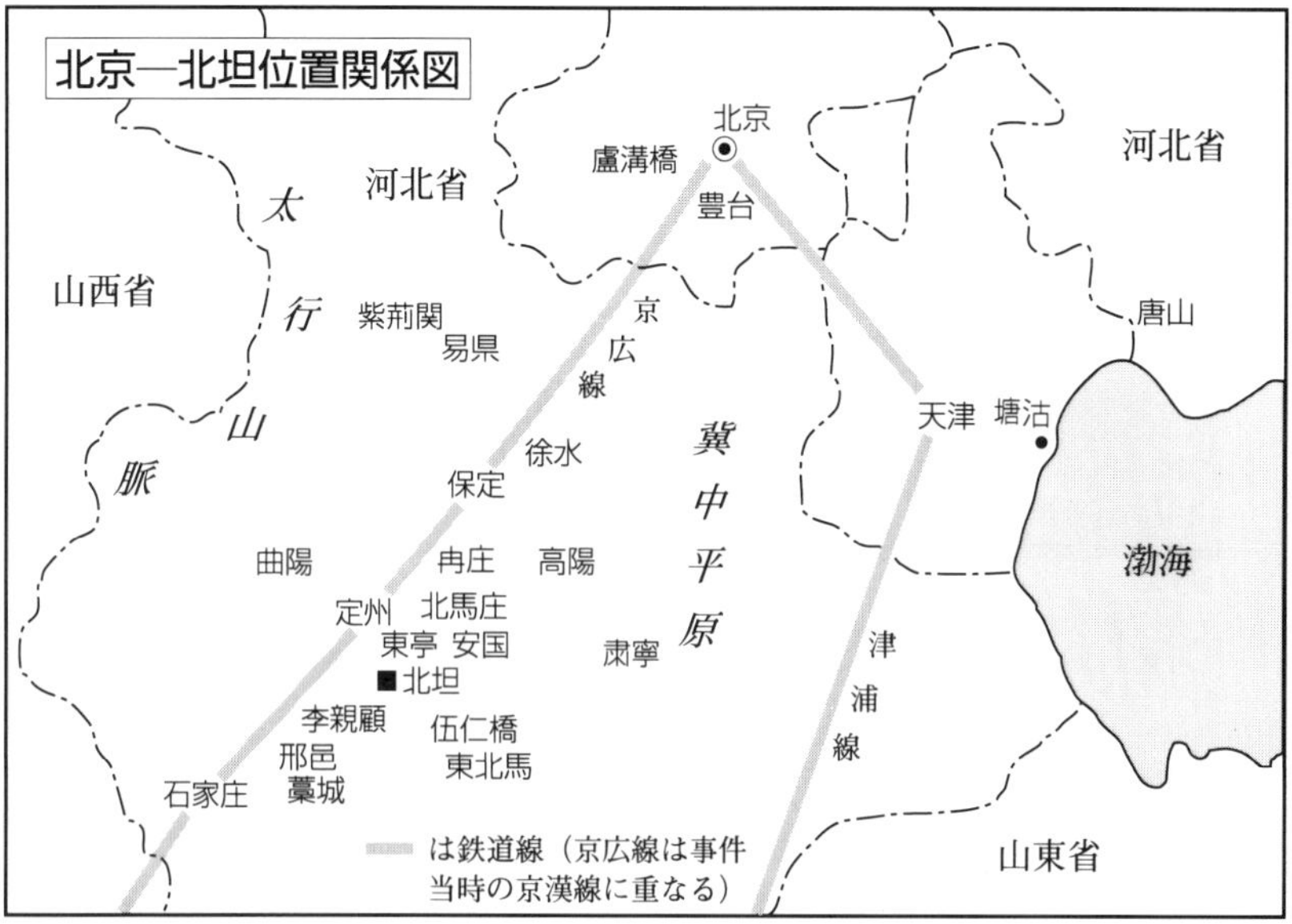
北京―北坦位置関係図
北京
盧溝橋
豊台
河北省
河北省
太
行
山
脈
山西省
紫荊関
易県
京
広
線
唐山
天津
塘沽
冀
中
平
原
徐水
保定
曲陽
冉庄
高陽
渤海
定州
北馬庄
東亭
安国
粛寧
津
浦
線
北坦
李親顧
伍仁橋
邢邑
東北馬
石家庄
藁城
は鉄道線（京広線は事件
当時の京漢線に重なる）
山東省

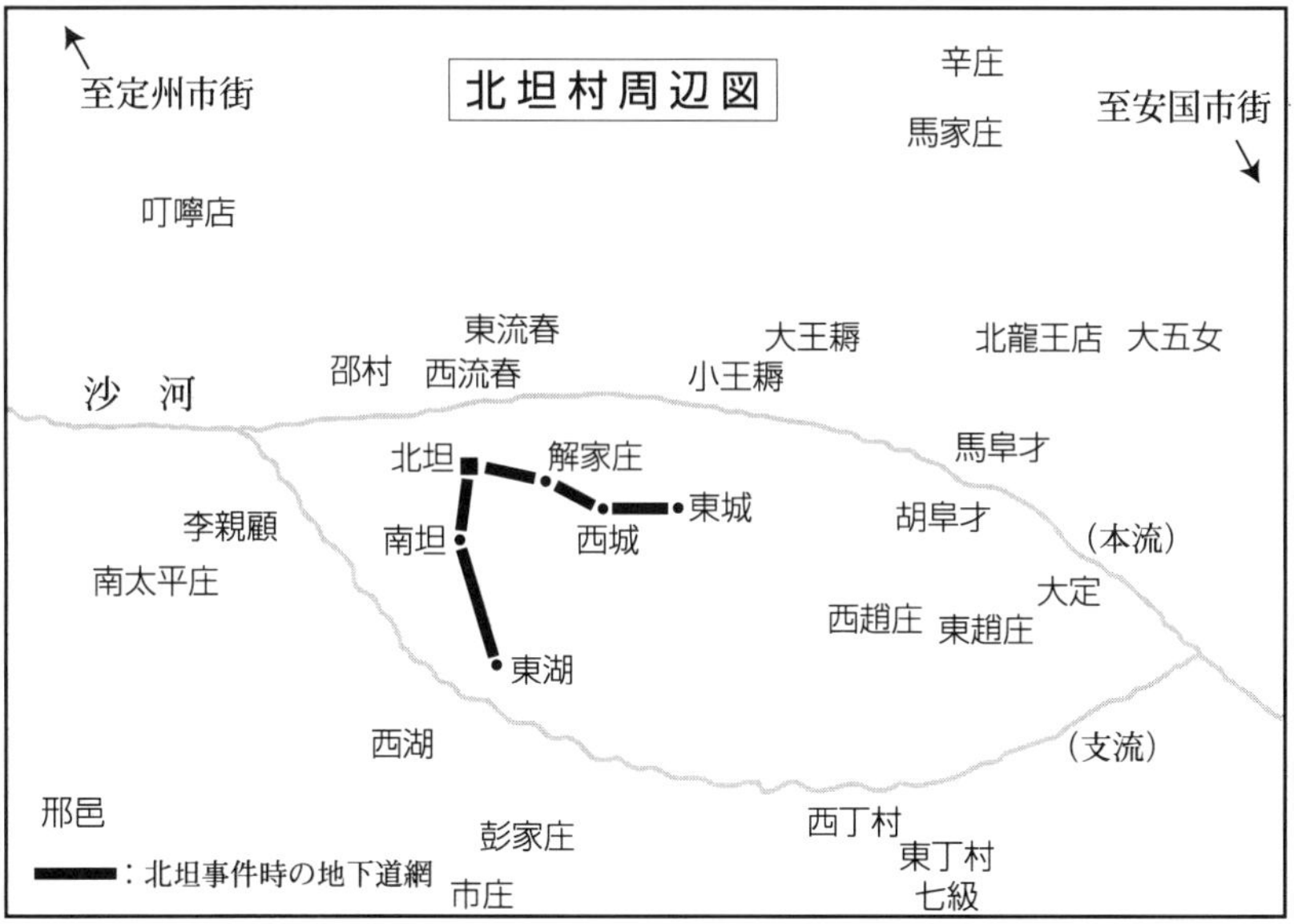
至定州市街
北坦村周辺図
辛庄
馬家庄
至安国市街
叮嚀店
東流春
大王耨
北龍王店
大五女
邵村
西流春
小王耨
沙　河
北坦
解家庄
馬皐才
李親顧
東城
南坦
西城
胡皐才
（本流）
南太平庄
大定
西趙庄
東趙庄
東湖
西湖
（支流）
邢邑
彭家庄
西丁村
東丁村
：北坦事件時の地下道網
市庄
七級

証言をしてくれた幸存者《シンツンチヨ》

※証言をしてくれたのは全部で二四人（ただし、趙鉄夫さんのみ回想録による）。うち病床にあった李春梅さん（七六・二〇〇一年一二月）のみ撮影できず、写真を掲載していない。（証言ページ数＝一八七・二〇六・二九四・二九七）／（）内の数字は聞き取り調査年月とその時の年齢。／紹介文の後の数字は、証言が掲載されているページ数。

李《リ》慶祥《チンシアン》さん（74/01. 4）

北坦村民。毒ガスが充満する地下道内を家族で逃げまどい、家族８人のうち、妹、弟、姉の４人を殺された。 166

李《リ》徳祥《トーシアン》さん（80/01.12）

北坦の民兵隊長。毒ガス中毒で日本軍に捕まるが、抗日幹部らと脱走した。家族５人中４人を殺された。23. 105. 120. 132. 207. 282. 298

郭潤清《クオルイチン》さん（83/02. 1）

李親顧村の青年抗日救国会の主任。朱根徳家の集団虐殺を目撃した後、満州の炭鉱へ強制連行。脱走後、再び抗日活動に身を投じた。 88. 97. 141. 258

李《リ》勝徳《ショントー》さん（77/01.12）

南坦村の民兵。東湖村に逃げて助かった。「麦束と見まごうほどの」おびただしい死体を見た。97. 124. 183. 196. 280. 298

王士傑《ワンシーチエ》さん（80/01. 12）

北坦の抗日政府の財務責任者。毒ガスをかぎながら地下道内を逃げた後、地上を王耨村まで逃げて助かった。 127. 173. 205. 285. 300

証言をしてくれた幸存者

楊青《ヤンチン》さん（81/01. 12）

青年抗日先鋒隊の隊員。北坦の北端の激戦地で戦った。地下道内で毒ガスを吸うが、最後は村の南のレンガ窯まで逃げて助かった。108. 115. 163. 204

李《リ》文《ウエン》生《シヨン》さん（82/01.4）

北坦の抗日幹部で、治安担当の公安委員。北坦の東端で「183体の死体を見た」。 214. 286

趙《チャオ》鉄《ティエ》夫《フー》さん（88/02）

北坦の属する定南県の共産党書記（最高指導者）。北坦事件のほか抗日戦争勝利までの県内の抗日活動を最も高所から了解している。 95. 114. 275

李《リ》素然《スーラン》さん（86/02. 1）

李親顧の婦女救国会の主任。郭潤清さんの妻。地下道に入らずに逃げた。事件後、若い男たちが地下道内で死んでいるのを見た。 209

王紅喜《ワンホンシー》さん（79/01. 12）

北坦の民兵。村の東南端で戦った。地下道内で毒ガスに中毒し、日本軍に捕まったが、すきを見て小王耨村まで逃げて助かった。125. 158. 301

李《リ》全《チユエン》道《タオ》さん（77/02.1）

北坦村民。辛庄村まで逃げて助かった。事件後、日本軍のトーチカで日本人教師から同化教育を受けた。 123. 180. 208. 288

王党仁《ワンタンレン》さん（74/02. 1）

北坦村民。地下道内で毒ガスを吸引した後、地上を小王耨村まで逃げて助かった。兄は、李洛敏家の集団虐殺を目撃した。

139

李《リ》秋海《チウハイ》さん（80/01. 12）

北坦の属する第一区の区小隊の兵士。地下道内で毒ガスを吸引した後に日本軍に捕まったが、縛られたロープを振り切って逃亡。　129. 154

李《リ》根山《ケンシヤン》さん（80/01.12）

南坦の民兵の小隊長。地下道内を南の東湖村まで逃げて助かった。事件後、八路軍に入った。
129. 178. 198. 293. 301

朱双印《チユシユアンイン》さん（82/01.12）

南坦の抗日幹部で民兵。100人余りの民衆を連れて、趙庄まで逃げた。10人家族のうち、19歳の妹を事件で殺された。　182

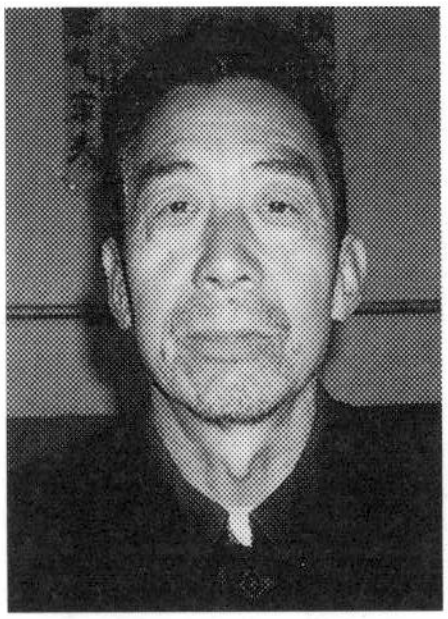

王占民《ワンチヤンミン》さん（63/01.12）

北坦村民。一族18人のうち10人を殺された。家族４人で地下道内に避難したが毒ガスに中毒し、地上に出て北へ逃げた。
171. 298

王俊傑《ワンチユンチエ》さん（78/02. 1）

北坦の民兵。日本軍につかまり、朱根徳家の集団虐殺を目撃した。満州に強制連行されたが、自力で逃亡。再び捕まって九州に強制連行された。
150. 253. 299

証言をしてくれた幸存者

王布雲《ワンブーユン》さん（80/02. 1）

定南県の青年抗日救国会の主任。日本軍の来襲前に北坦から東城村に避難して助かった。事件後の惨状を目撃した。189. 193. 279. 303

魏振昌《ウエイチエンチヤン》さん(75/02.1)

南坦村民。事件後、地下道から30～40体の死体を引き出して、10数体を自分の畑に埋めた。李五全さんと一緒に、八路軍に入隊した。186. 194. 292

李五全《リウチユエン》さん（78/02. 1）

南坦村民。地下道にもぐらずに、村の西から北へ大きく迂回して逃げた。事件後、八路軍に入隊。184. 292

李《リ》素香《スーシアン》さん(76/01. 12)

南坦村民。李根山さんの妻。一家で地上を流春村まで逃げて助かった。妊婦がお腹を斬られて、胎児がお腹から出て殺されているのを見た。208

李《リ》昇児《シヨンアル》さん（71/02. 1）

北坦村民。小王耨村まで一家で逃げて助かった。従兄弟は鉄線で後ろ手にねじり上げられ、銃剣で刺殺されて地下道に放り込まれていた。202. 287

劉忠明《リウチヨンミン》さん（83/02. 1）

北坦村民。沙河北岸の流春村へ逃げて助かった。抗日活動を通じて最も印象深いのは、毒ガスで殺された犠牲者の顔だという。　200. 283

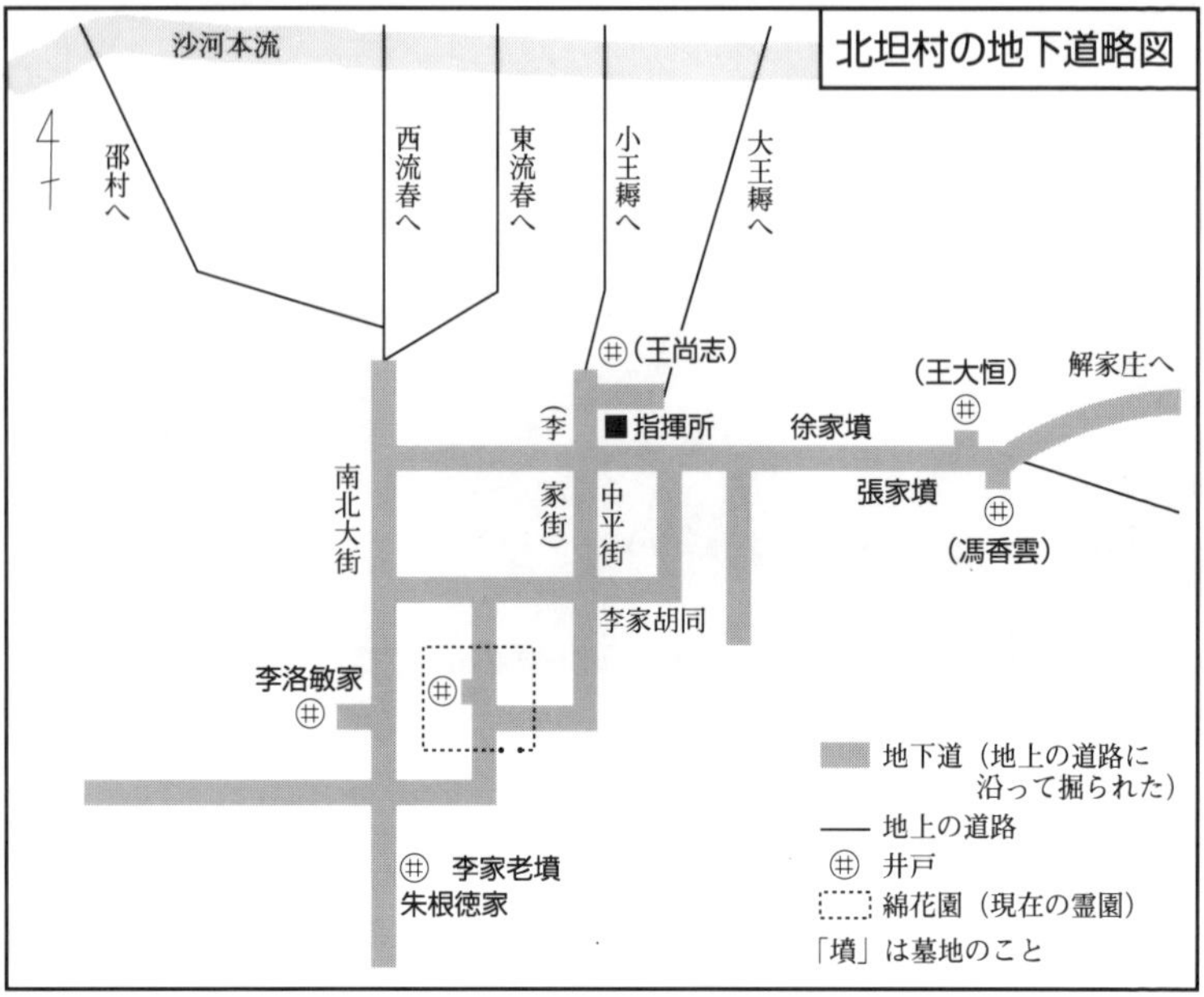
北坦村の地下道略図
沙河本流
邵村へ
西流春へ
東流春へ
小王耨へ
大王耨へ
⊞（王尚志）
（王大恒）
解家庄へ
⊞
（李家街）
■指揮所
徐家墳
張家墳
⊞
（馮香雲）
南北大街
中平街
李家胡同
李洛敏家
⊞
⊞
⊞ 李家老墳
朱根徳家
地下道（地上の道路に沿って掘られた）
地上の道路
⊞ 井戸
綿花園（現在の霊園）
「墳」は墓地のこと

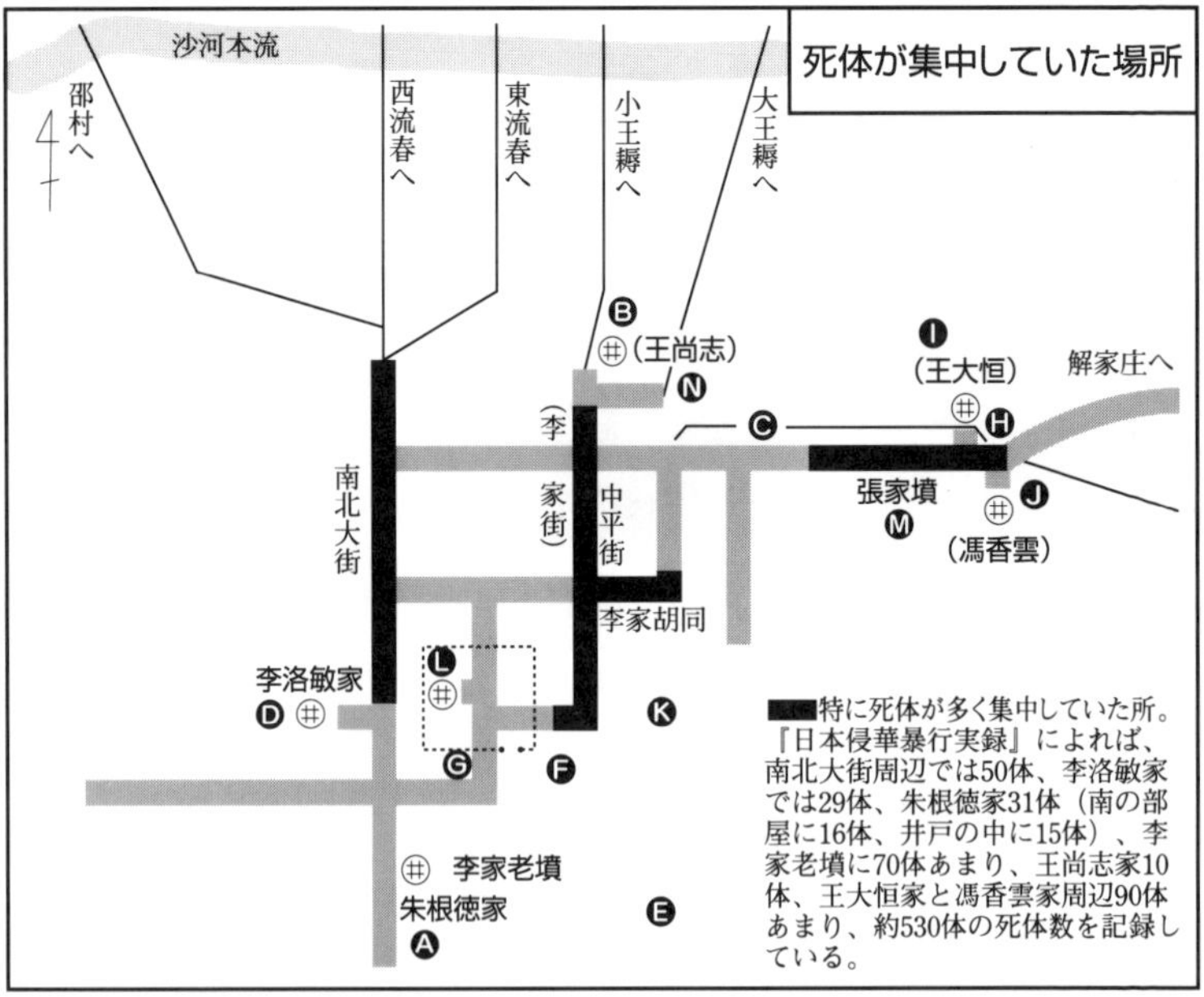
死体が集中していた場所
沙河本流
邵村へ
西流春へ
東流春へ
小王耨へ
大王耨へ
B
⊞（王尚志）
N
I
（王大恒）
解家庄へ
⊞ H
C
（李家街）
張家墳
M
J
⊞
（馮香雲）
南北大街
中平街
李家胡同
L
⊞
李洛敏家
D ⊞
K
G
F
⊞ 李家老墳
朱根徳家
A
E
特に死体が多く集中していた所。『日本侵華暴行実録』によれば、南北大街周辺では50体、李洛敏家では29体、朱根徳家31体（南の部屋に16体、井戸の中に15体）、李家老墳に70体あまり、王尚志家10体、王大恒家と馮香雲家周辺90体あまり、約530体の死体数を記録している。

第 I 部
北坦事件との出会い

北坦村の遠景

1　北坦村への旅

一九八八年九月、中国・北京大学《ペイチンターシュエ》での留学を終えた私は、その足で太行《タイハン》山脈の東に広がる河北《ホーペイ》省の農村部を一カ月ほど、一人で放浪した。あら削りな太行山脈の自然と、農村の美しさ、農民の素朴さに魅了され、楽しい旅だった。私はこの時、日本軍がこの地域に対して行った「三光作戦」（焼き尽くし、殺し尽くし、奪い尽くす。七〇ページ参照）の被害を地元の人たちからさまざまな形で聞いた。虐殺の話をしてくれた中国人はすべて、私が人づてに自分で捜し出したものだ。なかには当時の虐殺を命からがら逃げのびた老人も多数いた。

そうした虐殺事件のなかに、北坦惨案《ペイタンツアンアン》（北坦村の虐殺事件）があった。北坦村は、北京の西南およそ二〇〇キロ、河北平原のただなかに浮かぶ人口二〇四八人、四六〇戸（二〇〇二年八月時点）の小村だ。現在は、河北省定州《ティンチョウ》市西城《シーチョン》郷に属する（定州市は事件当時「定県」といい、徹底抗日のため「定北《ティンペイ》県」と北坦の属する「定南《ティンナン》県」とに二分されていた）。

北坦事件とは、どんな事件か？

中国を侵略していた日本軍の第一一〇師団（飯沼守師団長）第一六三連隊（上坂勝《うえさかまさる》連隊長）第一大隊は、「冀中《きちゅう》作戦」中の一九四二年五月二七日、河北省定南《ティンナン》県北坦《ヘイタン》村（当時）で毒ガスを使用し、地下道に避難した中国人八〇〇～一〇〇〇人を虐殺した。これが、いわゆる「北坦村の毒ガス虐殺事件」だ。この毒ガス使用は、ハーグ宣言（一八九九年）を含む戦時国際法に違反する戦争犯罪である。

この事件を引き起こした「冀中作戦」（別名「三号作戦」）は、一九四二年五月一日～同年六月二〇日に展開された。「冀」は河北省の略称であり、「冀中」とは河北省を概念的に東、西、南、北、中央の五地域に分けた場合の中央平原部を指す。「冀中作戦」は、この中央平原部を根拠地として日本軍に頑強な抵抗を続ける共産党軍とそれを支援する民衆の殲滅《せんめつ》を狙ったもので、中国側では「五一《ウーイー》大掃蕩《ターサオタン》」（五月一日に始まった掃蕩＝討伐の意）と呼ばれる。

この冀中平原での中国民衆の激しい抵抗ぶりは、日本の「公刊戦史」といわれる『戦史叢書《そうしょ》』（防衛庁防衛研修所戦史室編、朝雲新聞社刊、全一〇二巻）のうちの第五〇巻、『北支の治安戦（２）』（一九七一年、北支＝華北）からもうかがい知ることができる。

「不期に遭遇するか、あるいは追いつめられた時の戦意は相当に強く、特に部落による防御戦闘はきわめて靭強（筆者注―強靱《きょうじん》）で、最後の一人になるまで抵抗した例は珍しくない」

「部落民の抗日意識が強く、半農半兵の状態で老幼婦女すら何らかの抗日団体を組織しており、ために各隊の実施する粛正はきわめて困難であった」

平原地帯でこのように頑強に抵抗できた一つの重要な理由は、住民が地下道（中国側はこれを「地道《ティータオ》」と呼んだ。以下、「地下道」で統一する）を有したことだった。山岳地帯と違って身を隠せる地理的な起伏もない河北《ホーペイ》の大平原にあって、日本軍の襲撃から命を守るため、民衆は地下に隠れ場所、「地道」を作った。

この地下道は、最初は農作物を貯蔵する地下洞（地下倉庫として掘られた袋状の穴）同士を地下で連結した簡単なものだったが、日本軍の暴行が熾烈《しれつ》を極めるに従い、中国側もこれに対抗して、かなり大規模な地下施設に発展させた。

「沙河、水道溝河に沿う地区（筆者注―北坦村の属する地区）は、中共（中国共産党）側が平原地拠点のモデル地区と称していたところであり、交通壕（筆者注―道路に沿って地表に掘られた溝。敵の目から身を隠して移動できた）、地下壕（筆者注―地下道のこと）の構築がはなはだしく進捗《しんちょく》しており、ほとんどの部落が地下施設を設け、三カ村約七～八キロの間を地下壕で連接した所さえあった」

「地下室は大小さまざまのものがあり、百数十名の兵員を収容できるものから、軍需品の一部を隠《いん》匿《とく》、格納するためのものまであった。坑道の入り口を発見するのは非常に困難であり、社寺院、廟、古井戸、堆肥《たいひ》小屋、堤防、物置、森林の中などによく秘匿《ひとく》されていた」

したがって、北坦「討伐」では、この地下道戦法への対処が成否の最大のカギだった。これに太刀打ちできない日本軍は、国際法違反の毒ガス使用に走ったのである。

私がこの事件と初めて出会ったのは、中国留学後まもなくのことだった。北京《ペイチン》市内を歩いていて、道ばたのリヤカーの本屋で、日本軍の残虐行為の数々を記録した本を見つけた。もともと中国人の「日中戦争」像を学ぶ目的だった私には、とてもうれしい出会いだった。その本のなかで、数え切れない日本軍の暴行にまじって書かれていたのが、この北坦《ペイタン》村の毒ガス事件だった。わずか数行の簡単な紹介にすぎなかったが、「毒瓦斯《ドウワースー》」という衝撃的な言葉が脳裏にやきついた。

その後、私は東北《トンペイ》（旧満州）や南京《ナンチン》（いわずと知れた「南京大虐殺」の現場）も訪れたが、やがて興味の中心は華北《ホアペイ》一帯の「三光作戦」の個々の事件に絞られていった。現地をぜひ訪問して生存者から事件の詳細を聞きたいと思ったが、こうした三光作戦の村々はすべて、当時の中国では「未解放地区」、つまり外国人が入れない土地だった。北坦もその地域に属していた（ただし、私は一九八八年三月、中国人の友人らとともに、河北《ホーペイ》省清苑《チンユエン》県冉庄《ランチョアン》の地下道戦遺跡を訪れ、元民兵たちから聞き取りをして、地下道戦がどのようなものか、だいたい理解していた）。

しかし、卒業がせまった時、あの歴史の闇に埋もれている「三光作戦の村々」へ行かずに帰国できるのか、という思いが私のなかで急に高まった。毒ガスを使ったなんていう北坦の事件は、当然ながら日本ではまったく知られていない。第一、事件後に北坦へ行った日本人は一人もいないのだ。

結局、私は、ゲリラ的に村に行ってしまおうと決めた。

ただし、第二の母校となった親愛なる北京大学《ペイチンターシュエ》にだけは絶対に迷惑をかけたくなかったので、まず学生証と外国人居留証をきちんと大学に返し、私は留学生ではなくパスポートを持っただけの「ただのガイジン」となった。訪問先で問われれば、無用の混乱をさけるためにも、「広東人《クアントンレン》」（中国最南部の広東地方の人。服装や言葉づかいが、華北《ホアペイ》の中国人とはかなり違う）と答えることに決めた。

このようにして、私は河北《ホーペイ》省の広大な農村部に広がる「三光作戦の村々」へ向けて旅立った。そしてこの旅の最後に、念願の北坦《ペイタン》村を訪ねたのだ。

2　毒ガス戦犠牲者の碑

一九八八年九月二二日夕方、私は京広線《チンクアン》（北京〜広州《クアンチョウ》）定州《ティンチョウ》駅に降り立った。北坦村はここからそう遠くない。駅前旅館の女性服務員が制服姿で客引きをしていて、宿はすぐ決まった。泊まりの手続きをしながら北坦村までの行き方を聞くと、さっき私を案内した女性が、北坦村の出身だった。今は結婚して、定州市内に住んでいるという。毒ガス戦の目撃者として李徳祥《リトーシアン》さんという名前を教えてくれる。この人は、新中国成立（一九四九年、中華人民共和国成立）後、虐殺事件を生き残った村の民兵として北京《ペイチン》で毛沢東《マオツオートン》と会い、一緒に記念撮影したという。また、王慶珍《ワンチンチエン》さんという村長がいると教えてくれた。村には虐殺の記念碑があって、その脇には犠牲者たちの名前を刻んだ石板が建っているという。当時の地下道は、もう残っていない――。

二日後、定州駅からミニバスで四五分、北坦村に最寄りの町、李親顧《リチンク》（事件当時の表記は「李親古」）に着いた。北坦村で泊めてもらう農家へのお礼に、タバコ二カートンと酒二本を買う。（中国での贈り物は、偶数が好まれる。）これに加えて、中秋節《チョンチウチエ》（十五夜）が近いので月餅《ユエビン》（十五夜まんじゅう）を買った。

旅館の服務員に教わった通り、李親顧から北坦村まで歩く。砂地を行くと、途中、水無川《みずなしがわ》に出た。北坦村の虐殺を記録する中国側資料に出てくる「沙河《シャーホー》」だ。名前の通り、川床は砂ばかりで、どこかの海岸と変わらない。

李親顧から三〇分足らずで、木々がこんもりと茂り平野から独立した小さな森に当たった。北坦村だった。『北支の治安戦（2）』では、北坦村が属する冀中《チーチヨン》地区の地理を描写して「村落点在する大平原なり」とあるが、その通りだ。平原の中に浮かぶように、たたずんでいる。

私はまず、村長の王慶珍さんの家を訪ねた。日本軍が毒ガスを使った虐殺事件の「幸存者《シンツンチヨ》」（九死に一生を得た人）に直接話を聞きたいこと、宿を都合してほしいことなどを告げると、快く引き受け

霊園内にあるコンクリート製の土まんじゅう

てくれた。王さんは、虐殺事件の時、四〜五歳。虐殺の日は地下道の中に逃げ込んで一晩そのまま隠れ、翌日になって地上に出た。家族はすべて助かったという。李《リ》徳《トー》祥《シアン》さんについては、当時の村の民兵隊長で、村にいた家族五人のうち本人を除く四人を殺されたと言った。今も健在とわかった。

宿となった王さんの家に荷物を置き、さっそく、王さんと虐殺の記念碑を見に行く。村の中を歩きながら、「ここらあたりの路上には、当時、死体がごろごろころがってた」「この道の上にも……」と説明してくれる。地下道は深さ二メートル、高さ二メートル足らず、幅一メートルほどのかなり大きなもので、だいたい村内の道に沿ってその下部に掘られたという。

記念碑は予想以上の規模だった。石板で作ったさまざまな形の碑がいくつも、木立のなかに建っている。雑木林の一部を刈り込んで、敷地を作った感じだ。人を埋葬した後に土を盛り上げて作る土まんじゅうをコンクリートで作ってある。その周囲に柱を立てて裾《すそ》の反り返った中国式の屋根をしつらえ、右手を振り上げた抗日兵士の人形をてっぺんに乗せてある。碑の周囲にコンクリートブロックやレンガを敷いてある他は、敷地内の地面は土で、雑草が茂っている。敷地の広さから言えば、「霊園」と言ってもいいほどだ。

北坦事件の被害者名が刻まれた石板

虐殺事件の被害者名を彫り込んである石板は四枚あった。白い石に北坦《ペイタン》村を含む周辺村落の死亡者の名前がびっしり縦書きしてある。名字では李《リ》、王《ワン》、宋《ソン》が多く、名前では「洛《ルオ》」字のつく人が多く目につく。被害者数何百人とか何千人とか数字で聞くよりも、実際に亡くなった人たちの実名をこうして突きつけられると、人間が殺されたという事実に圧倒される思いがした。

　被害者への弔文《ちょうぶん》が、別の石板にこう刻み込まれている（傍点筆者）。

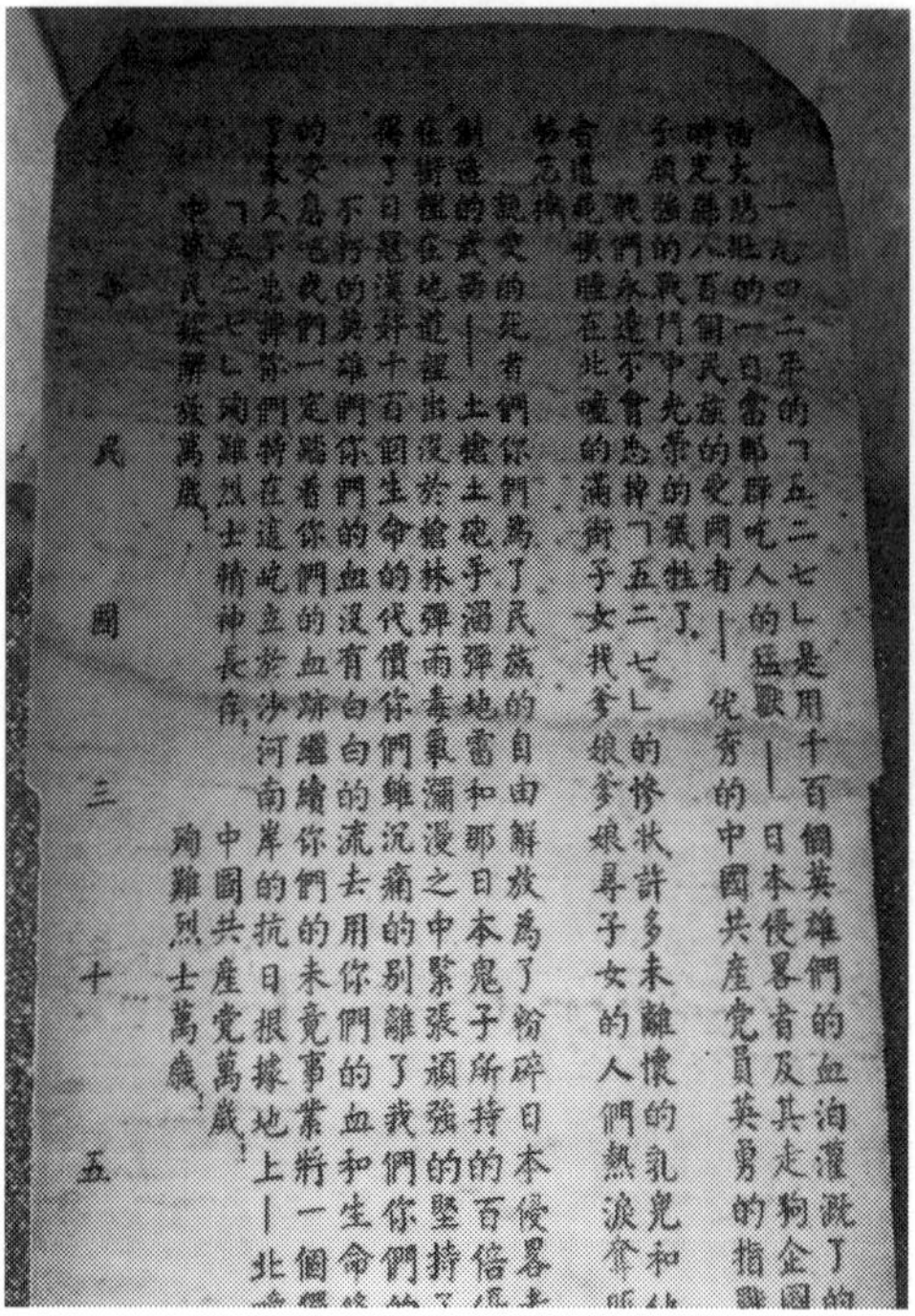

被害者への弔文が刻まれた石板

一九四二年の「五二七《ウーアールチー》」（五月二七日）は、一〇〇〇人の英雄たちの血の海の一日だ。「五二七」、それは偉大な民族解放戦争が敵味方の互いに譲らない段階に入ったなかでも最も悲しみの大きな一日だった。人を喰らう猛獣、日本侵略者とその走狗は、冀中《チーチョン》の長期的統治の確保を狙い、華北《ホアペイ》に戦闘用の溝や堡塁《バオレイ》を構築し、人民に対して血も凍る虐殺を展開した。定県の民族の愛国者八〇〇人——優秀な中国共産党員と勇敢な戦闘指導員、民兵、農民たち——は、まさにこの日、民族の不滅のために日本鬼子《リーベンクイズ》（侵略者としての日本人に対する蔑称）という獣どもと頑強に戦闘するなかで栄光の戦死を遂げた。

我々が「五二七」の惨状を忘れることは、永遠にあり得ない。まだ母親の懐を離れない多くの乳飲み子と彼らの母親が、ともに虐殺された。烈士たちの鮮血は、黄土を赤く染めた。八〇〇人の遺体は、北坦《ベイタン》村内の通りいっぱいに横たわった。子どもらは父母を探し、父母は子どもらの安否をたずねた。流れる熱い涙で人々の目は赤くなった。この恨みと傷心の日、それが「五二七」だ。だれがこの日を忘れられようか！

日本軍による毒ガス使用は、以下のように描写されている。

　親愛なる死者たちよ。あなた方は、民族の自由と解放のために日本侵略者の壊滅的な「蚕食《ツアンシー》掃蕩《サオタン》」（カイコが葉を喰うようにジワジワと、日本軍が抗日勢力を包囲して撲滅を進めたようすを形容する言葉）を粉砕した。我々の故郷をまもるため、あなた方は勇敢にも武器を持って立ち上がった。我々の武器は手製の銃であり大砲であり、自家製の手榴弾や地雷だった。一方の日本鬼子《リーベンクイズ》は、これに百倍も勝る機関銃や大砲、戦車、毒ガス（原文は「毒瓦斯《ドゥワースー》」）を持っていた。あなた方は郊外で、家屋の上で、地下道の中で戦った。銃弾が雨あられと降るなかで、また毒ガス（原文は「毒気《ドゥチー》」）が充満するなかで、あなた方は激しく頑強に戦いを堅持した。

3　毒ガス戦の生き残り、李《リ》徳《トー》祥《シアン》さんの証言

記念碑を見た帰り、李徳祥さん（二〇）の家の前を通ると、李さんは庭で農作業中だった。彼は

日に焼けた中背の男で、わずかに白髪の混じる髪は短く刈り上げてある。声には張りがあり、六六歳（取材当時）にしてはかなり元気に見えた。洗いざらしの紺色のズボンに木綿の白い半袖シャツを着ている。収穫したばかりのトウモロコシを数百個も、ちょうどバナナの房の形に組み、庭に生えた数本の木の幹に沿って地面近くから背丈より高い所にまでくくり上げてある。収穫の豊かな黄色が目に滲《し》みた。

私が虐殺事件の話を聞きに来たことを、王さんが伝える。李さんはにこやかに承諾してくれ、この日の晩、李さんの家で聞き取りをすることになった。

夜、約束の時間に李さんを訪ねたが、彼は急用で出かけていた。彼の帰りを待ちながら、まず夫人の馬同竹《マトンチュ》さんから抗日戦争中の話を聞いた。彼女が一七歳の冬、日本子《リーベンズ》（「日本鬼子《リーベンクイズ》」より弱い蔑称）はやって来た。掃蕩《サオタン》だ。（彼女は、日本軍が機関銃を撃つ音を擬音語で「グルグルー、グルグルー」と表現した。）最初、だれだかわからなかったが、「おかしい、中国人じゃない。話してる言葉が日本語らしい」とみんなあわてた。馬同竹さんによると、この後も日本軍は、北坦《ペイタン》村に何度も来た。しかし、地下道があって抗日勢力が頑強に抵抗したため、日本軍は村に入れなかった。そこで日本軍は兵力を集中し、今度は毒ガスを使って北坦村を襲った。これが北坦村の大量虐殺だという。

河北《ホーペイ》平原の村々は、日本軍の侵略中、そこらじゅうで地下道を掘ったが、北坦村で掘り始めたのは一九四一年頃と彼女は覚えている。最初はやま芋を貯蔵する地下倉庫を互いに地下でつなげただけの簡単なものだった。地下道ができると、自分たちの命を守る最後の逃げ場所だから、家の中のどこに地下道口（地下道の入り口）を作ってあるかは、めったに他人には教えなかった。

「地下道っていうのはね……」と馬さんは、こんなふうに話してくれた。抗日勢力を村に包囲した日本軍が、撃ち合いに優勢になったから、サアッ行くぞ！　と突撃して村に踏み込むと、それまで猛烈な勢いで撃ち返して来ていた民兵らが、影も形も見えない。「これが地道戦《ティータオチャン》さ。だから敵は、『八路《パールー》は神兵《シェンビン》だ』って言ったんだよ」と馬さんは笑った。

馬さんとしばらく話したが、李さんは帰らない。私はいったん王さんの家に帰ることにした。夜一一時頃、李さんが「アイヤー、済まなかった」とさかんに言いながら、私のいる王さんの家に入って来て、さっそく聞き取りが始まった。木製の丸テーブルをはさんで、李さんは私のなめ右に、オンドル（華北《ホアベイ》や東北《トンベイ》地方に見られる独特の暖房装置。土間より高くした床の下のみぞに煙を通し、床面を暖める）の上のベッドをイスがわりに座った。したがって背もたれはないが、李さんは私に話をする時、最初から最後まで、背筋を伸ばしたままだった。私の左側で、王さんも話を聞いていた。

李徳祥《リトーシアン》さんは一九二三年、北坦村に生まれた。四人きょうだいの二番目で、両親と祖父、兄（李徳光）、弟、妹の七人家族だった。

九歳の時、李徳祥さんは父親とともに東北（満州）へ出稼ぎに出ることになった。日本軍が「柳《リウ》条湖《テイアオフー》事件」を引き起こして東北《トンペイ》地方の全面侵略を開始した年だ（一九三一年）。一六歳になった兄は先に遼寧省《リアオニン》瀋陽《シエンヤン》へ出ていた。十五夜の晩を家族で一緒に過ごし、翌日家を出た。一家みんなで泣いた。

一三歳までの四年間を瀋陽で働いて、一人で帰郷した。遼東《リャオトン》半島の付け根にある営口《インコウ》港から汽船で天津《テイエンチン》の塘沽《タンクー》港まで渡り、後は歩いて北坦村に帰った。家族はみな元気だった。

一五歳の時、日本軍は北京《ペイチン》郊外で起きた盧溝橋《ろこうきょう》事件（一九三七年）をきっかけに中国全面侵略を開始した。これに対し、翌三八年、村の周囲では中国共産党《コンチャンタン》の指導の下に、定南《テインナン》県抗日政権が設立された。抗日ゲリラ戦を側面から支援する団体として農民救国会《ノンミンチウクオフイ》、青年救国会《チンニエンチウクオフイ》、工人《コンレン》（労働者）救国会《チウクオフイ》、婦女救国会《フーヌイチウクオフイ》などが村に組織された（八八ページ参照）。この年、父親が郷里に帰った。

一九三九年、一七歳で共産党に入党した。青年救国会の活動をし、抗日ゲリラ活動をする青年抗《チンニエンカン》日先鋒隊《リーシエンフオントウイ》の隊長を務めた。青年抗日先鋒隊は日毎に規模を拡大した。抗日活動で知り合った苑《ユエン》祥《シアン》という男に「你不打他《ニーブターター》、他打你呀《ターターニーヤ》」（相手をやっつけなければ、お前が相手にやられるだけだ）と教えられた。共産党軍が国民党《クオミンタン》軍から奪った戦闘用の刀やライフルがこうした活動で使用された（六八ージ参照）。手製の銃や大砲も使った。「没有炮《メイヨウパオ》、没有槍《メイヨウチアン》、敵人給我們交《テイーレンケイウオーメンチャオ》（大砲もなく、銃もないが、敵が俺たちによこす）」っていう歌があったろう？と、李さんは私に聞いた。

四二年の「五一大掃蕩《ウーイーターサオタン》」の前までに、日本軍はジワジワと村の周囲を「蚕食《ツアンシー》」（カイコが葉を喰うさま）し、八里店《パーリティエン》―東亭《トンティン》―安国《アンクオ》にトーチカを築いた。大平原に浮かぶ小さな村々を包囲する狙いだ。日本軍が食糧や物資を奪いに村に来る時は、まず中国人に日本兵の前を歩かせ、その後ろから来た。中国人を〝盾〟に使った。

これに対し、北坦《ペイタン》村では毒ガスの虐殺事件の前までに、地下道の幹線を完成させた。「戦えるところまで敵と戦い、ダメになったら地下道にもぐる」戦法ができる状態になった。敵が目の前に来るまでは撃たないのが鉄則だった。一方で、手製の地雷や銃で日本軍の駐留拠点を揺さぶった。地雷は、鉄のツボに手榴弾を入れたものだった。

事件の前、日本軍を相手に地下道を使って初めて勝ち戦をした（李さんによると、「敵兵四〇人余り、馬三頭を殺した」）後、地下道の有利さが広く伝えられると、北坦村には周辺の村から民兵や遊撃隊が押しかけ、それまで幹線のできていた地下道をさらに複雑、機能的なものへと急ピッチで発展させた。この後も日本軍は何度も村を襲ったが、地下道を持った北坦村は強く、一度も村の中に日本軍を侵入させなかった。敵は何度も失敗を重ね、その揚げ句に「五一大掃蕩《ウーイーターサオタン》」を発動した。

日本軍が準備を重ねて北坦村に襲いかかった毒ガス戦の状況について、李徳祥《リトーシアン》さんは、続けて以下のように私に語った（傍点筆者）。

一九四二年五月二七日（旧暦四月一三日）夜明け前、日本軍はやって来て、北坦《ペイタン》村を包囲した。明け方四～五時頃、日本軍と私たちとの間で戦闘が始まった。私たちは武器でははるかに劣っていたが一歩も譲らず、激しい戦いは長く続いた。我々の県大隊《シエンタートイ》班長の王洛年《ワンルオニエン》（当時二六～二七歳）は、地雷を抱えて敵の中に突撃し、李国生《リクオシヨン》の家の近くで敵をまき添えに爆死した。青年抗日先鋒隊《チンニエンカンリーシエンフオントイ》の班長、李孟申《リモンシエン》（二〇）は、李化民《リホアミン》の家の前で戦死した。昼一一～一二時頃が最も激烈だった。この日は、雲一つない晴天。風がなく、暑い日だった。

私たちは、日本軍の攻撃を七度退けたが、八度目の突撃があった時、すでに弾丸や手榴弾、地雷のすべてを使い果たしてしまっていた。とうとうこらえ切れず、日本軍の村への侵入を許してしまった。

日本軍は、村に入ると、地下道の入り口数カ所を発見して、地下道に毒ガスを投入した。毒ガス兵器の形状は、ちょうど懐中電灯のような円筒形で、鉄製だった。長さは二〇センチ、直

北坦村の北側に広がる冀中平原。右ページ写真の右上方から日本軍が侵攻してきた

径三～四センチほど。フタの部分も含めて全体が灰色だった。筒状の本体部のややフタ寄りの所に円周に沿って赤い線が一本入っていた。

私は、民兵隊長として最後の最後まで地上で反撃したため、地下道に入ったのが一番遅い方だった。地下道にもぐり込んだのは午後一時頃と覚えている。そのためガスにおかされる時間が他の者より短く、地下道の中での中毒死を免れた。ガスを吸引すると、ノドが乾き、嘔吐《おうと》し、息が詰まった。地下道の中で、多くの仲間が毒ガスで殺された。

午後三時頃だったと思う、私は地下道から引きずり出された。毒ガスにおかされて瀕死《ひんし》状態になった年寄りも子どもも、民兵も、地下道から地面の上に出された後、殺された。私は、まだ生きている赤ん坊を日本兵が火の中へ放り込んで焼き殺すのを、この目で見た。王というこの時の赤ん坊の母親は、いまも保《バオ》定《ティン》市内に健在だ。また日本兵が村の女性を強姦する所を目撃した。一つの井戸は、死体で埋められてしまった。

李徳祥さんの証言による毒ガス兵器の形状

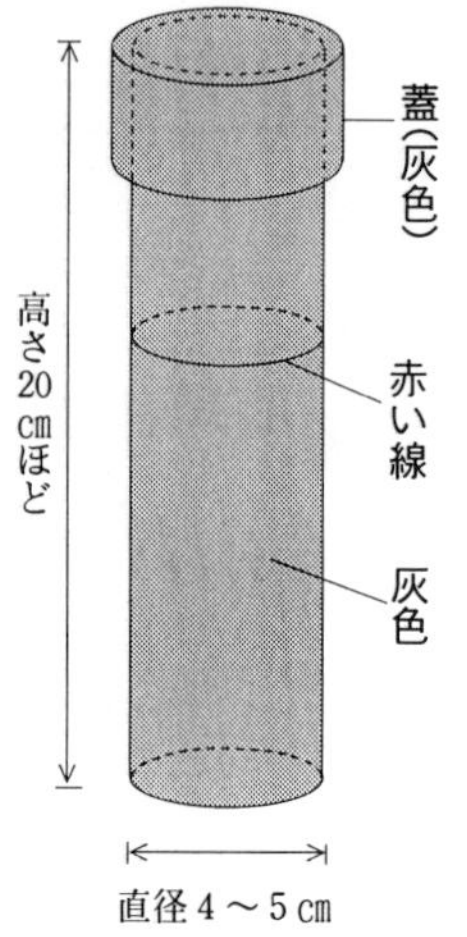

李洛由《リルオヨウ》という男は地下道から引きずり出された後、日本兵に頭を撃たれて殺される所だった。しかし、弾が右耳の後ろから右唇のはしへ抜けて一命は取りとめ、戦後も最近まで生きていた。（李洛由さんの息子の李小三さんが「生前の父に直接聞いた」として筆者に語ったところでは、李洛由さんは日本兵に腕をつかんでひざまずかされ、ちょうど振り返ったところを別の日本兵に後ろから撃たれた。日本軍が村を去ってから、八路軍《パールーチュン》の医者を探して治療した。）

私は、東北《トンペイ》（旧満州）では日本人の家で働いたことがあり、日本語をいくつか知っていた。毒ガスを吸い込んだせいでノドが猛烈に乾く。カタコトの日本語で「太君《タイチュン》（日本兵を指す）、いたい、いたいデ、みず……」と日本兵に水を求めた。日本語がしゃべれる奴ということで、日本兵は私を殺さなかった（「水」「痛い」を李さんは日本語で筆者に言った）。この毒ガス戦で、およそ一〇〇〇人の同胞が日本軍に殺された。

李さんは戦後、北坦《ペイタン》村への毒ガス作戦を命令した上坂勝《うえさかまさる》・日本軍第一一〇師団第一六三連隊連隊長を裁判の席で見た。その時のようすについて、彼は私にこう語った。

一九五六年、遼寧省《リアオニン》瀋陽《シエンヤン》で行われた中華人民共和国最高人民法院特別軍事法廷で、私は北坦村の毒ガス虐殺の生き残りとして、一人でおよそ三〇分間証言した。法廷には他に、河北省《ホーペイ》潘家峪《パンチアユィ》虐殺の生存者や、承徳《チョントー》での虐殺の生存者もそれぞれの事件の証人として出席していた。北坦《ペイタン》村の毒ガス虐殺を命令した日本軍の上坂勝が出席し、だいたい次のように認めた。

「李徳祥の証言内容は、全く事実である。自分がその虐殺を直接に命令した。定県の東南部五〇華里（二五キロメートル）ほどの地域は赤匪《せきひ》（共産党の匪賊の意。当時の日本軍の呼称）の根拠地だった。自分の命令により、この地域で人間の目玉をくり抜き、鼻をそぎ、耳をそいで、殺した」

上坂勝は、遼寧省の撫順《フーシュン》戦犯管理所に入れられた。

北坦村の元民兵隊長、李徳祥さんは、以上のように私に語った。

集団虐殺のあった李洛敏家で生き残った李洛由さん（故人）

4　裏付け調査

帰国後、私は北坦事件を追って、さまざまな資料にあたり、元日本軍の将兵に会った。そうやって最後に到達した裏付けの〝決定打〟は、次の「5　毒ガス使用の決定的証拠」の項で示すとして、この項ではまず、そこに至るまでに参考にした資料を紹介する。

日本側の資料

「三光作戦」の虐殺自体、日本側の資料で裏付けるのは、容易なことではない。侵略を正当化するのに躍起となる日本軍が、文書に「虐殺しました」と書き残すわけがないからだ。当事者の元日本兵たちは一般に話したがらず、ましてや戦時国際法で禁止されていた毒ガスの使用に関しては、なおさら口は固い。北坦事件もまた、決して一直線に裏付けまで到達できたわけではなかった。「毒ガスを使った」と本当に断言していいのかどうか、私にはためらいがあった。

それは、例えば、現地での聞き取り終了後に気づいた次のようなことも一因となっていた。北坦から北京に帰るとすぐ、私は中国人民革命軍事博物館《チョンクオレンミンコーミンチュンシーボーウークアン》（北京市海淀区復興路。北坦虐殺関連の展示物が一部あった）に行って、担当研究員を訪ねた。「北坦事件で使用されたのが、確かに化学兵器としての毒ガスなら、何という名前のガス?」という私の問いに、その研究員はひたすら、「わからないが、とにかく毒ガス」とくり返すだけであった。説得力のある客観的な説明は、何も返ってこなかった。

また、北坦事件に関する中国側の資料では、毒ガスの表現に「毒気《ドウチー》」という言葉と「毒瓦斯《ドウワースー》」という言葉が交互に、何の統一性もなく使われていた。「毒気」とは、もしかして、干し草などを燃やして出た「毒性のある気体」というだけの意味ではないのか? 化学兵器としての毒ガスじゃないのか?

しかし帰国後、北坦事件の裏付け作業は、迷いながらも一歩一歩前進した。私がとっかかりをつかんだのは、帰国後間もない頃だった。別の用事で立ち寄った郷里の図書館で、何げなく戦争関係の本を手に取った。前述の『北支の治安戦（2）』だ。私が旅した「三光作戦」の村が関係する時期を見ると、「冀中《きちゅう》作戦」という作戦名が目に止まった。一九四二年五月一日から始まったとあり、北坦村の虐殺に関して中国側の言う「五一大掃蕩《ウーイーターサオタン》」の時期とピタリ一致する。

作戦の背景、計画、実施状況とページを繰るうちに、「大江大隊の殲滅《せんめつ》戦について大隊長の回想」

（『北支の治安戦〈2〉』一六九ページ）として、北坦の戦闘の記述があった。

五月二七日、召村南東方北坦村付近に中共軍一個営（「営」＝大隊）が坑道（地下道を指す）作業中との情報を得た。大隊はその夜、各警備隊（筆者注―「治安を守る軍隊」の意で日本軍を指し、狭義の「警備隊」＝中国人によるカイライ軍〈六九ページ参照〉を含む）駐屯地から企図を秘匿《ひとく》して行動を起こし、路外機動（筆者注―一般道路をはずれた移動）により、払暁《ふつぎょう》までに北坦村を完全包囲した。（中略）直ちに部落外囲の坑道および部落内の坑道口を捜索し、隣村に通ずる坑道は遮断した。部落内の坑道、地下室には敵兵が充満しており、頑強に抵抗するので手間取ったが、これをことごとく殲滅《せんめつ》し多数の鹵獲品《ろかくひん》を得た（傍点筆者）。

この文章では、地下道という日本軍の手の届かない地面の下で「頑強に抵抗する」中国人を、具体的にどんな手段で「殲滅」したのかについては一切触れていない。仕事の都合で東京に暮らすことになってから、私は恵比寿《えびす》にある防衛庁防衛研究所の図書館に行ってみた。

この図書館で連隊史『歩兵第百六十三聯隊史』（歩兵第百六十三聯隊史編集委員会編、一九八八年）を見ると、北坦《ペイタン》村を襲った第一大隊の所属する第一六三連隊は、一九三八年六月、松江連隊区管下で創設されたことがわかった。また、大隊長の大江芳若《おおえよしわか》氏、連隊長の上坂勝《うえさかまさる》氏の戦時中の顔写真も掲載されていた。

この連隊史のなかでも、『北支の治安戦（2）』の「大江大隊の殲滅戦について大隊長の回想」の執筆者、大江芳若少佐が北坦村の戦闘を書いているが（三三二ページ）、主に「身内」向けの本のためか、描写が少し詳しい。

兼ねてより北坦村には地下坑道あり、隣村に通じているとの情報を得ていた。大隊長は各隊長に命じ、隣村に通ずる坑道の探索遮断、出入口の発見を急がせた。数カ所の出入口を発見し、通訳を通じて降伏を勧告したが、応じない、日没も間近い止むを得ず発煙筒の投入を下命した（傍点筆者）。

第一大隊の日本兵が地下道のなかに下りていって抗日勢力を殲滅したわけではなく、地下の密閉された空間に向けて、「発煙筒」を地上から投入したと書いてある。その効果により、「敵は苦しまぎれに一人又一人、穴の中から這い上がり次々と先を競って出て来た」。さらに地下道のなかから出てきた中国人たちについて、「便衣《べんい》（ふだん着）に着替えて『我的老百姓《ウオータラオパイシン》』（筆者注―「私は一般庶民であり軍人ではない」という意味の日本軍式中国語）と言う者もいた、本当の住民もいたであろう」と、認めている。

しかし、発煙筒の煙といえば、ガスの素人から考えても、化学兵器である毒ガスとはほど遠い。私は日本軍の毒ガス戦の研究者、立教大学の粟屋憲太郎教授に電話で問い合わせた。その際、中国側資料『河北文史資料選集』（中国人民政治協商会議河北省委員会文史資料研究委員会編、河北人民出版社、一九八五年）の関係項目や李徳祥《リトーシアン》さんの証言にあった毒ガス吸引者の症状、毒ガスの匂い、味、吸引後の症状を以下のように伝えた。

【症状】クシャミが出る／嘔吐する／涙が出る／鼻水が出る／全身が発熱する／ツバがひどく出る／ノドがひどく渇く／セキが出る／精神状態が不安定になる

【ガスの性質】トウガラシの味と匂い／火薬の匂い／甘い味と匂い／煙りには色が付いている

日本軍が北坦村で使用したガスの正体は何か。毒ガスとすれば、化学名を特定できるか。吸引した者の症状から見て、発煙筒ではなかったと言えるか。

これに対する粟屋教授の答えは――

日本軍が最も多く使用した毒ガス「あか」の可能性がある。化学名は「ジフェニールシアンアルシン」。発煙筒の煙に「あか」を混ぜることもあったが、もし発煙筒の煙だけなら、クシャミなどの症状は起こり得ない。

日本軍の毒ガス戦記録をまとめた『毒ガス戦関係資料』(『一五年戦争極秘資料集』第一八集、粟屋憲太郎・吉見義明編、不二出版、一九八九年)に目を通すと、日本軍が実は中国の至るところで毒ガス戦を行っていたことがわかった。

日中戦争が開始すると日本陸軍は、中国戦線各地で、催涙ガスのみならず「きい」(イペリット)、「あか」(ジフェニールシアンアルシン)などの毒ガスを使用することになる。陸軍は毒ガス作戦が明らかに国際法違反であることを知っていたが、極秘にこれを実施したのである。日本

軍の毒ガス作戦にたいし、中国国民政府や中国の各新聞は、抗議したが、日本側はこれを強く否定し続けた。（同右書一五ページ）

この本には、日本軍の毒ガス戦の事後報告（計画ではない）が掲載されており、うち「西営鎮（山西省）付近」の毒ガス戦実例は、「敵」が洞窟という密閉された空間の中にいた点で北坦村の状況とまったく同じだ。「発射あか筒は中央壁付近に落達し毒煙は前後両室に充満したるを以て後室に潜伏したる二三名（中略）の敵は周章狼狽《しゅうしょうろうばい》して先を争い脱出し来る此《こ》の際斥候《せっこう》は入り口両側より猛射してこれを殲滅《せんめつ》せり」とある。「教訓」として、「洞窟内に潜伏する敵に対しては状況之を許せば小あか筒或は発射あか筒を洞窟内に投入し逃走する敵を捕捉殲《ママ》するを要す」と指摘している（同右書四九一ページ、原文かなはカタカナ）。

また、北坦村が浮かぶ河北平原の西側、太行山脈地区で、毒ガス「きい」（イペリット）を使ったという実戦報告「きい剤を以て共産軍の根拠地を毒化し殲滅的打撃を与えたる例」も注目される。「効果」の欄に「敵は数千の瓦斯《ガス》者を出し内約半数は死亡せるものの如し」。「教訓」として「陣地を有せず洞窟、村落などを根拠地とし政治工作を主とする共産軍に対しては此の種瓦斯《ガス》用法は効果甚大なり」と結論している（同右書四五四ページ、原文かなはカタカナ）。

中国側の資料

一方、中国側が日本軍の毒ガス戦に関する資料をまとめた『細菌戦与毒瓦斯戦』（中央档案館・中国第二歴史档案館・吉林省社会科学院の三者共同編集による『日本帝国主義侵華档案資料選集』第五巻、中華書局、一九八九年）をひもとくと、北坦村毒ガス事件の関係資料があった。

北坦事件を報じた『晋察冀日報《チンチャーチーリーパオ》』（抗日戦争期の中国共産党《コンチャンタン》の機関紙。一九三七年一一月に晋察冀《チンチャーチー》辺区《ピエンチュイ》〈晋＝河北省、察＝チャハル省、冀＝山西省〉の省境に共産党が建設した抗日根拠地《カンリーケンチュイティ》〈六九ページ参照〉）で創刊。のちに他紙と合併して『人民日報《レンミンリーパオ》』となった）の記事（一九四二年六月二六日付、四一ページ参照）、河北省軍区衛生部が整理した資料、虐殺の生き残り趙樹光《チャオシュークアン》さん（北坦村の記念碑の弔文起草者）、李化民《リホアミン》さん（事件当時の北坦の村長。党書記に次ぐナンバー2）の供述記録など四件のほか、北坦事件を引き起こした第一大隊に対して命令を下した第一六三連隊の連隊長、上坂勝《うえさかまさる》氏の供述記録（供述時期一九五五年五月一四日、原文中国語）が記載されている。

上坂氏はこのなかで、毒ガス兵器を第一大隊が使用したことを明確に認めた上、北坦村の戦闘に先立ち、

① 毒ガス兵器「あか筒」「みどり筒」（催涙ガス）を傘下の大隊に配ったこと。

② 毒ガスの使用は、第一六三連隊の上に位置する第一一〇師団（師団長・飯沼守中将）の師団命

令を受けたものであること。

③　作戦終了後は必ず毒ガス効果を報告するよう師団から命令されたこと。

を明らかにしている。

【上坂勝・第一六三連隊連隊長の供述文】（北坦事件に関する箇所を抜粋、翻訳・傍点筆者）

河北省に固く根拠を据えていた時の主な罪、つまり、「冀中《きちゅう》侵略作戦」の状況について。

「冀中侵略作戦」は、一九四二年五月下旬、河北省安平県安平北滹沱河と潴龍河の中間地区（筆者注―北坦村の属する地区）で展開した。華北方面軍の計画に基づき、第一一〇師団師団長の飯沼守中将が指揮し、命令して進行した。

師団命令の要旨―本師団は安平北滹沱河と潴龍河の中間部一帯を掃蕩し、八路軍根拠地を壊滅する。歩兵第一六三連隊の一部兵力は定県から、主力部隊は保定より徐水に至る地域から出発し、同じく前述の地区に侵入する。侵入の日時はX＋一日正午（Xは行動開始日を指す）。今回の作戦中、各部隊は出来る限り機会を探して、地下道戦闘で「赤筒」「緑筒」の毒ガスを使用し、使用方法を実験する。作戦終了後、必ず見た状況を提出すること。各連隊に「赤筒」「緑筒」若干を配る。

こうした命令に基づき、私は連隊長の身分から連隊本部と通信班、第一、二、三大隊、歩兵、砲兵中隊など約一五〇〇名の兵力を動かし、今回の侵略作戦に参加した。

師団の命令に基づき、第一大隊は定県から出発し、主力（第二、三大隊）は保定、徐水地区から高陽、粛寧付近を経て、安平北方の滹沱河と潴龍河に挟まれた地区を攻撃した。出発前、各大隊に毒ガス「赤筒」と「緑筒」を配り、作戦中に地下道作戦を行う際にできるだけ機会を探して使用し、使用方法を実験し、侵略作戦が終了後、必ず所見を提出するよう命令した。

一、第一大隊―第一大隊は五月二七日早朝に定県を出発した。前進する際、同地東南およそ二二キロの地点（北坦村の位置）で八路軍と遭遇した。大隊は直ちに主力をもって包囲攻撃し、八路軍に壊滅的打撃を与えたのみならず、大量の平和的住民を殺害した。大隊はこの戦闘の際、毒ガス「赤筒」と「緑筒」を使用した。八路軍だけでなく、逃げ惑った住民も機関銃掃射を受けた。村の中を掃蕩し、多くの住民が隠れている地下道の中に毒ガス「赤筒」「緑筒」を投入した。彼らの窒息を図った。毒ガスの刺激のため（地下道内から）出て来た住民を残酷にも射殺、刺殺、斬殺した。この戦闘で、私が指揮する第一大隊は八路軍および住民およそ八〇〇人以上を殺害した。このほか、大量の武器や物資などを略奪した。以上は、第一大隊長の大江少佐の報告に基づくものだ。

二、連隊主力（同様に毒ガスを使用して、中国人およそ三〇〇名を殺害した供述が続く。以下略）

今回の作戦が中国人民に与えた損害は、死者およそ一一〇〇名、家屋の破壊一〇棟、家屋の焼却三棟。また、家屋四五〇棟を奪い一〇日間使用したほか、中国人二四〇名を八つの砲楼（トーチカ）の修築に一〇日間駆り出した。

前述のように、地下道内の中国人に対して毒ガスを投入し両側の入り口を塞いだ。一時的な（効果の）毒ガスであっても窒息により大きな殺傷力があることを、当時知っていた。日本軍がこうした毒ガスを使用したのは、八路軍の地下道戦に対応できず苦しんでいたからであり、窮余の一策であった。実験の名義で毒ガスを使用しただけでなく、これにより地下道に避難した八路軍と住民を大量に虐殺することを図ったものであった。（以下略）

中国共産党は事件の一カ月後、北坦《ペイタン》での日本軍の毒ガス使用を世界に訴える声明を発表した（『晋《チン》察冀日報《チャーチーリーパオ》』一九四二年六月二六日、傍点筆者）。

全国の同胞、全世界の人々に告ぐ

世界の公理と公法、正義を守るため、日本ファシズム強盗が北坦村の無垢《むく》の人民八〇〇名を毒殺した罪をあなた方の前に提出し、訴える権利と義務が我々にはある。

日本ファシズム強盗の今回の罪は決して洗い流せないものだ。これは公理と公法、正義に対する公然とした侮辱だ。正義の人民のすべてに対する挑戦だ。

我々の周りには恨みと義憤が満ちている。虐殺事件の経過を語る時、呼吸も苦しくなる。北坦村は、冀中定南《チーチョンティンナン》県にある村だ。冀中の人民は日本侵略者の残酷な蹂躙《じゅうりん》に非常に苦しみ、地下道を掘った。北坦村もまた、こうした地下道を作った。

（一九四二年）五月二八日（筆者注——二七日のまちがい）、日本侵略者は付近の各侵略拠点から三〇〇余人が出動し、北坦村付近で合流した。付近一〇余村の住民は敵が猛烈な勢いで来襲したのを見て、紛々と北坦村の地下道の中に隠れた。日本侵略者は計画的にこれら無垢の人民を虐殺した。人類史上で最も野蛮で、最も残虐で、最も卑怯な手段により、こうした地下道内に避難した人民に残酷極まりない毒手を下した。日本軍は北坦村の中に入った後、地下道の入り口を探し出し、大量の窒息ガスを投入した。日本侵略者のこうした毒手により、地下道内に隠れた寸鉄《すんてつ》もたぬ我々の人民は、ついに毒ガスで窒息死した。大部分は杖をつく老人と婦女、児童、病人、乳《ち》飲《の》み子であった。彼らの遺体は地下道に充満し、誰もが目を背ける惨状を呈した。日本のファシズム強盗は銃火器と毒ガスを使って北坦《ベイタン》村の全部を洗った。我々の生き生きとした地区を死の沈黙に一変させた。人民の笑い声は聞こえなくなり、子どもの泣き声も鶏や犬の泣き声も聞かれなくなった。

日本ファシズム強盗が晋察冀辺区《チンチャーチーピエンチュイ》（晋《チン》＝河北省《ホーペイ》、察《チャー》＝チャハル省、冀《チー》＝山西省《シャンシー》）の人民に行った「焼き、殺し、強姦し、略奪する」という各種の罪悪は、これまでも枚挙《まいきょ》にいとまがないが、今回は国際法に違反して、無垢の民衆に毒ガスを放った。その残虐で凶悪なところは人類の敵だ。かつてなかった人民に対するこの様な大虐殺は、日本ファシズムがすでに世界の公道や正義を捨て去ったことの証明だ。世界の公道と正義を守るため、こうした公道と正義を捨て去った日本ファシズム強盗にさまざまな方法で制裁を加えることを、我々は全世界のすべての正義の人々に求める。

5 毒ガス使用の決定的証拠

日本軍大隊長の手記を発見

北坦《ペイタン》村への旅を終えてからおよそ二年後の一九九〇月六月二二日、私は日本軍がこの村で確かに毒ガスを使ったと証明できる日本側の決定的文書を、東京・恵比寿《えびす》の防衛庁防衛研究所図書館で発見した。文書の名前は「第百十師団第一六三聯隊大隊長大江芳若《おおえよしわか》少佐資料」の中の「粛正建設計画大江隊」。北坦の現地で日本軍を指揮した大隊長（故人）が、北坦をふくむ当時の抗日ゲリラ地区への「粛正」について回想した手記だ。

これが直筆であることは、次のような説明書きに明記してある。

本資料は昭16・8〜18・12　110D163i（「昭和一六年八月〜同一八年一二月、一

一〇師団一六三連隊」の略）の大隊長である本人（筆者注―大江芳若氏）が執筆または使用した治安関係資料であり、好資料と認める。以上の経歴記註時期、経歴記註者　昭和三七（一九六二）年一月二〇日　戦史室　編纂官　安倍邦夫（印）

手記はＢ５判のグラフ紙（原稿用紙か）の裏面に鉛筆で縦書きしてあり、全部で一六枚。うち一〇枚目の中段以降に北坦での毒ガス使用の証言が書かれ、一五枚目には作戦展開図が添えてある。また周辺に建設した日本軍トーチカの構造図も書いてあった（いずれも手書き）。「寄贈資料」と赤いハンコが表紙に押してある。

手書きのため文字不明瞭な部分には「〇」を当てるが、毒ガスを使用した証拠としての本質的価値にはまったく影響しない（原文かなはカタカナ、傍点筆者）。

大江部隊の掃蕩《そうとう》治安戦にて特筆大書すべき戦闘は定県、安国を警備中大隊の全力を以て毒瓦斯を利用し共産軍第一大隊を包囲殲滅《せんめつ》せる北坦、南坦（召村南側河の南側）付近の〇〇戦なり。

（中略）

2．定県南方召村付近の河川に沿う地区、特に安国県境に沿う地区は治安特に悪く、民衆は日本軍に親しまず、再々付近を掃蕩せるも空室清屋戦法（筆者注―日本軍来襲を受けて民衆が逃げる際、利用価値のある一切を持ち去るか破壊して日本軍に略奪の利益を与えないやり方）にて〇の姿を見ずに終われり。

3．斯《か》くする内に南坦、北坦に両村に敵の大部隊あり。当部落には坑道を掘りある状況を知り大隊は現駐屯地より夜間行動を起こし特に道路を避けて行動し払暁《ふつぎょう》全村を包囲攻撃せり。

4．午前五時頃全村を完全に包囲し敵の銃声と共に射撃戦を開始し漸次《ぜんじ》包囲網を圧縮し部落に突入せり。然《しか》るに今迄《まで》猛烈射撃しありし敵の姿全然なし。部落中にて屋根より〇〇〇〇（投弾？）を受け又入口にて地雷の爆発を受く。

北坦村での毒ガス使用は、これに続く以下の部分にも記述されている。

直ちに部落外囲の坑道を捜索せしめ又部落中の井戸其他坑を捜索せしめ毒瓦斯を投入せしむ。然る所斯く共産軍の騒ぐ声を聞きぬ。村より隣村に通える坑道を遮断せしめ坑道内にて共匪《ひ》の数百名を窒息殲滅せしめ小銃、〇〇等約百二十挺鹵獲《ろかく》し我方にも〇〇以下数名の死傷ありたり。爾来《じらい》定県南方河川流域の治安急速に良好となれり。

之がやがて〇〇にも極めて良結果を来したり。

さらに大江氏は、毒ガス戦を発動した背景に言及し、「曲陽、定県の共産軍は最も強靭《きょうじん》なりき。特に定県は該地方の豊庫なりしため共産軍として〇も重点をおき日本軍のもて余したる所にて数年間治安不良地区たり」と説明している。「もて余したる」という言葉の選び方に、八路軍の地下道戦に対応できない当時の日本軍大隊長のいらだちが見て取れるが、その後で、こうした治安の悪さも「特に北坦村附近の掃滅戦により著しく良好となれり」と自賛しているのが注目される。

毒ガス戦の研究者、粟屋憲太郎立教大学教授は、「毒ガス戦に関して旧日本軍関係者は非常に口が固い」と筆者に語ったが、この手記は、毒ガスの専門知識を有する人物が、自分の実体験として、誰に強制されたわけでもなく、毒ガス使用を認めている。「日本軍毒ガス戦」の決定的証拠だ。後述するように、大江氏は、陸軍習志野《ならしの》学校（毒ガス兵器を取り扱う将校・下士官を専門に養成した）の教官まで務めた人物であり、毒ガスの専門知識のない兵隊が軽率に語ったのとはワケが違う。

したがって、

① 日本軍が北坦で毒ガスを使った

② それにより数百人の中国人を殺害した

という北坦事件の二つの重要ポイントは、この手記一つで十分に裏付けられるといっていいだろう。

手記の執筆者に直接会って話を聞く

前述の手記を見つけた後、私は、「この大隊長には会っておきたい」と、強く思った。私自身がこの足で訪ねたあの北坦村で、虐殺の日にあの李《リ》徳《トー》祥《シアン》さんと真っ向から対峙していた日本軍の指揮官からも、話を聞きたい。

実は、手記以外の資料に当たるなかで、私はこの頃までに第一大隊の一部関係者の名前と住所はわかっていた。肝心の大隊長は健在かどうかも確認がとれないまま、一九九〇年八月一四日、私は可能性のある関西のある街へ向かった。

到着後、警察や市役所を訪ねても大隊長の所在はわからなかった。しかし、ある役所に行き、町ごとに細分された地図をめくると、実名のまま、住宅地図の中に名前が書いてあった。夕方、彼の自宅前まで行き、表札を確認した。間違いない。

翌一五日午前、日本の中国侵略が挫折した「八・一五」のその日、私は大隊長の自宅へ向かった。お盆なので、家族で墓参りや食事にでも出られたら、会えなくなる。年齢を考えても、元気のある早い時間の方がいい。とにかく、玄関に入れてもらおう。玄関に入れてもらえたら、家に上げてもらおう。家に上げてもらえたら、三分でもいい、北坦村の現地での話をしてもらおう、と私は思った。門前払いだけは、絶対にゴメンだと心に強く思った。

九時、インタホンを鳴らした。どうあいさつして玄関に入れてもらい、用件をどう切り出したか、覚えていない。彼は、ステテコに薄い白の肌じゅばんの姿で出てきた。茶色のセルロイドメガネをかけている。

私は、玄関を入って右側の部屋に通された。テレビのある六畳ほどの部屋で、居間のようだった。彼は、カメのぬいぐるみが二つ置いてあるキャメル色の長いソファに、ぬいぐるみを右手に腰を下ろし、私はその正面に座った。アゴのガッシリしているのが非常に印象的だった。いかにも「ブン殴られて、ブン殴られて鍛え上げられた」帝国軍人のツラ構えだと思った。太いマユ毛に白い毛が混じっている。鼻筋がまっすぐで、頬がややたれている。耳が大きい。黒髪の少し混じる頭は、上の方が少し薄い。全体的にややでっぷりとした体格で、腹が出ている。

ドッシリと重い視線で、真っすぐに私を見てくる。ややしわがれているが、力のある声が腹から響く。（以下、傍点筆者）

――北坦村で毒ガスを使ったと、中国現地の取材で聞いたんですが。

「シナ人はみんな、そう言う」

「あれは発煙筒。火事の煙と同じ」

「とにかく発煙筒。空気が希薄になるので、死ぬのは当たり前」

「共産党か、キミは？」（私は共産党員ではない）

「中国側の中隊長や幹部は、手榴弾を使い地下壕内で自殺し、捕虜にならなかった。地面の上にいて爆発音が聞こえた。勇敢だった。捕虜は一人もなかった」

「日本と違って、中国では民衆も一緒に移動する。三国志を読んだことあるだろう？」

「北坦村の地下壕の中にいたのは、一〇〇〇人ほどじゃなかった。軍隊が一〇〇〇人、民衆はそれ以上いたろう」

「我々は水滸伝《すいこでん》を研究した。住民を可愛がったから、住民は情報をくれた。どこどこの村で坑道掘ってる、と教えてくれた」（地下道のことを「坑道」とも言った。）

「住民から当時、感謝状をもらっている。キミは熱心だから、見せてあげよう」（「大江芳若中佐治安工作資料」を私に見せる。定県県立新民小学校などの生徒が書いた「感謝状」が入っている）

「実に良く調べてあるが、あなたは共産党員か？」

「この作文書いた当時の子らは、今、名前がわかったら（中国共産党の）政府に批判される。かわいそうだから、アンタ、名前をメモなんかするなよ」

大隊長は、自分の戦歴に話を移した。

一九三七年、盧溝橋事件の後、第二〇師団第七八連隊の中隊長として京漢線（北京～漢口）を南下した。同年八月二五日、手榴弾をお互いに投げ合う中、中隊長として軍刀を持って突撃した。その際、左太ももに手榴弾でキズを負った。また、別の場所でつけたキズが左足のくるぶしのあたりにある。

「僕の頃は、中国人と仲良かった」

「維新政府（日本軍のカイライ政権）はオモテの政府、中国共産党はウラの政府。住民は両方から税金を取られて苦しんでいた。ウラの方をつぶしたから、住民は喜んだ」

彼の話が一段落したところで、私は、直筆手記に話題を向けた。

「安倍さん（防衛研究所戦史室の編纂官、安倍邦夫氏）が書いたんじゃないか?」

「私は戦争中、習志野学校（毒ガス戦の専門教育機関）で教官を務めた」

「安倍もおったんじゃないか?」

――安倍さんは、昭和三七（一九六二）年に直接あなたの自宅を訪問してインタビューしたということですが。

「それは覚えとるが、毒ガスのことは覚えとらん。それ以来、安倍とは会ってない」

しかし、こういう言葉がチラホラと顔を出し始めた。

「習志野学校では、『あか筒』なんぞは毒ガスと認めておらんかった」

「イペリットやセイサンを本当のガスと言う」

「対戦車の時は、セイサン使う。ものの一秒で、人間は死ぬ。僕は使ってないが」

「『あか筒』は、クシャミガス。致死力はなく、一時的な効果しかない。したがって、兵器としての価値なし。我々は毒ガスと言わずに、『ケムリ』と呼んでいた。吸い込んだ場合に、銃の照準合わすのが不便になる程度だ」

「発煙筒と同じ。密閉したから、窒息して死んだだけ」

「ちょっとクシャミする程度」

「かわいそうだったのは、今でも目にちらつくが（涙ぐみながら語る。涙声）、兵隊も死んだが、お母さんが一歳くらいの子どもを抱いて穴（地下道のこと）から出てきた。窒息して倒れた母親の乳をその子どもがなお吸っていた。これは向こうの兵隊が巻き込んだ。むごい。兵隊だけで戦えば、こうはならんのに」

そうして、毒ガスについて重ねて質問すると、

「『あか筒』使ったかは、記憶ない。命令しとらんから」

声がよどんだような気がした。最初の頃の非常に強い否定の姿勢からかなり変わってきた。

「その後の子どものことは、覚えとらん」

私から初めて目をそらした。私に向かって右の方を向いた。語気が弱くなった。

——上坂さんの供述のことは？

「裁判のことは、知らん。ガスを名目に裁判にかけられたのは聞いている」

「アンタ、そんなこと研究して、なんになる？　共産党から、派遣されて来てるのか？」

さらに、いくつか質問を重ねたところで、こういう言葉が口から出てきた。

「（ガスを）使ったかどうかは別として、兵隊は『あか筒』持っとったでしょうねえ」

言いながら、タンがひどくノドにからまった。タンを吐きに部屋を出た。歩行がややおぼつかない。帰ってくると、以下のように話は続いた。

「（『あか筒』は）発煙筒と同じくらいの（効果しかない）もの。『あか筒』は、あるいは赤い線が引いてあったかもしれん。習志野で見たことある」

先の「使ったかどうかは別として、兵隊は『あか筒』持っとったでしょうねえ」の発言部分を確認すると、

「『あか筒』なんて、兵器と思っとらんから」

「致死力なし」

「ガスとは言わない。ケムリや」

と何度も何度も繰り返す。しかし、会話を繰り返すうちに、次の言葉が出た。

「砲兵隊が『あか弾』持ってた。（砲兵隊は）撃ったことあるだろう。私は、直接見たことないが」

「僕は命令してないが」

「山西の激戦地で、『あか弾』を使ったんじゃないの。大砲撃ち合いの時に」

さらに、毒ガスを使った後に、報告書を出すようにとの師団命令を受けた、と上坂さんの供述記録にあるのだが？　と私が質問すると、次の言葉が出た。

「師団から命令あったとすれば、当然、歩兵は『あか筒』持っとるでしょう」

「僕は、上坂さんから実験的に（『あか筒』を）使えとの命令は受けてないが」

そしてその直後、

『あか筒』使ったかもしれない」

と言った。

大隊長は、ここで初めてこの言葉を使ったが、この後、このあやふやな言い方を何度も何度も繰り返した。そして、

「(『あか筒』を戦闘地へ)持っていけとも、行くなとも言えない。中国人が記録しているなら、使ったかもしれない」

――大隊長時代に最も大きな戦果を上げた戦闘は？

「これ(北坦村)や！」(即答だった)

「北坦村の戦闘は、中共側に非常に大きな衝撃を与えた。共産軍は逃げてばかりで、つかみどころがなかったが、北坦村では落ち着いていてやれた。穴の中に入っているから」

「村の坑道は、となり村まで通じている。まず情報を得て、それから攻撃に移った。とにかく坑道を遮断せよと、私は命令した。遮断してケムリをぶち込んだ」

「日本軍が村の中に入った時に地下道で村の外周に移動し、村に入った日本軍を逆に包囲するという作戦もあった。実際にこれで殲滅《せんめつ》された日本軍部隊もあった。北坦村も、これを計画してた。我々は井戸やカマドの下へとケムリを入れた。地面の下をワーワー言いながら中国人が移動するのが聞こえた」

地下道のルートを発見し、遮断できた理由として、大隊長は、「中国側に裏切り者がいたからというよりも、地下の話し声やワーワー言う声が地上の私たちに聞こえたから」と答えた。地表と地下道天井部との間は非常に薄かったという。

「朝五時から始めて、昼には終わった。午後には片付けをした。私は夜は村に泊まらなかった。村に泊まったのは、中隊長かな」

戦闘で死亡した二人の追悼式を大隊長が主催して定県で開催した。

「こっちは八人《ママ》死亡で、敵を一〇〇〇人殲滅《せんめつ》したんだから、大戦果でしょうなぁ。今なら、金鵄勲章《きんしくんしょう》もの。それが、戦争に敗けたから勲章にもならん。当時の金で国債三五〇〇円を郵便局に預金していた。それが、敗戦でパーだ。昭和一四（一九三九）年に功五級もらったのに、命懸けで働いて、ときどき痛むこれ（もものキズを指す）でも死んどったところだ。中隊長は、キンタマを手榴弾で飛ばされた。戦死した人は、どうするんや」

「戦死者の死体、戦利品をそろえて午後三時頃、村を去った。二〜三日後、足の具合が悪いので、北京の病院に入院した」

——何という病院か？

突然、口ごもる。

「兵站《へいたん》病院だ」

「北坦村の後の詳しいことは聞いてない」

「放火や略奪、強姦は厳禁していた。絶対ないはず。（やったら）軍法会議にかける！　と明言してあった。一六三連隊は松江など山陰の者が多く、おとなしくてマジメだった」

「（北坦村へは）第一、二、四中隊のうちから七〇～八〇人ずつを抽出し、計二〇〇人前後が参加した。第三中隊は全然行っとらん」

「戦争勝っとれば、僕なんか、金鵄勲章の功三級位のとこや」

さらに歴史観について、話が続く。

「満州は、非常にうまく行ってた。『王道楽土《おうどうらくど》』だ。それなのに、シナへ行ったのがいけなかった。拡大したのが、いけなかった。満州は大成功だった。満州は、日本の郷里だ。ユダヤ人のパレスチナと同じ。日本人の祖先は、三〇〇〇年前に満州から来たんだ。もともと大和民族の郷里であり、決して侵略ではなかった。歴史を勉強せねばならんよ。伊藤博文と朝鮮半島を見てみろ。日本には決して併合する気はなかった」

戦史叢書『北支の治安戦（２）』編纂官に話を聞く

北坦で日本軍が毒ガスを使用したことは、現場を指揮した第一大隊大隊長が、「毒瓦斯《ガス》ヲ利用シ」

「毒瓦斯ヲ投入セシム」と手記に書いており、筆者が本人に直接会って話を聞いたのは前述のとおりである。その後、筆者は二〇〇一年四月、同年一二月、翌〇二年一月に北坦村を訪れて、聞き取り調査を進めていった。

しかし、日本軍が円筒形の容器に「あか」を充填した「あか筒」という携帯型の毒ガス兵器を地下道内に投げ込んだ事実を、『北支の治安戦（2）』も、北坦に行った各部隊の部隊史も完全に隠している。当然ながら、「あか筒」のガスを吸い込んだ村人らの症状は描写されず、その後の刺殺、銃殺の記録は一切ない。「あか」で村を制圧された民衆が、どのように逃げまどい、死んでいったかの記録はもちろんない。

このうち、最も詳しく描写している二つの連隊史（一〇二ページ参照）でさえ、毒ガス散布後の民衆についての描写は、次の部分だけだ。

●敵は苦し紛れに一人又一人、穴の中から這い上がり、次々と先を競って出て来た。しかし敵の幹部は坑道内で手榴弾で自爆し、降伏する者はいなかった。（『岡山歩兵第百十聯隊史』）

●苦しまぎれに一人又一人と穴の中から這い上がる者が出だすと、次々と先を競って這い上がった。便衣《べんい》（ふだん着）に着替えて「我的老百姓《ウオータラオパイシン》」（私は一般民です）と言う者もいたし、本当の住民もなかにはいただろう。併《しか》し幹部は坑道内にて手榴弾で自爆し降伏する者はなかった。（『北支派遣歩兵第百六十三聯隊第一大隊本部史』）

ここには、「あか」を吸い込んだ村人らの症状は一切書かれていない。「苦し紛れに」は、「症状」ではあるまい。また、この二つの文章とも「発煙筒を投入」と書いてあるが、本来なら「毒ガスを投入」「あか筒を投入」と書くべきだ。他ならぬ彼らの指揮官が、認めているのだから。「あか筒は特殊発煙筒ともいって、発煙筒の一種だ」というのであれば、書いた人の意識が、毒ガス使用を隠そうとする日本軍の体質に染め上げられていることを自分から宣言しているようなものだ。

さらに『北支の治安戦（2）』に至っては、「部落内の坑道、地下室には敵兵が充満しており、頑強に抵抗するので手間取ったが、これをことごとく殲滅《せんめつ》し多数の鹵獲品《ろかくひん》を得た」と書いてあるのみで、「あか筒」はおろか、「発煙筒」とさえ書いてない。坑道（地下道）内に一般住民がいたことも黙殺している。つまりは、「あか」という毒ガスによる一般住民の無差別虐殺という事件の本質を、まるごと隠していると言わざるをえない。

第一大隊大隊長が、「毒瓦斯ヲ利用シ」「毒瓦斯ヲ投入セシム」と書いた手記は、昭和三七（一九六二）年一月二〇日、防衛庁の戦史室編纂官の安倍邦夫氏が「好資料と認める」と署名、捺印している（四三ページ参照）。一方、『北支の治安戦（2）』は、奥付を見ると、その九年後の昭和四六（一九七一）年一〇月に出版された。北坦の戦闘に特にページをさいた編纂官の森松俊夫氏（執筆者）が、一連の関連資料のなかでこの手記を見ていないわけがない。

三光作戦調査会の渡辺登氏によると、こうした『北支の治安戦（2）』の隠蔽《いんぺい》に対し、一九九八年五月一四日、写真家の新井利男氏（故人）と朝日新聞の本田雅和記者の二人が偕行社《かいこうしゃ》（東京・九段。もとは陸軍将校の親睦団体。戦後、陸軍士官学校の卒業生を中心とする親睦団体として再建され、財団法人となった）を訪れ、執筆者の森松俊夫氏に会って抗議の意を伝えたうえ、説明を求めた。

渡辺氏が生前の新井氏からくり返し聞かされたところによると、二人に問いつめられた森松氏はかなりしどろもどろとなり、最後に、「毒ガスの使用は国際法違反になるので書くなと、上から指示された」と、釈明したという（新井氏の簡単なメモも残っている）。これは、「公刊戦史」の編集方針にかかわるきわめて重要なことだ。本田記者は、相手のしゃべったこの言葉だけは明確に覚えている。（ただ日時、偕行社という行き先、相手の氏名をはっきり覚えていない。）

『北支の治安戦（2）』の「序」には、「本書は戦史編纂官森松俊夫が調査執筆したものである。なお、本書記述の内容に関する責任は、戦史室長と執筆者のみにあることを特に付言する」と明記してある。

この「本書記述の内容に関する」疑問があるので、私は二〇〇二年一一月一日（午後三時三〇分）、執筆者である森松氏（八三）に電話した。電話した先は、偕行社だ。「毒ガスの使用は国際法違反になるので書くなと、上から指示された」と、森松氏が本田記者らに説明した点を確認したいと伝えてから、以下のように質問した。（——が筆者、「　」内が森松氏の発言）

――あなたのこの説明を確認したいんですが。

「忘れました」

――なぜ（毒ガス使用を）書いてないんですか？

「忘れました」

「あなたが言うように大江さんが書いているのかどうか、わからないので、なんとも言えません」

――それなら、大江さんの文章を今ファクスで流すから、見てください。

「読む意思はありません。あなたに答えねばならない立場ではないから」

――戦史編纂官として、責任を負ってるんじゃないんですか？

「書いたことに対しては、責任持たないかんね」

――内容に関して不適切な部分があれば、責任があるんじゃないですか？

「あります」

――毒ガスを使用したという資料が防衛庁に保管されてあるのに、『北支の治安戦（2）』では書いてないんです。

「その資料が手元にないので、君があると言ってもこっちは見てないのでね」

――ですから、ファクスで送りますよ。

「そういう問題に関わりたくないから、見る意思はないわけです」

——責任者じゃないんですか？

「責任者ですよ」

——だったら、関わりたくないとは言えないんじゃないですか？

「それは、頭がさえてないですからねえ」

——毒ガスを使ったという資料が確かにあるわけですから、『北支の治安戦（2）』にそれを書くというのが、一般的な常識ですよね？

「ああ、そうですか。私はそうは思わない」

——ですからファクスするので、これを見て、お答え願えませんか？

「要りません。必要ありません」

——どういう理由で必要ないんでしょうか？

「いや、頭ぼけてますからね。そこまで知恵がめぐりませんから」

——『北支の治安戦（2）』の内容は覚えてませんか？

「内容までは覚えてない」

——細かいことは覚えてなくても、今現在、毒ガスを使ったという資料があります。

「他の人と相談してみます。どこの人か誰だかわからん人からの電話を受けて、電話で返事しなければならんかどうか、聞いてみます」

――では、いつ頃またお電話すればいいでしょうか？　書面で質問しろということであれば、書面でいたします。

「結構です」

――責任者ですよね？

「はい」

――結構です、ということは言えないと思うんですが。

「だからどうするか、ですね」

――質問するからお答えください、ということです。

「答えるほど頭がさえません」

――日本軍の毒ガス戦はほかにもあったけれども、その多くが日本側資料では隠されています。そのなかでも北坦の事件は事実関係がはっきりしてるので、特にこれに関してお電話したわけです。

「大江さんは生きてますか」

――大江さんは、もう亡くなりました。

「（新井さんらをさして）あの人とは、私はまともに話してません。お互いケンカ腰でしたから」

――ただ、最後に森松さんの方が、『毒ガスの使用は国際法違反なので書くなと上から言われた』と、こう答えたと聞いたんです。

「私は言うたことは忘れた。あなたは〝また聞き〟ですわね」

――今、この電話でお聞きします。上から書くなと言われたということが、あったんですか？

「知りません」

――でしたら書面でうかがうので、お答えいただけませんか？

「それは約束できないですね」

――偕行社《かいこうしゃ》に送ればいいんですね？

「偕行社に毎日来るとは限りません」

――では、どちらに？

「あなたは今、どちらにいるんですか」

――都内です。都内としか言いようがありませんが。

「関係ないですか。私もアンタと関係ないですから、これでやめます（一方的に電話を切る）」

第Ⅱ部
北坦事件の背景

河北省易県にいまも残る日本軍のトーチカ（撮影／中川寿子氏）

「北坦事件が確かにあった」ということは、これまで見てきた第Ⅰ部でほぼ立証できたと思う。その内容のもととなった拙文ルポ『皇軍《こうぐん》毒ガス作戦の村』を一九九五年六月に、『週刊金曜日』に発表してから、今まで八年間、北坦事件をめぐってさまざまな動きが展開した。

まず、九六年に写真家の新井利男氏（故人）が北坦を訪れ、村人の心の傷がいえていないことが伝わると、九七年には弁護士の一瀬敬一郎氏と三光作戦調査会の渡辺登氏が北坦を訪問した。前出の李徳祥《リトーシアン》さんたち「幸存者《シンツンチョ》」（虐殺事件の生き残り）と会い、その後、多くの市民運動家との協力の中で、翌九八年五月の李徳祥さん、同八月の李慶祥《リチンシアン》さんら四名を日本に招いての証言集会を実現させた。いずれも全国各地での集会につながり、マスコミでも報道された。

渡辺氏は戦後、日中友好と反戦・平和の運動に一貫して取り組んできた人で、「七三一部隊展」などに関わってきた。こうした活動の中で北坦事件に出会い、これを広く日本人に知らせるべく、九七年に中川寿子氏らと「三光作戦調査会」（以下、「調査会」）を結成。北坦村の幸存者たちと意欲的に交流を重ね、信頼関係を築いてきた。これと並行して、中国側でも河北大学日本研究所副所長の陳俊英《チエンチユンイン》教授が、同調査会と連絡をとりながら、調査に乗り出した。

こうしたなかで、日本人の間に北坦事件は知られるようになってきた。毒ガスを扱かった本やビデオでも、その内容の一部に北坦事件を紹介するものも出てきた。村を訪れる日本人は、市民団体、学者、弁護士など、次第に増えており、調査会の目指す運動も広がりを見せてきたようだ。

私もこの間、九八年五月の証言集会に参加した後、八月集会の実行委員としてお手伝いした時から、調査会の例会などに参加してきた。そして、北坦事件を総括した本を出そうと渡辺氏に声をかけられた後の二〇〇一年四月、調査会が毎年派遣している「北坦村をめぐる平和訪中団」に参加し、村を一三年ぶりに再訪した。つづいて同年一二月、翌〇二年一月にも北坦を訪れて、計二三名の幸《シン》存者《ツンチョ》から事件での体験談を聞き取った。

この三度の聞き取り調査では、基本的には、前述の陳俊英《チエンチユンイン》教授が案内、通訳してくれた（北坦は訛《なま》りが強いので、初めて訪れた時とは違い、今回は通訳を通して聞き取り調査を行った）。多くの場合、私は陳教授や助手の学生らが村で行った聞き取り記録を参考に、それを発展させた質問表を用意し、それにしたがってインタビューを進めた。

しかし、そもそも中国人の土地である北坦村に、なぜ日本の軍隊が入ったのか？　彼らはなぜ毒ガス兵器を持っていたのか？

こうした疑問に答えるため、以下に、まず北坦事件の「大背景」たる日本の中国侵略の歴史と毒ガス戦の歴史をふり返り、次いで「小背景」たる五一大掃蕩《ウーイーターサオタン》（日本軍側で言う「冀《き》中《ちゅう》作戦」）までの北坦の状況を把握しておく。

1　近代日本の膨張主義と中国侵略戦争

一八六八年の明治維新の後、日本の新政府は「富国強兵・殖産興業」をスローガンにかかげ、急速な軍国化と工業化をおし進めた。彼らは国内で限られている天然資源とその加工品の消費市場を海外に求め、近隣のアジア諸国から武力で植民地を奪う道を歩き始めた。

新政府の対外拡張は、まず維新直後、アイヌ民族古来の土地である蝦夷《えぞ》地（北海道）の全面支配に始まり、次いで七二年、琉球（沖縄）を中央政府の下に組み込んだ。九四年、朝鮮半島への覇権を当時の清国（中国）と争った日清戦争を経て、台湾を植民地として獲得し、後発の帝国主義国となった。

一九〇〇年、清国で帝国主義諸国の侵略に反対して起きた義和団《ぎわだん》運動に対し、日本は列強八カ国連合軍の主力（日本の派兵数は最多の二万二〇〇〇人）として北京に侵攻。その結果、駐兵権（軍隊を駐屯させる権利）を得て、これ以来、北京や天津に軍隊を駐屯させた。この軍隊を「支那駐屯軍」といい、これが後に、日中戦争（一九三七～四五年）初期の日本側の主役となる。

一九〇四～〇五年の日露戦争の結果、日本は満州（中国東北部）に、大陸侵略の拠点を得る。すなわち、主に大連と旅順からなる「関東州」（遼東半島の南端部）と、長春～旅順の鉄道（のちの南満州鉄道、いわゆる「満鉄」）とを、ロシアからゆずり受けた。同時に、その鉄道線保護の名目で、二個師団およそ一万人の兵力を満州に駐留させた。これが後の「関東軍」の前身であり、関東軍はこの後、植民地軍隊として中国侵略の尖兵《せんぺい》的役割を演じてゆく。

三一年、満州事変（中国側で言う「九《チウ》・一八事変《イーパーシーピエン》」）をきっかけに中国東北部へ本格的に侵略を開始し、翌三二年、カイライ政権「満州国」（中国側から言うと「偽満《ウェイマン》」）を「建国」して、東北全土を実質的に日本の植民地とした。さらに三三年、満州に隣接する熱河省を「満州国」に併合した（熱《ねっ》河《か》作戦）。この後、河北省（当時の）東北部に設けられた非武装地帯に冀東《きとう》政権（「冀」は河北省の略称であり、「冀東」とは河北省を概念的に東、西、南、北、中央の五地域に分けた場合の東部を指す）をつくり、支那駐屯軍の支配下においた。三五年には、熱河省の西側に広がるチャハル省（現在、大部分は内蒙古自治区）を日本の勢力下においた。この時、同省から撤退させられた宋哲元《ソンチョーユエン》ひきいる中国国民軍第二九軍（国民党軍）が、のちに「日中戦争」初期の中国側の主役となる。

三六年、日本国内では、二・二六事件で軍部の政権介入が強化され、年末にはドイツと日独防共協定をむすんで、日本のファシズム路線はいっそう明確となった。

こうしたなか、あくる三七年七月七日、北京郊外で盧溝橋《ろこうきょう》事件（中国側で言う「七七事変《チーチーシーピエン》」）が起こると、これをきっかけに、日本は中国への全面侵略戦争を開始する。

この時、中国側では久しく内戦状態にあった国民党《クオミンタン》（中国国民政府の母体。蒋介石《チアンチエシー》が指導）と共産党《コンチャンタン》（毛沢東《マオツオートン》が指導）が、前年一二月の西安《シーアン》事件（注）を契機に国共合作《クオコンホーツオ》（国民党と共産党の連携）へ大きく動き出していた。合作は開戦二カ月後（三七年九月）に実現し、日本の侵略に挙国一致で抵抗する体制がとられた。これにより共産党の指揮する紅軍《ホンチュン》（共産党軍）は、中国国民革命軍「第八路軍」（八路軍《パールーチュン》）となり、「日中戦争」八年間を通じて日本軍の本当の敵となる。

盧溝橋事件の後、日本軍は華北では北京、天津から南（河北省）と西（山西省）へ向かって侵攻し、華中では上海から首都南京（当時）へ攻めのぼって、一二月、南京を陥落させる（この過程で日本軍が引き起こしたのが南京大虐殺）。翌三八年四月に日本国内で国家総動員法が公布されて戦時経済体制がつくられた頃、華北と華中の日本軍は徐州（江蘇省）で合流し（徐州作戦、四〜六月）、一〇月に広州（広東省）、武漢（湖北省）を占領するまで、破竹の勢いで占領域を拡大しつづけた。

しかし、その、広州、武漢を占領したところで戦線が伸びきり、日本軍の新たな進撃にはストップがかかる。そして、これ以降、日本軍のいわゆる「治安戦」の時期に入る。すなわち、事実上は比較的大きめの都市とそれらをつなぐ鉄道や幹線道路、つまり「点と線」しか確保できない日本軍が、すでに「占領」した広大な地域（中国側で言う「敵後方戦場」）の「治安」を確保しようとする局面に入った。

この時すでに中国戦線は、国民党軍《クオミンタン》が主に担当する「正面戦場」と、八路軍《パールーチュン》の主に担当する「敵後方戦場」とに大きく二分されていた。日本軍の侵攻する最前線を正面戦場といい、近代兵器を装備した国民党軍がここで日本軍と戦闘した。一方、貧弱な装備で、日本軍と正面戦場では戦えない八路軍が、主にこの「敵後方戦場」を受け持つ格好になった。彼らはここに入り込み、人口の多くを占める貧農らを解放する政策によって彼らを味方につけ、彼らを組織して各地に抗日政権を育て上げていった。共産党《コンチャンタン》指導下のこうした抗日政権は、主に山の稜線などにあたる各省の省境を中心に巨大な「抗日根拠地《カンリーケンチュイティ》」を形成した。省境に位置していたので、政府を「辺区政府《ピエンチュイチヨンフー》」、軍隊を「辺区軍区《ピエンチュイチュンチュイ》」と呼ぶ。それは、抗日の独立国家とも呼べる規模で、華北《ホアペイ》の各地に広がった。北坦《ペイタン》の属した「冀中軍区《チーチョンチュンチュイ》」は、そのなかでも模範辺区と讃えられた晋察冀辺区《チンチャーチーピエンチュイ》（辺区軍区）のなかの重要な一部分を構成していた（晋《チン》＝山西《シャンシー》省、察＝チャハル省、冀《チー》＝河北《ホーペイ》省の省境に位置した根拠地）。

　こうしたなか一九四〇（昭和一五）年八月、その「敵後方」で雌伏《しふく》の時を過ごしてきた八路軍が一転、大攻勢に出る。いわゆる「百団大戦《パイトアンターチャン》」である。「一〇〇個団《トアン》（団＝日本軍の連隊）による攻撃」という意味の百団大戦は、四〇年八月二〇日～四一年一月二四日の五カ月間にわたり、日本軍にきわめて深刻な打撃を与えた。八路軍総部が四〇年一二月一〇日に公布したところによれば、八月二〇日～一二月五日の三カ月半だけで、八路軍は日本軍二万六四五人を殺傷し（そのうち大隊長以上の将校は一八人）、カイライ軍（中国人でありながら日本軍の手足となって戦闘に参加した部隊。「偽軍《ウエイチユン》」

とも言う）五一五五人を死傷させ、日本軍二八一人、カイライ軍一万八四〇七人を捕虜にした。武器を携えて投降してきた者は日本軍で四七人、カイライ軍では一八四五人を数えた。鹵獲《ろかく》した銃は五九四二挺、砲は五三門。破壊した鉄道は四七四キロメートル、道路は一五〇二キロメートル。また橋二一三本、列車の駅三七駅、トンネル一一カ所、電線柱一〇万九〇〇〇本、電話線四二万四〇〇〇キログラム分、石炭鉱山五カ所、倉庫一一棟を破壊した。

この甚大な打撃により日本軍は、共産党軍（八路軍）こそ本当の敵だという認識をさらに深めて、華北《ホアペイ》での「治安戦」の徹底にのりだす。華北は、①「治安地区」（日本軍の占領区）、②「準治安地区」（日本軍と八路軍の勢力の拮抗《きっこう》している地区）、③「未治安地区」（八路軍の占領区）の三つに色分けされ、このうち③「未治安地区」に対して「儘滅掃蕩《じんめつそうとう》」作戦、中国側で言う「三光政策《サンクアンチョンツォ》」を発動した。これは、八路軍という「魚」を殺すために、これを支援して泳がせている民衆という「水」を抹殺しようという作戦だ。

「殺し尽くし、奪い尽くし、焼き尽くす」という三つの「光《クアン》」（中国語で「〜し尽くす」の意）に象徴される残虐な作戦が、こうして華北の至るところで展開された。この報復はすさまじいもので、例えば百団大戦《バイトアンターチャン》への第一次反撃作戦として発動された第一期晋中作戦（四〇年八月三〇日〜九月一八日、晋＝山西省）では、独立混成第四旅団「昭和一五年九月一日—九月一八日　第一期晋中作戦戦闘詳報」によると、「敵根拠地に対し徹底的に儘滅掃蕩し敵をして将来生存するに能《あた》はざるに至らしむること緊要なり」と、じん滅作戦が指示された。そして、「敵及土民を仮装する敵」や「敵性ありと認むる住民中十五歳以上六十歳迄《まで》の男子」は「殺戮《さつりく》」し、「敵性部落」は、「焼却破壊」してしまえと、じん滅の目標と方法が示された。これはまさに殺しつくし、奪いつくし、焼きつくす三光《サンクアン》（殺光《シャークアン》・搶光《チアンクアン》・焼光《シャオクアン》）作戦以外のなにものでもなく、「虐殺掠奪に類する行為は厳《げん》に戒《いまし》むるを要す」などの「但《ただ》し書き」はほとんど空文と化したといってよい。

こうした三光作戦の一環として、一九四二年五月、北坦の属する冀中軍区《チーチヨンチユンチユイ》に対して「冀中作戦」が発動され、二七日、日本軍は北坦を包囲・急襲したのだ。

（注）東北軍（中国国民党軍の一つ。満州事変で関東軍によって東北地方を追われていた）を率いる張学良《チヤンシユエリアン》（日本軍によって爆殺された軍閥・張作霖《チヤンツオリン》の息子）が、日本の侵略に対して徹底抗戦の姿勢を見せずにいた中国国民党軍の最高指導者・蒋介石《チアンチエシー》を西安《シーアン》で監禁した事件。張は、蒋介石に対し、国共合作で日本軍と戦うべきだ（内戦を停止し、一致して抗日救国しよう）と説いた。

【参考文献】

✷『中国抗戦軍事史』羅煥章・高培主編、北京出版社、一九九五年
✷江口圭一「中国戦線の日本軍」、『十五年戦争史２』藤原彰・今井清一編〈青木書店、一九八八年〉所収

2　日本軍の毒ガス研究

日本軍の毒ガス戦に詳しい吉見義明・中央大学教授は、「日本軍による八年間の対中国戦争は、最後の約一年間（一九四四年秋以降）をのぞき、全体として大規模な毒ガス戦でもあった」と、断じている（吉見義明「日本軍の毒ガス作戦」、藤原彰〔ほか〕編著『南京事件を考える』〈大月書店、一九八七年〉所収、傍点筆者）。北坦《ペイタン》での毒ガス使用は、中国を侵略した日本軍にとって例外などでは全然なく、むしろ全面侵略の開始（一九三七年）直後から連綿とつづいた「大規模な毒ガス戦」のほんの一例にすぎない。

日本は一八九九年の毒ガス投射禁止に関する「ハーグ宣言」と一九〇七年の「陸戦の法規慣例に関する条約」および同規則（毒・毒液を施した兵器の使用禁止規定を含む）に調印し、批准《ひじゅん》している。したがって、北坦事件のような日本軍の中国での毒ガス使用は、明白に国際法違反の戦争犯罪である。

また、日本政府は化学兵器（毒ガス兵器）、生物兵器（細菌兵器）の使用を禁じた一九二五年のジュネーブ議定書（「窒息性ガス、毒性ガス又はこれらに類するガス及び細菌学的手段の戦争における使用の禁止に関する議定書」。致死性ガスだけでなく、非致死性の「あか」をも含めて毒ガス全体を禁止した）に対して、調印したものの批准はしなかった（一九七〇年に批准。条約の文書などに国の代表が署名して捺印することを「調印」というが、その後その条約に対して、国が最終的・確定的に同意する意思表示の手続きを「批准」という）。

しかし、日本政府は、日中戦争の前までは以下のように軍縮会議などでくり返し、毒ガスの使用禁止を訴えていたことを忘れてはならない。例えば――

●一九三〇年一一月のジュネーブ一般軍縮会議で、ジュネーブ議定書が禁止した毒ガスのなかに、（毒ガスのなかでも最も毒性の低いとされる）催涙ガスが含まれるかどうかを英国がただした。日本の外務省はこの件を陸軍省と海軍省に問い合わせたところ、両省とも、使用禁止の毒ガス中に催涙ガスは含まれると回答した。これをうけて当時の幣原喜重郎《しではらきじゅうろう》・外務大臣は、外務省内での認識として、禁止された毒ガスの中に「催涙ガスを含むものと解す」と訓令した。

●三一年、満鉄が、旅客列車の防護用に催涙ガスを使用する計画を立てた時、こうした日本政府の立場をうけて、参謀本部はその中止を命じたという。

●三二年一一月のジュネーブ一般軍縮会議第一一回化学兵器・細菌兵器特別委員会で、日本政府は、「催涙ガスは害毒の程度は低いが、これを実戦使用すればひどい惨劇となるので、ほかの毒ガスと共に禁止すべきだ」との趣旨を発言した。

上記の三例からもわかるように、当時の日本政府は、致死性でない催涙ガスも含む毒ガス全体の使用を禁止すべきだという態度をとっていた。

にもかかわらず、日本は一九三七年に中国への全面侵略を開始するや、毒ガスに対する態度を一変させ、毒ガス部隊（野戦瓦斯《ガス》隊、迫撃砲部隊、野戦化学実験部など）を中国各地に送り込み、広く毒ガスを使用していった。

では、日本はなぜ、毒ガス生産に手を染め、どのように製造していったのか?

もともと毒ガス兵器は、フランスが最初に開発し、第一次世界大戦（一九一四〜一八年）でドイツが初めて大規模使用して、多くの犠牲者を出した。残虐で非人道的な大量殺戮兵器だとの反省から、ジュネーブ議定書（一九二五年）で使用が禁止されたが、締約国が限られたため、その後もしばしば実戦使用された。

毒ガス兵器は、その殺傷力の大きさとうらはらに、生物兵器（細菌兵器）と同じく生産コストが低く、それほど高い技術を持たなくても生産できる。「軍備後発国」だった日本にとっては、「理想的」な兵器だった。被毒者は、たとえ即死しなくとも後遺症（慢性の呼吸器障害が後に進行し、ガン発生率も高い）に苦しめられることになるが、日本軍国主義は、こうした面は無視して開発に走った。

まず、日本における化学兵器の研究・開発は第一次世界大戦末期の一九一八年に始まった。陸軍

日本陸軍が製造した主な毒ガスの種類

名　称	陸軍呼称	性　質	制式化学兵器となった年
ジフェニールシアンアルシン	あか１号	くしゃみ性（嘔吐性）	1931年
臭化ベンジル	みどり１号	催涙性	1931年
クロールアセトフェノン	みどり２号	催涙性	1931年
イペリット（ドイツ式製造法）	きい１号甲（Ａ１）	びらん性	1931年
イペリット（フランス式製造法）	きい１号乙（Ａ２）	びらん性	1931年
不凍イペリット（ドイツ式）	きい１号丙（Ａ４）	びらん性	1936年
ルイサイト	きい２号（Ａ３）	びらん性	1931年
ホスゲン	あお１号	窒息性	1931年
青酸	ちゃ１号	窒息性	1937年

（粟屋憲太郎・吉見義明「毒ガス戦の真実」〈『世界』1985年９月号所収〉を参考に作成）

科学研究所（一九一九年に設置）に毒ガス調査委員会が設置され、ドイツ、フランスへ技術者を派遣して研究を進めた。

こうして開発された毒ガスを大量製造するため、一九二八年、広島県忠海《ただのうみ》町の瀬戸内海上に浮かぶ大久野島《おおくのじま》に「陸軍造兵廠《ぞうへいしょう》忠海《ただのうみ》製造所」が極秘のうちに設置された。翌二九年から、各種の毒ガスの製造が開始された。

ここで毒ガス生産に従事した従業員（最盛期には五〇〇〇人いたとも言われるが、それでは多すぎるとの証言もある）の労働環境は劣悪で、ガス防護も不十分だった。そのため、毒ガス傷害による死傷者が多く出た。その被害は戦後も続いており、彼ら元従業員の中には、ガンで死亡したり、慢性気管支炎に苦しむなど、十分な救済を受けないまま悲惨な後遺症が引き続いている人もいる。日本軍の毒ガスは、侵略した先の中国人民衆を殺し、傷つけたばかりでなく、自国の民衆をも殺傷したのだ。この大久野島で製造された毒ガスは、福岡県企救《きく》郡（当時）の陸軍造兵廠曽根《そね》製造所に送られて、砲弾などに充填された。

一九二九年五月、毒ガスとそれを詰め込んだ兵器の呼称（秘匿《ひとく》名）と標識が決められた。ひと口に「毒ガス」といっても、前ページの表のようにさまざまな種類がある。ガスはそれぞれ色で名前がつけられ、北坦《ベイタン》で使われたクシャミ剤のジフェニールシアンアルシンは「あか」、それを詰め込んだ発煙筒を「あか筒」、砲弾を「あか弾」と呼称することになった。同様に、催涙剤であるクロールアセトフェノン・臭化ベンジルは「みどり」、それを詰め込んだ発煙筒を「みどり筒」、砲弾を「みどり弾」と呼称することになった。

こうした発煙筒や砲弾の表面には帯状の標識色（「あか」なら赤い帯）をつけて、中身のガスを識別できるようにした。前出の「幸存者《シンツンチョ》」李徳祥《リトーシアン》さん（北坦の民兵隊長）が北坦事件の時、村で見た「懐中電灯のような形」の発煙筒には、まさにこの標識色が赤い帯で引かれていた（三〇ページ参照）。これが毒ガス兵器「あか筒」だったことは、ここでも裏付けられる。

「あか筒」は、ガス剤の入った内部筒体、これを熱する加熱剤、点火板、導火線からなる。導火線の先の火薬のついた部分にマッチをするように点火板を接触させて点火し、導火線を通じて加熱剤が加熱されると、温度の上がった「あか」が内部筒体から噴出する仕組みになっている。放射された「あか」は、吸い込んだ人の鼻、目、ノドの粘膜を刺激し、激しいクシャミと呼吸困難を起こし、三〇〜四〇分程度、戦闘不能の状態にする。そのスキをついて歩兵が敵陣に突入して、戦闘不能となった中国兵を銃剣で刺突して殲滅《せんめつ》する。非致死性の「あか」はこのように、主に「突撃支援兵器」として重宝された。ただし、密閉された空間に放出されて濃度の高い場合には、致死性ガスのホスゲン（窒息性ガス、通称「あお」）と同等の効果を生じ、大量に吸い込めば「あか」自身が致死力を有する。北坦でガス中毒死した被害者は、まさにその「好例」となってしまった。中国軍はこれを防げる品質の防毒マスクを持たなかったため、日本軍は中国戦線で「あか」を多用した。なかでも歩兵が携帯できる「あか筒」は、運動量の多い対ゲリラ戦が主体となる「敵後方戦場」では最も多く使われた。

一九三三（昭和八）年になると、陸軍習志野学校が創設されて、化学戦の運用、教育に専念することになった（それ以前は、陸軍化学研究所が化学兵器関係の唯一の機関として化学戦教育を担当していた）。この後、習志野学校は、毒ガス戦の訓練をうけた将校・下士官を敗戦までに約一万人も養成した。兵士への化学戦の訓練は各部隊で行われ、さまざまな形で中国各地で毒ガス戦を展開していった。

他方、満州（中国東北部）のチチハル（現・黒龍江省《ヘイロンチアン》）郊外には三九年、関東軍化学部が設置され、対ソ戦を念頭に青酸ガス、イペリットなど大規模な毒ガス兵器の実験・訓練が行われた。また、細菌兵器の開発・生産で悪名高い七三一部隊とも連携して、毒ガスの人体実験がくり返されたことも明らかになっている。

3　日本軍の毒ガス作戦

日本軍が初めて毒ガスを実戦使用したのは、一九三〇年、台湾で起きた霧社《むしゃ》事件（日本の統治下で台湾先住民が蜂起した反乱事件）を武力鎮圧した時だ。この時、日本軍は、毒ガス「ホスゲン」（通称「あお」。窒息性ガス）を用意し、「みどり弾」（催涙ガス弾）を使用した。

以下、日中戦争期での実戦使用の例を列挙するが、注目すべきことが二つある。一つは、毒ガス戦は、参謀総長の明確な使用許可命令にもとづいて遂行された点だ。現場の部隊は、最初は毒ガス使用をためらうが、軍の命令系統の頂点から下りてくる命令に忠実にしたがううちに、毒ガス使用に次第に深く手を染めることになった。そして、「毒ガスを使うことを潔《いさぎ》よしとしない気概も、次第に消滅し、苦戦が予想される時や危急の時に毒ガスに頼る気風が生れ、致死性の猛毒ガスのきい剤さえかなり頻繁に使用されることになったのである」（粟屋憲太郎・吉見義明「毒ガス戦の真実」、

『世界』一九八五年九月号所収）。

もう一つは、国際法違反であることを多分に意識して、「毒ガスだとバレないよう細心の注意を払え」との指示が、参謀総長ら軍の上層部からくり返し出されている点だ。閑院宮載仁《かんいんのみやことひと》・参謀総長が、「あか」の山西省での限定使用を命令した「大陸指一一〇号」（三八年四月一一日）という指示では、「勉《つと》めて煙に混用し、厳《げん》にガス使用の事実を秘匿《ひとく》し、その痕跡を残さざるごとく注意するを要す」（『大陸指綴《つづり》』二巻。原文カタカナ、読点筆者）と使用法の注意を明記している（筆者注―参謀総長が陸軍に対して伝える天皇の命令を「大陸命」、それに基づく参謀総長の指示・命令を「大陸指」という）。

一九三八年五月に北支那方面軍の香月清司・第一軍司令官が交付した「特殊資材使用に伴ふ秘密保持に関する指示」（「第一軍機密作戦日誌」防衛庁防衛研究所蔵）では、さらに入念だ。毒ガス使用の企図、使用した痕跡を徹底的にかくすため、

①　毒ガスを使用の場合は、使用地域の敵をできる限り殲滅《せんめつ》することで、毒ガス使用の証拠を残さぬよう勉めよ。

②　「日本軍が毒ガスを使った」と敵が宣言したら、あれは毒ガスではなくて「ただのケムリ」だと反論しろ。

などと指示している。「あれはただのケムリ」という言いわけは、北坦を襲った大隊長が、私に何度もくり返した言葉そのままだ。

さて、中国への全面侵略を開始するとすぐ、昭和天皇は毒ガス戦部隊の派遣を命令する。すなわち、一九三七年七月七日の盧溝橋事件の後、早くも二七日には、化学戦部隊である迫撃第三大隊・第五大隊・第一野戦化学実験部を華北に派遣せよという昭和天皇の命令「臨参命第六五号」が出された（筆者注─三七年一一月二〇日に大本営が開設される前、大陸命を「臨参命」、大陸指を「臨命」と呼んだ）。これを皮切りに化学戦部隊は華北、華中の戦場へつぎつぎに派遣された。

その翌二八日、まず毒ガスのなかでも最も毒性の低い「みどり」（催涙ガス）の使用許可命令が出された。すなわち、閑院宮載仁《かんいんのみやことひと》・参謀総長が、平津（北京と天津のこと。北京は二八年に「北平」と改称されていた）地方の掃蕩戦に際し、「適時催涙筒ヲ使用スルコトヲ得」（適時に催涙筒を使用せよ）と命令した（臨命第四二一号）。これにより、翌三八年春までに各地で催涙筒（みどり）が使用されたと考えられる。

例えば、北支那方面軍の第一〇師団は、三七年一〇月中旬から翌三八年五月末までに催涙筒一六一九本を使用している。また、首都南京の攻略をめざして一一月五日（三七年）に杭州湾北岸に上陸した日本軍第一〇軍（「南京大虐殺」を引き起こした南京攻略戦の一翼をなした軍）は、少なくとも「みどり筒」（催涙ガス）七〇〇〇本を装備していた。これは実際には使用されなかったが、この時の南京攻略の作戦案には、これに先立つ上海戦での「多大の犠牲」にかんがみ、今度は「徹底的に毒瓦斯《ガス》を使用すること」が「極めて肝要」だとの所見が付されていた（児島襄『日中戦争』第三巻、文藝春秋、一九八四年)。

翌三八年四月一一日、閑院宮載仁・参謀総長は「あか筒」「あか弾」の山西省での限定使用を指示した(大陸指一一〇号)。次いで八月六日には地域限定が解除され(大陸指第二二五号)、これによりした「あか筒」「あか弾」の全面使用が始まった。これには、第一次世界大戦で毒ガス戦を経験していなかった日本が、主な仮想敵国たるソ連(当時)と将来毒ガス戦を実行するためにも、化学戦防備の不十分な中国軍を相手に「あか」を中心とする毒ガス戦を行って実戦経験を積みたいとの欲求が高まっていた、という背景があった。

こうした命令を受けて、三八年七月六日、徐州作戦の支作戦である「晋南粛正戦」(晋＝山西省)で、第二〇師団が約七〇〇〇本の「あか筒」を敵の正面およそ五キロメートルにわたって放射した。同師団はこれにより一挙に約三キロメートルを突破した。つづいて翌七日には、約三〇〇〇本を放射した。

また、徐州作戦の本作戦でも、第三師団歩兵第三四連隊(静岡)は、「あか筒」使用を指導し、一部がこれを使用した。第九師団歩兵第三六連隊(福井県鯖江)は、三回の「あか筒」攻撃を行った。

これに続いて同じ三八年に発動された武漢作戦では、「実施報告」によれば、三七五回以上の戦闘局面で「あか筒」三万二一六二本、「あか弾」九六六七発、「みどり筒」六六六七本を使用し、毒ガス攻撃の八割が成功したという。三七〇以上の使用例のうちには、「あか」使用直後に突入して中国軍兵士を刺殺したとの報告がかなりある。そのうえで、「中国戦線では対ゲリラ戦や占領地警備で必要に応じて『あか』を使用すべきだ」と報告した。

この提言を受けて、参謀総長は同年一二月二日、中国大陸にいる全日本軍（関東軍をのぞく）に対して、「あか筒」「あか弾」「みどり筒」を必要に応じて使用することを許可した（大陸指第三四五号）。これ以降、日本軍の毒ガス使用は、いわば日常的となった。翌三九年の南昌（江西省）攻略作戦の戦端を開いた修水渡河作戦では、日本軍は「あか筒」一万五〇〇〇本、「あか弾」三〇〇〇発を一挙に使用した。

三九年五月、致死性の「きい」（イペリット＝びらん性ガス）の使用が指示されて（大陸指第四五二号）、「みどり」「あか」「きい」という三つの毒ガスが中国戦線に出そろった。これを受けて、同年末～翌四〇年一月の翁英作戦（広東省）、四一年一〇月の宜昌《ぎしょう》攻防戦（湖北省）では、「きい弾」を使用した。同じく四一年一〇月の鄭州撤収作戦（河南省）では、「きい剤」を散布した。

ところで、交通の不便な内陸山間部に位置する山西省は、他の地域よりも使用事実を隠しやすいので、特に毒ガス使用の主戦場の一つとなった。同省での毒ガス使用が特に著しくなるのは、四〇年八月からの八路軍の「百団大戦」（六九ページ参照）を受けてからだ。この一大攻勢で大打撃を受けた日本軍はすぐさま報復を行い、晋中作戦（晋＝山西省）でのその徹底した破壊作戦のなかで、山西省でも「きい」が使用され始める。うち第一期作戦では、独立混成第四旅団は、「あか弾」四三発、山砲「特殊弾」一三発を使用した。独立混成第九旅団永野支隊は、「あか弾」六二発、「きい弾」四七発を使用した。

一九四一年一二月の日米開戦（太平洋戦争）後、四二年六月（北坦事件の直後）と四三年六月の二度にわたって、ルーズベルト米大統領は、日本に対して、「中国あるいは連合国の他のいかなる成員に対しても毒ガスを用いた戦いを行うなら、われわれはただちに同類の報復をする」との旨を厳正に警告した。しかし、中国戦線での日本軍の毒ガス使用は、その後もとまらなかった。

四二年はじめの冬季山西粛正作戦では、第三六師団が八路軍の兵舎、洞窟、工場などの要点に「きい」三〇〇キログラムをまいた。その結果、日本軍撤退後に部落に戻ってきた人々のうち数千人がガス症にかかり、その半数が死亡したという（「きい剤を以て共産軍の根拠地を毒化し殲滅的打撃を与えたる例」三七ページ参照）。同年五月の晋冀豫辺区作戦（晋＝山西省、冀＝河北省、豫＝河南省）では、歩兵第二二四連隊は、各大隊、中隊ごとに「あか筒」を携行した。

四三年四〜五月の太行作戦では、山砲兵第三六連隊は国民党軍に対して、「あか弾」一八一発を撃ち込んだ。また弘前歩兵第二二二連隊の葛目部隊は、国民党軍に対して、「あか筒」一三〇本、八路軍に対して「あか筒」二六本を使用している。

毒ガスを使用したじん滅作戦は、少なくとも四三年まで継続して行われた。毒ガスの使用自体は、その後も、四四年の京漢作戦（京漢線〈北京〜漢口〉確保をめざした）でも確認できる。

このように、日本軍の中国での毒ガス使用例は、枚挙にいとまがないほどだった。

【参考文献】
✴吉見義明「日本軍の毒ガス作戦」（藤原彰・本多勝一・洞富雄編著『南京事件を考える』〈大月書店、一九八七年〉所収）
✴粟屋憲太郎・吉見義明「毒ガス戦の真実」（『世界』一九八五年九月号所収）
✴菅富士夫「日本軍の毒ガス戦」（「アジア・太平洋地域の戦争犠牲者に思いを馳せ、心に刻む集会」実行委員会編『アジアの声第一二集・中国侵略の空白―三光作戦と細菌戦』〈東方出版、一九九九年〉所収）

4　日中戦争と北坦事件

一九三七年、盧溝橋《ろこうきょう》事件以前、「洋鬼子《ヤンクイズ》」（日本軍）がまだ来ていない時は、北坦《ペイタン》、南坦《ナンタン》の村人たちは平穏な日々を送っていた。畑仕事をして、子どもを育てて、子どもたちは学校に行って、貧しいが静かなくらしだった。

「その頃の北坦《ペイタン》は、大北坦と小北坦に分かれていました。大小ともに地主がいて、こうした金持ちが村長になってそれぞれ村を支配していたのです。南坦の薬王廟《ヤオワンミアオ》では年に二回、旧暦の四月一五日と九月一五日に『廟会《ミアオフィ》』というかなり大規模な市場が立ちました。遠来の客も買い物、見物に来て、とても賑やかだったものです」と、事件当時、北坦の共産党《コンチャンタン》政府幹部だった王士傑《ワンシーチエ》さん（二〇）はふり返る。

特に九月一五日は、各地からの病気平癒祈願などの参拝客が最も多く、盛大だった。一歩足を踏み出してはひざまづいて額を地面にくっつける伝統的な礼をしながら、はるばる定県城内からやって来る人もいたくらいという。

その昔、この南坦あたりに楡《にれ》の木があった。ある時、それが上からまっ二つに裂けて、枯れてしまった。しばらくすると、その裂け目から柳が芽吹いて、大きく枝葉を繁らせる大木に成長した。その神秘的な生命力に畏敬の念をいだいた人々は、この一帯を「楡柳山《ユイリウシャン》」と呼んで祀るようになった。「楡柳山」は、後にここに建立された「南坦の廟」、つまり「薬王廟」の代名詞となった。

こうした伝統行事の根づいた静かな村も、三七年の盧溝橋事件で日本が全面侵略を始めると、そのくらしは大きく変わった。

「日本軍が来てからは、〝殺し尽くし、奪い尽くし、焼き尽くす〟三光政策《サンクアンチヨンツオ》なんですから、平穏などとはほど遠い毎日になってしまいました。早くも盧溝橋事件の年の暮れ、旧暦一一月七日（太

南坦村の薬王廟

陽暦一二月九日）には、北坦から沙河《シャーホー》をはさんですぐの王耨《ワンルー》村で、一〇〇人あまりの住民が日本軍に殺されました（王耨惨案《ワンルーツアンアン》。大王耨で六四人、小王耨で六五人が殺されたという——『華北歴次大惨案』）。王耨は徹底抗戦する共産党の勢力が強く、抗日の村だと日本軍に睨《にら》まれたのです」（北坦の民兵隊長、李徳祥《リトーシアン》さん〈二〇〉）

「日中戦争」の開始早々に起きたこの事件が北坦、南坦の住民に与えた恐怖は、想像以上のものがあったようだ。他の証言者から日本軍の恐ろしさが語られる時、王耨の事件はしょっちゅう引用された。北坦の北の村はずれでは一八〇度の視界に河北《ホーペイ》の大平原を望めるが、平坦な地面のみをへだてて王耨村を遠くもないところに見た時、私も村人の恐怖を理解できた。

続いて日本軍は、北坦にもよく来るようになった。

「日本軍が初めて北坦に来たのは、王耨事件の翌年（三八年）の春です。大砲をいくつも並べて、『ホーン、ホーン！』と砲撃するのを初めて見ました」（王士傑《ワンシーチエ》さん）

やがて日本軍が村からそれほど遠くない所に常駐するようになると、住民たちはますます恐ろしくて、気ままに出かけることもできなくなった。南坦《ナンタン》村の民兵だった李勝徳《リショントー》さん（一八）は、次のように語る。

「夜寝る前に脱いだ靴を、明日の朝も履けるかどうかわからない、という日々になりました。翌朝には日本軍に急襲されて、殺されるかも知れないからです。安らかな気持ちでは、いられません。日本軍に捕まれば、殺されないとしても苦役に使われ、自由を奪われます。畑仕事にもちゃんと出られず、収穫は減りました」

今では一ムー（六・六六七アール）当たり小麦四〇〇～五〇〇キロを収穫するが、日本の侵略中は、当時の技術水準を考慮する必要もあろうが、最高でも一〇〇キロほどだったという。

「たしかに日本軍が来る前も、多くの村人の主食はサツマイモで、食糧は少なかったです。地主や富農はいいものを食べたでしょうが、多くの人の食事は貧しく、木の葉や野草まで混ぜ込んで食べることもあったようです。しかし、日本の全面侵略が始まると、畑仕事がろくにできないので、状況はさらに悪化したのです」

しかし、日本軍の猛烈な侵攻に対して、定県の民衆が立ち上がるのも早かった。李親顧《リチンク》の青年抗《チンニンカン》日救国会《リーチウクオフィ》の主任や抗日村長も務めた郭潤清《クオルイチン》さん（二二）の説明によると――

一九三七年の盧溝橋《ルーコウチアオ》事件後、日本軍の狂気の侵略に対し、三八年、共産党《コンチャンタン》政権である定南《ティンナン》県抗日政府が李親顧に設立された。それぞれの村でも抗日の組織が作られ、「組織は力なり」というスローガンが叫ばれた。また工人《コンレン》（労働者）、農民《ノンミン》、青年《チンニエン》、婦女《フーヌイ》、文化界《ウエンホアチエ》、児童団《アルトントウアン》、学生青年《シユエションチンニエン》のそれぞれに抗日救国会《カンリーチウクオフィ》が設立された。このうち児童団抗日救国会には、学校に入っている子どもたちと、入れない子どもたちの二つの組織があって、例えば燃料用の柴拾いをしている子どもたちをも、抗日の組織に組み入れた。また村ごとに武装抗日委員会《ウーチヨアンカンリーウエイユエンフイ》ができて、村じゅうの人間を抗日へ組織した。これにより「壮年隊《チユアンニエントウイ》」「老年隊《ラオニエントウイ》」「模範隊《モーフアントウイ》」などが作られ、中高年をも組織して村の入口の警備などに当たらせた。全村民あげて侵略者に抵抗する人民戦争の態勢がとられた。

抗日の各団体では一週間に一度、会議が開かれた。主席、記録など役割分担が決まっていて、過去一週間の仕事の成果や反省が一人ずつ報告され、討論され、記録された。こうしたことは共産党の内外で行われ、これが人民戦争につながっていった。識字班があって、字を勉強する人のための教材を作った。また村の地主や富農は、自分の小作人が抗日活動に参加するのを邪魔できず、活動

北坦村から西城村をのぞむ

のためにときどき畑仕事ができなくても給料を出すように定められた。

三八年一月、北坦《ペイタン》に「農会《ノンフィ》」（農民会）ができ、春には李親顧に定南《ティンナン》県の共産党政府が設立された。七月には、北坦にも共産党支部ができたという。こうしたなかで、多くの若者が民兵となった。李勝徳《リショントー》さん（一八）も、その一人だ。

「日本軍の侵略で、我々は亡国奴《ワンクオヌー》（国を滅ぼされた民）となりました。日本軍は家々を焼き、人々を殺し、食料を略奪して、中国の民衆をイジメ尽くしました。そのころ毛沢東《マオツオートン》主席は、『全民皆兵で祖国を守ろう』と呼びかけたのです。それに応えて、私も民兵になったのです。歩哨《ほしよう》に立ったり、日本軍の拠点に揺さぶりをかけたりの活動に入りました」

事件時に南坦《ナンタン》で婦女救国会《フーヌイチウクオフイ》の仕事をしていた李《リ》春《チユン》梅《メイ》さん（一六）の兄も軍隊に入った。学業優秀だったので選抜されて抗日大学まで行った。

事件当時の北坦を管轄した中国八路軍の組織系統図

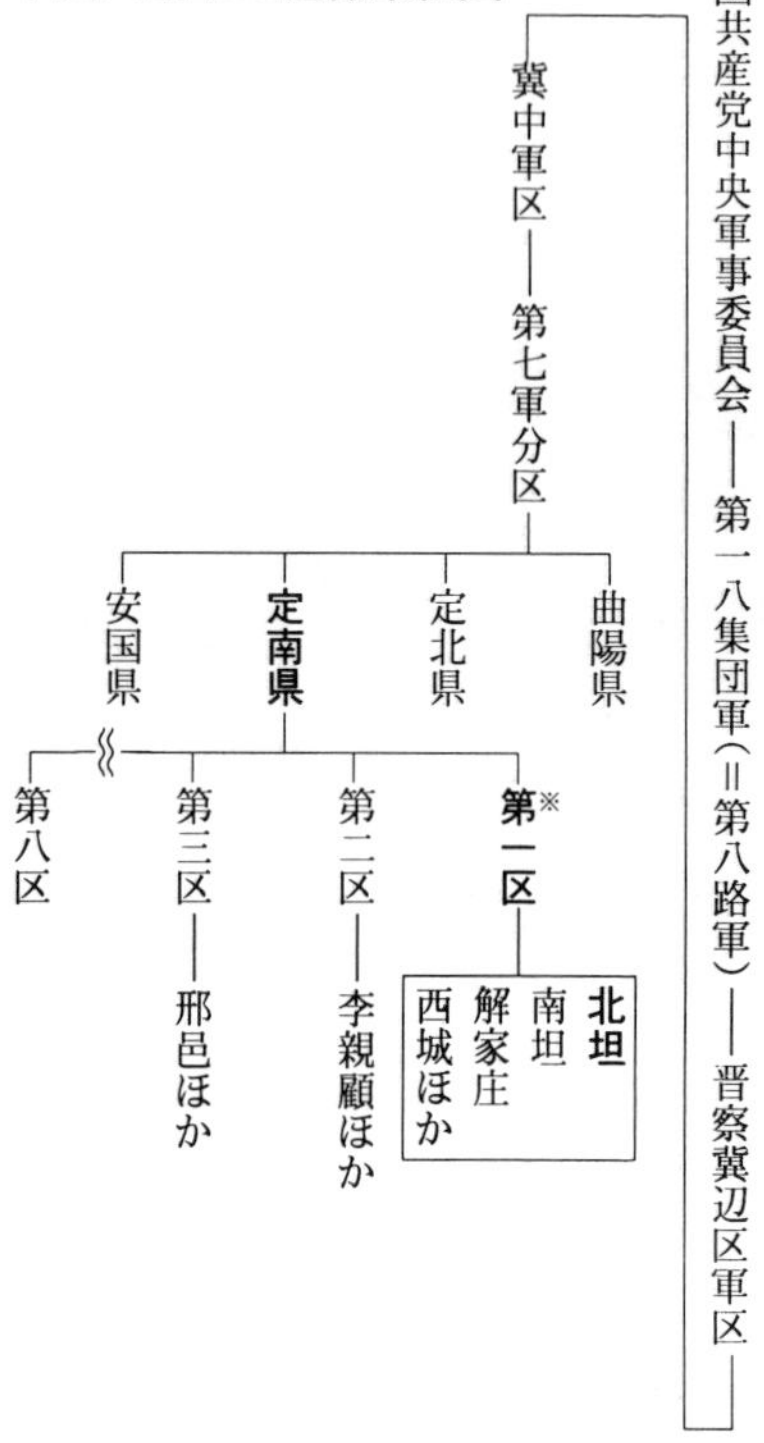

※沙河本流と支流で囲まれた“中洲”に点在する村々の大半がこの第一区に属する。

（『北支の治安戦（2）』所収の「中国共産軍組織系統表」と郭潤清氏の証言から作成した）

李春梅さん自身は、北坦《ペイタン》の東一・五キロにある西城《シーチョン》の高等小学校（共学）に毎日、妹と歩いて通った。毛沢東の論文『持久戦を論ず』は毎日勉強し、「中国ははじめ守勢を強いられるが、段階をふんで最後は必ず侵略者をうち負かす」という信念をもつようになった。地下道も掘ったという。

ここで当時の中国側武装勢力について若干の説明をしておく。

武装勢力には正規軍（八路軍《パールーチユン》）と地方武装とがあって、うち正規軍は県の範囲に限定されず広範囲に活動した。一方の地方武装には県大隊《シエンタートイ》とその下の区小隊《チユイシアオトイ》とがあり、これらは「遊撃隊《ヨウチートイ》」とも呼ばれた。正規軍と県大隊、区小隊が一緒に活動する時には、正規軍の団長《トアンチャン》（連隊長）が、県大隊、区小隊を直接指揮したという。

北坦は定南《ティンナン》県の第一区に属するが、定南県の県大隊は県内の住民で組織され、県内を舞台に活動する。同様に、第一区の区小隊は区内の住民で組織され、区内で活動する。県大隊と区小隊の下に位置する民兵は、主に自分の村を自衛した。県大隊と区小隊はともに生産活動から離脱した戦闘専門要員だが、民兵は生産に従事した。つまり、自分の村を基本的に離れずに畑仕事を続けながら、必要な時に農具を武器に持ちかえて戦う集団が民兵だ。事件の時には、北坦の所属する定南県大隊と、少なくとも第一区の区小隊、それに周辺各村の民兵らが北坦に集まって日本軍を迎え撃ったのだ。

なお、この民兵は抗日戦の開始からしばらくは、青年抗日先鋒隊《チンニエンカンリーシエンフオントイ》と呼ばれていた。青年抗日先鋒隊から民兵に呼称がかわったのは、おそらく彼らの活動が急激に忙しくなった五一大掃蕩《ウーイーターサオタン》の直前からではないかと思われる。李徳祥《リトーシアン》さんなどは、自身を「青年抗日先鋒隊の隊長」ということもあれば、「民兵の隊長」ということもある。

さて、武漢《ウーハン》・広州《クアンチヨウ》の陥落（三八年一〇月）で「治安戦」の時期にはいり（六八ページ参照）、八路軍《パールーチユン》が「百団大戦《パイトアンターチヤン》」を遂行した後、日本軍は抗日根拠地に対して、数々の三光作戦を発動する。そのうちの一

事件当時の北坦側の抗日勢力

- 県大隊
  - 第１中隊
  - 第２中隊
  - 第３中隊
- 区小隊
- 民兵
- 八路軍後方部
- 村々の抗日幹部

※「民兵」「青年抗日先鋒隊」や「婦女救国会」など、北坦村（南坦村とも）内部の民衆組織の相関図は、「幸存者」たちに聞いても不明な点が多かった。

日本陸軍と中国八路軍の軍編制表

日本軍	中国八路軍（おおよその兵員数）
軍	軍（チュン、4～5万人）
師団	師（シー、1・3万人）
旅団	旅（リュイ、4500人）
連隊	団（トゥアン、1500人）
大隊	営（イン、400人）
中隊	連（リェン、120人）
小隊	排（パイ、40人）
分隊	班（パン、10人）

※八路軍の兵員数は王俊傑さんの証言による事件当時のもの

つ、冀中《きちゅう》作戦のなかで北坦事件が引き起こされることになる。冀中作戦（または三号作戦）は、四二年五月一日に発動されたため、中国側では「五一大掃蕩《ウーイーターサオタン》」と呼ばれ、冀中の民衆を文字通り恐怖のどん底に突き落とした。私が北坦《ペイタン》を初めて訪れた八八年、戦後すでに四三年目にもなるのに、地元の老人の普通の昔話に、「あれは〝五一〟後の三年目だから……」とか、「〝五一〟の前年までは……」と、時間の大きな区切り目として「五一」はしょっちゅう顔を出した。彼らの記憶にそこまで苛烈な印象を残しているのだ。

その対象となった冀中南部は、面積およそ九〇〇〇平方キロ（約九四キロ四方の計算）、人口約二八〇万人、一平方キロの人口密度は約三〇〇人（『北支の治安戦（2）』）。この冀中の西側の縁を走る京漢線《チンハン》（北京《ペイチン》～漢口《ハンコウ》）の鉄道沿線は日本軍第一一〇師団が、また同じく東側の縁を走る津浦線《チンプー》（天《テイエン》津《チン》～浦口《プーコウ》〈南京の長江対岸〉）沿線は第二七師団が、それぞれ根城としていた。しかし、両師団の威力は冀中平原の全体にまでは及びようもなく、抗日武装勢力、すなわち中国側の冀中軍区一万四〇〇〇人の存在を許していた。抗日勢力は冀中の広範な農民のなかに勢力を定着させ、抗日思想を浸透させ、文字通り「民衆という水のなかを自在に泳ぎ回る魚」となって人民戦争を展開していた。このような抗日地区が北支那方面軍司令部のある北京のすぐ南に広がり、日本軍占領下の重要都市である天津、保定《パオティン》に隣接していることは、日本軍にとって大きな脅威だった。

折しも四一年一二月に米国との間で太平洋戦争に踏み込んだ日本軍は、太平洋戦線を物資および兵力の両面で支えるためにも、この冀中を安定した兵站《へいたん》基地（食糧や軍需品を供給する基地）に変える必要に迫られた。そこで、それまで活動に手を焼いていた冀中の八路軍、遊撃隊を集中的に叩いて一挙に「治安地区」を実現させようと計画されたのが、冀中作戦だ。

その下準備はすでに数カ月前から始まっていた。「方面軍各主任参謀らは、三、四月厳に企図を秘《ひ》匿《とく》しつつ現地視察を実施し、研究準備を進めた」（『北支の治安戦〈2〉』）。同じ頃、冀中軍区司令部を中心とする暗号解読に成功して、その動静を把握している（ただし四月二六日、八路軍側が暗号を変更したため、その後はスパイ情報が主体となった）。同時に――

① トーチカの増強を始めた。また、鉄道や主要道路を守るため、その両側に設けた遮断壕《しゃだんごう》を延伸した。二月末において、その総延長は約三九〇〇キロメートル、トーチカ約一三〇〇個に達した。

② 冀中とその西の晋察冀抗日辺区（晋＝河北省、察＝チャハル省、冀＝山西省）との間に石垣とトーチカで封鎖線を築き、双方の人的、物的往来の遮断に努めた。ある地区では、のべ一〇万人を

実働七〇日間使役して、封鎖線九〇キロを構築した。
③憲兵隊の計画指導で、「優秀な」俘虜《ふりよ》を「教育」して特務工作に活躍させ、効果をあげた。一～四月に検挙した「敵性分子」は約六五〇〇名に達する。
④日本軍が「討伐」に出た際に「治安地区」の警備を肩代わりさせるため、中国人からなる警備隊（カイライ軍）と自衛団（村を自衛する住民組織）を育成強化した。
⑤連続不断の討伐を行った。一～四月に、第一一〇師団内での交戦回数＝二〇二五回、敵の遺棄死体＝一万一九一、捕虜＝六四六二、このほか兵器、弾薬、軍需品多数を鹵獲《ろかく》した（『北支の治安戦（2）』）。
なお、冀中《きちゅう》作戦全体の「戦果」は、『北支の治安戦（2）』によると、左の通り。
▼遺棄死体―九〇九八
▼俘虜―五一九七（別に容疑者二万五六八）
▼交戦回数―二八六
▼交戦敵兵力―五万八三三八
▼主要鹵獲品―山砲五、迫撃砲二〇九、重機（重機関銃）七、軽機（軽機関銃）五九、小銃九一〇一、擲弾筒《てきだんとう》二二、自動小銃一七九、自転車七九四、電話機九七
▼覆滅《ふくめつ》施設―兵器庫五八、被服庫四八、糧秣庫《りょうまつこ》一六

▼日本側の損害―戦死一六一（うち将校九）、戦傷三二三（うち将校一四）

「日本軍の対共作戦としては、おそらく最も進歩改善せられた政戦略であって、北支那方面軍努力の結晶」とうたわれた冀中作戦は、以上のような準備の後、四月二八日、方面軍の兵団長会同において実施命令が下達《かたつ》される。しかし、日本軍はのちに、抗日勢力の情報収集力の高さを痛感させられることになる。「捕虜尋問によれば、中共（中国共産党）側は、今次作戦に関するわが方の企図を三月ころから感づき、四月二十日、反『掃蕩』の指令を出したとのことである」（『北支の治安戦（2）』、傍点筆者）。

「中共側」の当時の反応について、この時、定南《ティンナン》県の共産党書記で、北坦《ヘイタン》事件では抗日側の最高指導者だった趙鉄夫《チャオティエフー》さん（二八）に聞いた。彼は湖北《フーペイ》省武漢《ウーハン》市に健在で、私の質問状に対し、自らの回想録を送って答えてくれた（「回憶〝五一大掃蕩〞前後定南県的抗日闘争」、中共定県県委党史弁公室編『革命回憶録』第一七集〈一九八三年〉所収）。

それによると、中国共産党冀中区《コンチャンタンチーチョンチュイ》の党委員会は、すでに三月、日本軍の動きを察知し、近いうちに冀中軍区に対して日本軍がこれまでになく長期間でより残酷な掃蕩を発動するだろうと分析した。これに対する「反掃蕩《ファンサオタン》」のさまざまな策が提出されるなかで、「積極的に地道《ティータオ》（地下道）を掘り、地道闘争を展開する」ことが決められた。

次いで三月末～四月初め、定南県の党委員会が西湖村《シーフー》（北坦の西南二・五キロ）で開かれた。趙鉄夫さんが司会をし、上級部門からの指示を伝え、現状を分析した。そのなかで、北坦～南坦《ナンタン》、東城《トンチョン》～西城《シーチョン》などの部落間の地下道を貫通させるよう求められた。

四月末、定南県の党委員会が太平庄《タイピンチョアン》で会議を開き、前述のような反掃蕩の進捗を報告しあった。それによると、すでに多くの村で地下道が掘られており、なかでも県や区の幹部がひんぱんに出入りする北坦・南坦、李親顧《リチンク》、東趙庄《チャオチョアン》・西趙庄ではかなり進んでいた。

一方、五一大掃蕩《ウーイーターサオタン》の開始後、六月までに冀中に造られた日本軍トーチカは李親顧、邵《シャオ》村、邢邑《シンユイ》、市庄《シーチョアン》、大王褥《ターワンルー》、馬阜才《マーフーツアイ》など七〇余カ村にのぼった。それら相互の間には新たに道路を建設し、一・五～二・五キロにトーチカ一つという高い密度となった。これにより抗日民衆の側では、村《ツイン》、区《チュイ》、県《シエン》の相互間の連絡が遮断され、抗日活動は大きく制限された。トーチカは高さ二〇メートル、外周に深さ四メートル、幅五～六メートルの壕を掘り、出入りする時のみ、吊り橋を渡した。毎日、夕暮れ時にはこの吊り橋を引き上げるので、外部からは自由にトーチカに入れない。トーチカの日本軍、中国人からなる警備隊（カイライ軍）は一〇数人から、多ければ二〇～三〇人のものもあった。

しかし、冀中《チーチョン》の民衆は地下道を掘り続け、北坦・南坦、東湖《トンフー》、東城・西城をすべてむすぶ地下道網を、五月一五日までに完成させた。事件の直前だ。地下道は幹線、支線からなり、うち幹線は高さ一・四～一・五メートル、幅一メートル。支線は高さ一メートル、幅〇・七メートルほどだった。

この地下道を利用して、北坦周辺の遊撃隊（県大隊《シエンタートイ》と区小隊《チュイシアオトイ》）と民兵は、五月一九日と二三日、敵と戦闘して勝利を収めた。この勝利で、抗日側は北坦の地下道に大きな信頼を寄せるようになった。しかし、それが度を過ぎて、本格的な日本軍の来襲にも逃げずに北坦事件につながってしまった面もあるかもしれない。幸存者《シンツンチョ》のなかには、「あんなに強い日本軍と正面から対峙すべきではなかった」とふり返る人もいる。

郭潤清《クオルイチン》さん（二二）は、この頃、北坦・南坦の周辺に起きた環境の変化を詳しく覚えている。

「すでに五一大掃蕩の始まる前から、日本軍はマッチから灯油にいたるまで、生活用品すべての解放区への流入を封鎖しました。解放区ではこれに対処するため、灯油は落花生の油で、マッチは火打ち石で、紙はトウモロコシの茎で、それぞれ代用しました。

やがて五一大掃蕩が始まると、日本軍はトーチカの数を増やして、民衆の行動を監視する網の目をより細かくしました。我々はこれに対抗して、壕を掘りました。これで日本軍の自動車や戦車は、自由に村に接近できません。『平原を山岳地帯に変えて、敵後方（敵の占領地内）の遊撃戦を堅持しよう』が民衆のスローガンとなりました。壕を掘って山地のように障害物をつくり出せば、冀中でも抗日を維持できるのです」

日本軍の「治安戦」の正面に立ちはだかったこうした民衆の抗日活動は、より具体的にはどのように行われていたのか。当時、南坦村の糧秣《りょうまつ》と軍需品の責任者だった李勝徳《リショントー》さんによると——。

李さんは、主に食用のアワと、家畜のエサになる草を管理していた。当時の収穫量はとても少なかった。アワでも小麦でも、一ムー（六・六六七アール）当たり一〇〇キロも獲れればいい方だった。こんな状態だったので、日本軍の略奪に備えて、村の外に大きな穴を掘って収穫物は隠してあった。しかし、毒ガス事件の時はちょうど小麦の収穫時期で、各家庭に置いてあった分は日本軍に奪われてしまったという。

一方で、彼らの支持する八路軍《パールーチュン》に対しては食糧を供給した。「糧票《リアンピアオ》」というキップと引きかえに八路軍の「司務員《スーウーユエン》」という食糧担当者に食糧を渡した。「糧票」は、これをもって共産党《コンチャンタン》政府で現金に換えるというものではなく、単なる領収書だったらしい。村が八路軍に対してどのくらいの負担をしたのか証明する意味合いがあったという。八路軍の兵隊はみな勤労人民の出身で民衆のために戦っているのだから、村人たちは喜んで食糧をただで提供した。炊事などに使う薪《たきぎ》も「柴票《ツアイピャオ》」と引き替えに八路軍に差し出した。これらは「人民のものは針一本奪わない」という軍律に反するものではなかった。

一方、軍需品はどうだったか。手榴弾の支給量は時によってまちまちだったが、ふつう民兵一人に二〜三個は配られた。毒ガス事件の当日、民兵の装備は銃弾が七〜八個に手榴弾はやはり二〜三個だったという。また南坦《ナンタン》には秘密の武器工場があった。場所は、ちょうど筆者が聞き取りをした李勝徳《リションドー》さんの自宅だ。事件当時、ここに李勝徳さんの家はなく、それほど大きくないあばら屋が建っていた。見過ごされやすいからこそ、秘密の工場を置いたらしい。

工場では、村人のなかでも手先の器用な者が六～七人で、簡単な銃、手榴弾、火薬を製造した。みな三〇～四〇歳代で、畑仕事の合間をぬっての作業だった。農繁期でしかも急いで武器が必要な時には、他の村人がかわって農作業をした。工場では製造工程ごとに分業し、手榴弾なら一日に二〇～三〇個作った。銃は三～四日かかった。旋盤《せんばん》のような機械はないので、すべて手作業でやっつけた。

「このほか民兵の日常活動で主なものは、交通の妨害です。日本軍の自動車の通るような大きな道路を掘り返したり、木を置いて通行不能にしたりしました。村はずれでは、道の両側に打ち込んだ杭に鉄線を張り渡し、人や馬の脚を怪我させるワナを仕掛けました。日本軍は早朝まだ暗いうちに村を襲うから、鉄線は見えにくく、有効でした」（李勝徳《リショントー》さん）

また、トーチカから出撃する日本軍を、周囲のいたるところから銃や手榴弾で攻撃した。さらに、手榴弾や銃声でおびき寄せては待ち伏せし、挟み撃ちにしたこともある。ただし、民兵には畑仕事があるので、活動範囲はせいぜい沙河《シャーホー》の本流と支流で囲まれた「中州」のなかに限られた。

こうしたなか、五一大掃蕩《ウーイーターサオタン》が始まると、民衆もすかさず「反掃蕩《ファンサオタン》」に入った。

「民兵は警戒をより厳しくしました。村に来る人間をつかまえては、身元や何しに来たのかを徹底的に尋問しました。敵か味方かをはっきりさせたのです。例えば東湖《トンフー》村の人間だと答えれば、東湖村に直接問い合わせます。『一〇人を殺しても、一人の漢奸《ハンチェン》（日本軍に協力する裏切り中国人）を逃さ

ない』覚悟でやりました」（李勝徳さん）

こうして冀中平原《チーチョンピンユエン》で日本軍の「五一大掃蕩」に中国民衆の「反掃蕩」が正面から抵抗している時、定県に本部を置く日本軍の歩兵第一六三連隊第一大隊は、「たまたま定県基幹遊撃隊（県大隊と区小隊のこと）約一千が北坦村、南坦村に侵入、蠢動《しゅんどう》しつつありとの情報を得」（『岡山歩兵第百十聯隊史』）て、すぐさま北坦「討伐」の隊伍を整える。村を血で洗う北坦事件の始まりだった。

第Ⅲ部
無差別虐殺の日

河北省清苑県冉庄に保存されている地下道。日本人も参観できる

1　臨戦態勢——事件前日（一九四二年五月二六日）

北坦を襲った第一六三連隊（松江）第一大隊は、直前に第一一〇連隊（岡山）の一部を組み入れた混成大隊だった。その二つの部隊それぞれが部隊史（連隊史、大隊史、中隊史）を刊行しているが、北坦を襲った経過は、そのうち以下の二資料に詳しい。その他の各部隊史は、同じ一つの文章を引用していて、内容はほとんど同じだ。

①　第一六三連隊第一大隊本部の佐伯永寿氏（曹長）の回想記「定県南方北担《ママ》村附近の戦闘・昭和十七年五月二十七日」（『北支派遣歩兵第百六十三聯隊第一大隊本部史』歩兵第百六十三聯隊第一大隊史編集員会〈一九八五年〉所収。以下「佐伯」）

②　第一一〇連隊第一一中隊の松田賢一氏（少尉）の回想記「定県南方北坦村の殲滅《せんめつ》戦・昭和十七年五月二十七日」（『岡山歩兵第百十聯隊史』岡山歩兵第百十聯隊史編纂委員会〈一九九一年〉所収。以下「岡山」）

北坦に大部隊が集結していることがわかってからの襲撃部隊の行動は、以下のように記述されている。

「歩兵団予備隊であった、歩兵第百十聯隊第十一中隊（一ヶ小隊欠、第三機関銃一ヶ分隊総員六十九名）中隊長小田貞良中尉は、五月二十六日滝冀作命第一〇〇〇号を受領し、安国に於て歩兵第百六十三聯隊第一大隊長大江芳若少佐（混成一個大隊）の指揮下に入る」（岡山）

つまり、北坦を襲う第一大隊は二六日、安国に駐留していた第一一〇連隊第一一中隊を取り込んで、混成大隊となった。これを率いる大隊長は同日、北坦への出撃を隷下の各中隊に命令する。

「定県南方北担《ママ》村、南担《ママ》村には、中共軍一個営（筆者注—「営」＝大隊）が蟠踞《ばんきょ》し坑道を穿《うが》ち潜伏中との情報を得た大隊は、（長、大江少佐）之を一挙に掃蕩せんとして、第三中隊を除く各中隊より警備に支障のない出動可能の兵力をもって、五月二十七《ママ》日夜半夫々《それぞれ》の警備地より行動を開始し、北担《ママ》村に向かうべく下命」した（佐伯）。

また、別の日本軍側の部隊史『北支派遣自動車第二二聯隊』（木村三四郎編、自動車第二二連隊戦友会、一九七六年）の「冀中作戦」の項目に、「五月二八《ママ》日、歩兵一六三連隊第一大隊（大隊長、大江芳若少佐）は安国南西地区の北坦村において、約一〇〇〇の敵を包囲急襲し、これを地下道内に殲滅したが、このとき堀江小隊（長、堀江静男見習士官）は同大隊に催涙弾を緊急輸送した」と記されている（傍点筆者）。「催涙弾」とは、「あか筒」を伏せてこう書いたのではなかろうか。

一方、北坦《ペイタン》の属する八路軍冀中《パールーチュンチーチョン》軍区第七軍分区（定南《ティンナン》県、定北《ティンペイ》県、安国《アンクオ》県、曲陽《チュイヤン》県）の党委員会は、日本軍の北坦掃蕩を事前に察知し、間髪入れず以下のように対応した。

五月二六日午前、定南県党委員会の責任者会議が趙庄《チャオチョアン》（北坦の東）で開かれた。趙鉄夫《チャオテイエフー》さん（二八）は定南県の党トップとして、出席した。会議では、日本軍に殲滅《せんめつ》的な打撃を与えるよう要求され、定南県大隊《シエンタートイ》の一部が少数の民兵と共に地下道戦で敵の侵攻をはばむことが決められた。また第七軍分区が一部の部隊を応援に出すことが決められた。

会議終了後、趙鉄夫さんはすぐさま北坦にとって返し、その日の午後、緊急会議を招集した。この時の北坦は、人口一二二七人、二二二戸。以下の五人が共産党《コンチャンタン》指導層として仕切っていた。

李占奎《リチャンクイ》さん（二七）—書記。最高指導者。李洛敏《リルオピン》（虐殺現場の家主）の息子

李化民《リホアミン》さん（二〇）—村長。ナンバー2

李秀康《リシウカン》さん（二四）—組織委員。党の組織建設を担当

張志興《チャンチーシン》さん（二四）—宣伝委員。思想教育を担当

李文生《リウエンション》さん（二三）—公安委員。治安を担当

この会議で、県大隊政治委員の趙樹光《チャオシュークアン》さんが戦闘を指揮することが決められた。この時、県大隊が掌握していたのは第一、第三中隊、区小隊《チュイシアオトイ》、民兵だった。第二中隊は、数日前から県大隊長の范棟申《ファントンシエン》が率いて邢邑《シンユイ》（北坦の西南一〇キロ）周辺へ展開しており、連絡がつかなかった。

また、三段階のおおまかな戦術が確認された。

① まず村の外周に地雷を埋めて敵を迎え撃つ。
② これが持ちこたえられなくなったら、地下道につながる屋上から敵を撃つ。
③ それも攻め込まれたら、最後は地下道にもぐって地下道戦を戦う。

その晩、直接戦闘に参加する兵士を集めて会議が開かれ、趙鉄夫さんが司会した。参加者は翌日の日本軍来襲を知って、みな非常に興奮し、あくまでも日本軍を撃退しようと意思表示したという。会議後、趙鉄夫さんは三〇人足らずの区小隊を率いて、西城《シーチョン》（北坦《ベイタン》の東一・五キロ）へ移動した。北坦で戦闘が始まった後に、日本軍を背後から攻撃するためだ。一方、村に残った趙樹光《チャオシュークアン》さんは、村内の武装勢力を指導して、効果的な布陣と戦闘準備を行った。

この日から始まる「無差別虐殺の日」の具体像を、幸存者《シンツンチョ》の証言から以下に見てみよう。

武器を身近におき、靴をはいたまま寝た

李徳祥《リトーシアン》さんは、北坦の民兵隊長として、夜の会議に出席した。

「会議は夕方六時頃、東の村はずれにある張志興《チャンチーシン》（抗日幹部五人のうちの一人）の家で開かれました（次ページ地図❶参照。以下、証言内の○数字は証言者ごとの地図を参照）。趙鉄夫や趙樹光のほか、民兵や県大隊《シエンタートゥイ》のなかから指導的立場にある数十人が参加しました」

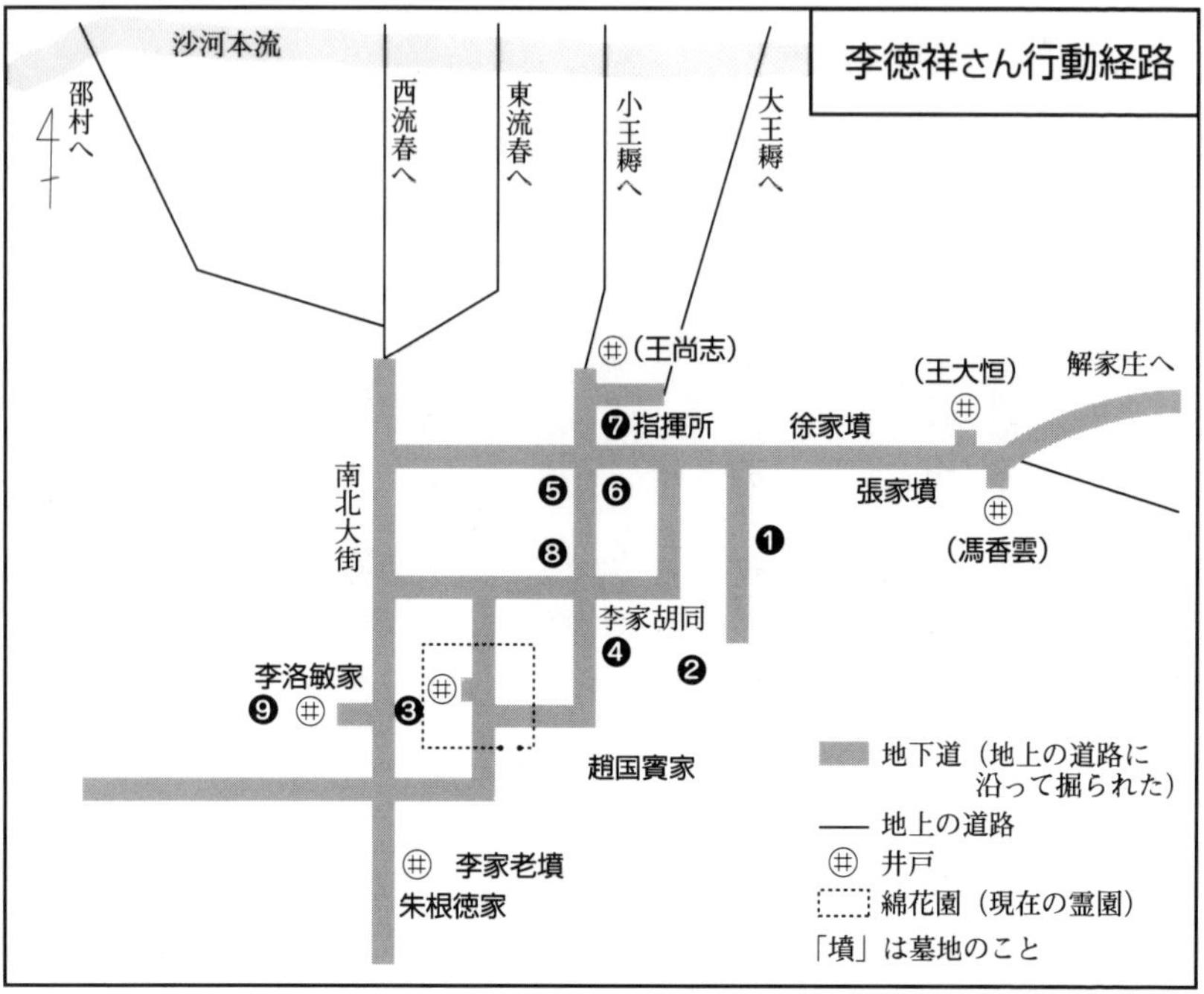

会議が終わると、戦闘準備のため、すぐに解散した。県大隊のどの部隊がどこを受け持って、民兵は誰がどの一帯の責任者で、という布陣は、趙樹光《チャオシューグアン》さんが決めた。

「この夜の時点で北坦《ペイタン》側には、県大隊二個中隊の二五〇人、区小隊《チュイシアオトイ》、それに周辺各村からの応援を含め七〇〇~八〇〇人の民兵がいました。うち北坦の民兵は数十人でした」(合わせて一〇〇〇人前後の兵力であり、日本側の大隊長が筆者に語った数字とも一致する)

このうち、県大隊の第一中隊が最も精強で、これが日本軍主力の攻め来ると予想される村の東北に配置された。西や東南はほとんど民兵と区小隊で守った。

装備は民兵より区小隊、区小隊より県大隊が少しましな程度で、全体に非常に貧弱だった。民兵では、武器は全員に行き渡らなかったほどだ。県大隊でも、日本軍から奪った「三八槍《サンパーチアン》」（三八式歩兵銃）があったが、数は少なかった。弾は中国人からなるカイライ軍から、いろいろな方法で買ったものだ。八路軍《パールーチュン》の兄が、敵対しているはずのカイライ軍の弟から買うなどということが珍しくなかったらしい。ただし非常に高価で、弾一個がアワ三〜四キログラムに相当した。このほか手榴弾と地雷もあったが、いずれも自家製の品質の劣るものだった。これらは北坦村内でも製造したもので、李慶祥《リチンシアン》さんや同じく幸存者《シンツンチョ》の李欣友《リシンヨウ》さんの家でも作ったという。ピストルは、趙樹《チャオシュー》光《クアン》さんのような指導層だけが持った。

李徳祥《リトーシアン》さんは、会議に参加しなかった者たちに、翌日に日本軍が来襲するからよく準備するよう伝えた。当時は常に死を賭して抗日活動をしていたから、この晩に限って「明日で死ぬかも」などと覚悟することも特になかったという。李徳祥さんの持ち場は、北坦の東南部だった。民兵だけで守りについた。ちょうど李慶祥さんの家の東南だ。

李徳祥さんたちはこの晩、見張りを立てて、みんなで集まって一緒に寝た（❷）。日本軍の動静に即応できるよう、武器を身近におき、靴もはいたままだった。地雷は新たに埋めなかったが、手榴弾はそれぞれの持ち場に新たに配備した。日本軍がいつかは掃蕩にくるのはみなわかり切っていたから、地雷はとっくに村はずれに埋めてあった。これは「引き地雷」で、弦を引かないと爆発しないから、埋めっぱなしでも大丈夫だった。地雷と弦をつながずにそれぞれ埋めておいて、日本軍が目の前まで来た時に地雷と弦をつなげて爆発させた。

毒ガス対策のニンニク持参で戦闘待機、弾は一一個だけ

彭家庄《ポンチアチヨアン》（北坦の南五キロメートル）という村の出身の楊青《ヤンチン》さんは当時一九歳で、青年抗日先鋒《チンニエンカンリーシエンフオン》隊《トイ》の隊員として北坦の防衛戦に参加した。事件当時、家族はみな彭家庄にいた。戦後、天津医科《ティエンチンイーコー》大学《ターシユエ》の党書記まで務めた彼は、「私は北坦の戦闘のすべてにわたって参加したので、全体をよく理解しています」との本人の言葉通り、記憶が非常に明瞭なので、多くのことを聞き取った。

「五月二六日夜の会議で日本軍の来襲を知ると、『保衛北坦《パオウエイベイタン》！（北坦を守れ！）』が叫ばれました。北坦という抗日のとりでを死守するぞ、との誓いです」

楊青《ヤンチン》さんは、若い民兵七〇～八〇人を率いて、北坦の北部に配置された。民兵たちは周辺の村ごとに一〇人、二〇人ぐらいずつ支援に来ていた。普通の民兵たちは北坦の南部に配置されたが、これとは別に民兵から選りすぐった者を楊青さんが率いていたもので、確か七班に組織してあった。

彼の直接の上官は趙樹光《チヤオシユークアン》さんで、彼は日本軍主力の攻め来ると予想される村の東北部に設けた指揮所（王非然《ワンフエイラン》の屋敷）に、県大隊《シエンタートイ》の主力と一緒にいた。楊青さんのいたすぐ東側だ。

趙樹光さんはこの戦闘の総指揮官で、村全体に目を配っていた。彼は頭が大きいので「趙大頭《チヤオタートウ》」

とみんなから呼ばれ、普段からその着るもの持つものすべてが農民よりも農民らしかった。戦闘の時、その格好を見ただけでは、誰も彼が総指揮官とわからなかったほどという。趙樹光さんには連絡員がいて彼と村内の各部署とを結んだし、自らも村内を見て回った。

「北坦の東北が日本軍の主目標と予想されたのは、ごく自然なことでした。もし南から攻めれば、北坦の前にまず南坦《ナンタン》の防衛線を攻略せねばなりません。あくまでも主目標は冀中《チーチヨン》でも最も優秀な地下道をもった北坦ですから、主力は直接に北坦と向き合う北、東から押し寄せたのです。西の李親《リチン》顧《ク》と西北の邵《シヤオ》村にはもともと日本軍のトーチカがあったので、その方角からは強く攻めては来ませんでした」

二六日晩の会議が終わるとすぐ、楊青さんはほかの民兵とともにこの村北部の持ち場について、土壁の内側の地面に待避壕を掘った。そして晩ご飯を食べるとこの壕に入り、そのまま翌朝までずっとその中で待機した。翌朝早くにも日本軍がくるとわかり切っていたからだ。当時の彼らは民族意識が非常に強く、侵略者に対する抵抗の戦いで死ぬことを少しも恐れなかったという。楊青さんは笑いながら、「不怕《ブパー》（恐れませんよ）」と、何度も私に繰り返した。

楊青さんはこの時、こんな風に考えていた。〈もしも戦死したら〝抗日烈士〟としてまつられる。もし負傷で済んだら治療すればいい。負傷もしなければ、さらに戦うんだ〉。逃げ出すなどということは、全く考えになかった。それどころか、〈侵略者を迎え撃ってやる〉という気持ちでうれしくてしょうがなかったくらいだという。その勇気と自信の根拠は、一つには全面的に信頼できる北坦《ペイタン》の地下道の存在が大きかった。

ただし、李徳祥《リトーシアン》さんと同様に、楊青《ヤンチン》さんも武器が貧弱だったと言う。

「武器といえば、ほとんど手榴弾と地雷しかありませんでした。擲弾筒《てきだんとう》も機関銃もみな自家製の品質の悪いものばかりです。ライフルは弾を一個込めては撃ち、撃ってては空薬きょうを取り出し、という効率の悪いものでした」

「弾丸は非常に貴重で、県大隊《シエンタートイ》、区小隊《チュイシアオトイ》、民兵と部隊規模が下がるに従い、なかなか行き渡らない状態でした。民兵には一人当たり一〇数個、多くてもせいぜい二〇〜三〇個が支給される程度です。私などはこの夜、最初一六個でしたが、ある同志が弾が足りないというので、五個あげました。一番装備のいい県大隊でさえ迫撃砲はなく、擲弾筒は自家製でした」

また、日本軍が毒ガスを使うと事前に聞いていたので、楊青さんたち多くの兵士は待避壕に入る時、大量のニンニクをポケットに入れたりして持った。ニンニクに毒ガスの解毒作用があると、信じていたのだ。県大隊や区小隊の兵士たちにもすすめたが、彼らのなかには効果のほどを信じない者もいた。楊青さんは、彼らに「なんで持たないんだ」と、聞いたという。待避壕のなかでは、眠れなかった。アワの飯を食べた。すぐそばに彭奎元《ポンクイユエン》という同志がいた。夜は寒かった。

県大隊もこの晩すでに戦闘待機に入った。第一中隊と第三中隊は、激戦の予想される東北部に配置され、翌日、ほとんどがここで戦死したという。そこの家々の住民は、県大隊とともにこの晩を過ごした。敵がまだ来ていないので、地下道に入る者はほとんどなかった。夜のうちに北坦から村外へ逃げる者もいなかった。

「明日、日本軍が来襲するという情報は、住民にも広く伝わっていました。ほぼ全員が知っていたと思います。彼らが北坦から村外に避難しなかったのは、北坦に優秀な地下道があったからです」

ところでこの晩、北坦には一人の日本人がいた。その男は日本人反戦同盟（日本人反戦同盟とは、中国側の捕虜となった日本兵や軍属が日本の侵略の誤りに目覚め、「戦争をやめて生きて日本へ帰ろう」と、八路軍《パールーチュン》の側から日本兵たちの命を救う活動をした日本人の組織。なお、楊青さんは、北坦に出入りしていた反戦同盟の日本人は当時三人いたと、三光作戦調査会の渡辺登氏に語っている）のメンバーで、翌朝に北坦を包囲した日本軍が東どなりの解家庄《シェチアチョアン》までの地下道を遮断する前に、解家庄のさらに東の西《シー》城《チョン》、東城《トンチョン》の方へ間一髪、逃れた。武装抗日委員会《ウーチョアンカンリーウェイユエンフィ》（八八ページ参照）の主任だった劉安《リウアン》という男が北坦に連れてきて、脱出も一緒だった。

李徳祥さんが戦後、北京《ペイチン》のある会議で劉安とばったり会って北坦事件の話になった時、「毒ガスを撒《ま》かれた時、俺は日本人を連れて村から逃げたんだ」と聞いて、わかったのだという。この日本人は、反戦同盟の冀中《チーチョン》支部のメンバーであることは間違いないが、今のところ、それ以上の詳しいことはわかっていない。

2 砲撃・銃撃戦——当日午前（五月二七日）

北坦を襲撃すべく隷下の各部隊に命令した第一大隊の大隊長は、二六日（事件前日）夜、自ら北坦に出撃する。この大隊本部には重機関銃の一個分隊と歩兵砲の一個分隊が従った。この第一大隊本部が村の西南から、第一一〇連隊一一中隊が東北から、同時に北坦を挟み撃ちする形で村に接近し、第一大隊の他の中隊と共に、翌朝の明け方四時に包囲を完成、四時半から一斉攻撃を開始する。そこまでのようすを、日本側記録は以下のように伝えている。

大隊長は定県城内警備の第四中隊の一個小隊と重機関銃の一個分隊及び、歩兵砲一個分隊を併《あわ》せ指揮し、定県南門を出発、南下北坦村に向かった。途中は企図を秘匿《ひとく》する為《ため》路外を前進し、大隊本部は四時頃北坦村西南端に到着した。

暗闇を透かして見る北坦村は高い大きな楊柳《ようりゅう》の森に包まれどす黒く不気味な静寂のなかに眠っていた。各隊は包囲隊形を以て待機し、攻撃開始の合図を待っていた。空には夜明けの星が燦燦《さんさん》と輝き、五月の下旬の夜明けは寒く時に身震いをもよおす事もあった。東の空が明るくな

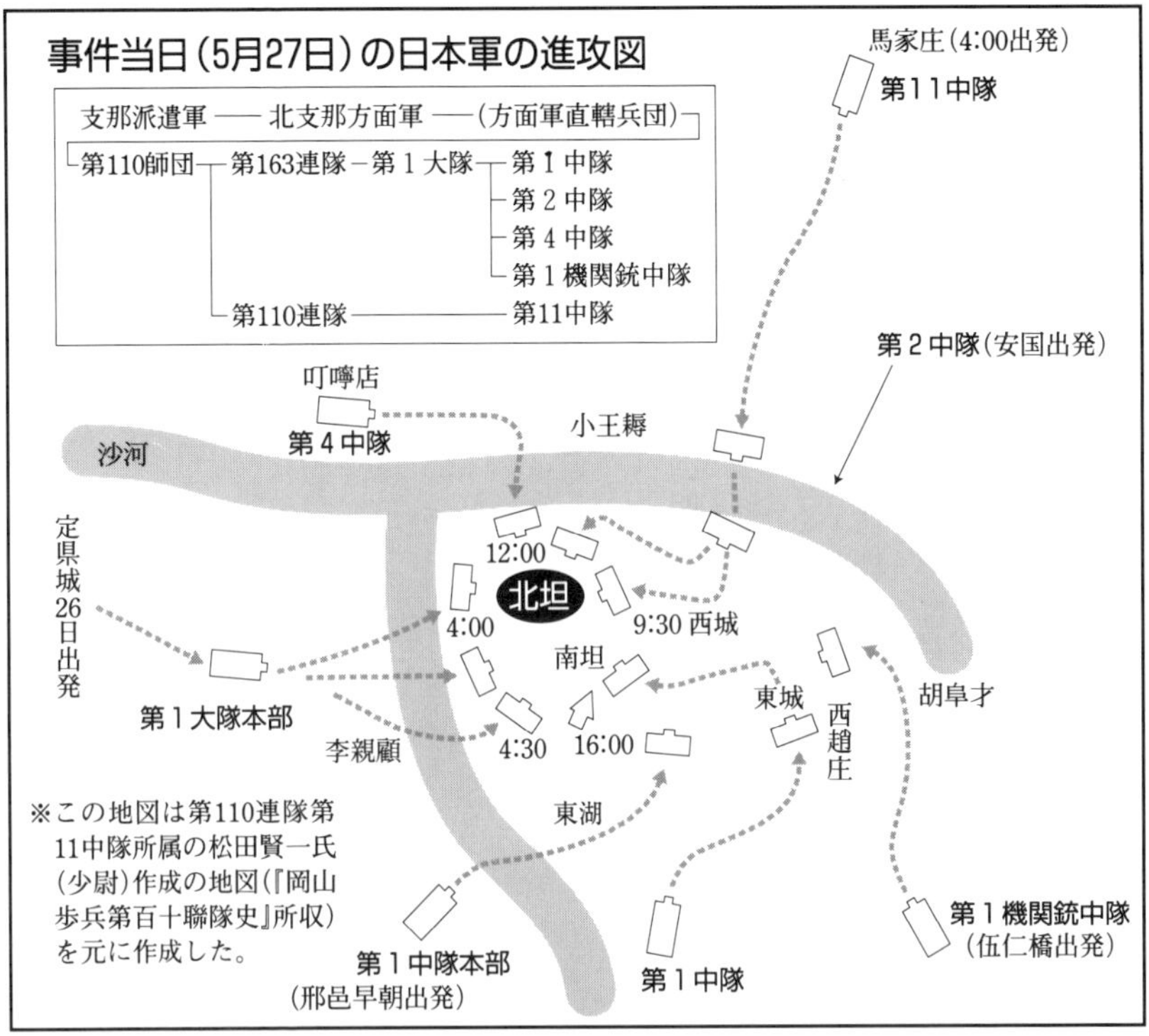

※この地図は第110連隊第11中隊所属の松田賢一氏（少尉）作成の地図（『岡山歩兵第百十聯隊史』所収）を元に作成した。

り真っ暗だった楊柳の森の間に二米余りの高さの土壁が微かに見えてくる。

腕時計をじっと見つめていた太田副官が擲弾筒《てきだんとう》手に発射準備の合図をすると、擲弾筒に弾込めをして発射命令を待った。緊張に満ちた数秒間の後副官が手を高く挙げて発射命令を下すと、ズドン、と言う発射音と共に赤吊星（筆者注―「あかつりぼし」と読み、落下傘によって上空に三〇秒ほどとどまって赤い光を放つ信号弾をいう。この赤い光が、一斉攻撃の合図となった）が暁《あかつき》の空にぽっかりと浮かんだ。部落を包囲して待機中の各隊の一斉攻撃が開始された。（佐伯）

第一一〇連隊の記録は攻撃開始を四

時三〇分と記録している。

大江部隊命令により、大隊は二十七日払暁《ふつぎょう》南方定県を出発した大隊主力と、北方馬家庄を出発した小田隊が午前四時頃西城北坦村南坦村を包囲した。

四時三十分、信号弾赤吊星《あかつりぼし》を合図に各隊一斉に攻撃開始、小田隊正面ではしばらく何の反応もなく、一瞬又しても逃げられたかと思ったが、北坦村方向に熾烈《しれつ》な銃声を聞き、中隊は直ちにこの村を東方及び東南方より攻撃すべく前進する。(岡山)

日本軍が今、沙河《シャーホー》を渡っている

翌日(五月二七日)の明け方、趙《チヤオ》鉄《ティエ》夫《フー》さんは西城《シーチョン》村(北坦の東一・五キロ)の党支部と民兵の責任者たちから、「沙河北側の馬阜才《マーフーツァイ》一帯の民衆が、わが西城村に避難してきた。日本軍が今、沙河を渡っている」との報告を受けた。趙鉄夫さんは、命令があるまで待機しろと区《チュイ》小隊《シアオトイ》に命じ、張《チヤン》という警護員と郭《クオ》という通信員を伴って、村の抗日幹部とともに沙河へと状況を見に行った。そして西城村の東北、沙河の北側の馬阜才の方角に土ぼこりが舞って、敵がまさに西城めざして攻め来るのを発見した。趙鉄夫さんはすぐに西城村に戻り、地下道に入ろうとした。

ところが、区小隊の姿が見えない。趙鉄夫さんは怒って、大声で小隊長の名を呼んだ。「小隊長は小隊を率いて北坦《ヘイタン》へ行きました」と誰かが答えた。そうこうするうちに敵がすぐに西城に着いたので、趙鉄夫さんたちは地下道に隠れた。しかし、日本軍は西城にはとどまらず、まっすぐ北坦へ急行した。趙鉄夫さんは思った。〈第七軍分区党委員会の情報と分析は正確だった、もしも事前に申し合わせた布陣の通りにできていれば、敵に大きな打撃を与えられたのに〉と。じきに北坦の方向から、「密集した銃声」が聞こえてきた。

趙鉄夫さんは戦闘の推移を、三つの時間帯に分けて記録している。

①　昼一二時まで敵は三度の突撃をしたが、いずれも遊撃隊（県大隊《シエンタートイ》と区小隊）、民兵が撃退した。

②　一二時以降に、敵は布陣を変えて再び村への侵攻を図った。

③　午後三時頃になっても区小隊の応援が来ず、とうとう敵に村の防衛線を突破された。遊撃隊と民兵は家屋の屋上に後退して、なお戦闘したが、とうとう弾を撃ち尽くし、最後は地下道にもぐった。

日本兵は「ヤー！　ヤー！」と、ものすごい気合いで突撃してきた

前夜から北坦の北側の壕で待機していた楊青《ヤンチン》さんは、「日本軍に包囲されたのは二七日の朝、やっと夜が明け始めた頃です。時間にして、四～五時頃でしょう」と回想する。

「前夜から村の北側で待機していたから、日本軍が来たのは自分の目で見てすぐにわかりました。私たちが見つめていた前方、つまり北坦《ペイタン》の北側はすべて平原です。敵は道路からはずれて、麦畑の上をかけ足でこちらに向かってやって来ました。小麦は三〇センチくらいに伸びていました。〈さあ、小日本《シャオリーベン》（日本人に対する蔑称）をやっつけるぞ〉と思うと、すごくうれしかった。周囲の同志たちも、〈へっ！　来やがった、来やがった〉と気持ちが高ぶっています。怖がる者はありません。『やつら、わざわざ死に場所を探しに来たぞ』と言っては、みな興奮していました」

日本軍は早朝四時に北坦の包囲網を完成すると、同時に北坦から東どなりの解家庄《シェチアチョアン》に通じる地下壕を遮断したと思われる。これで、北坦の地下壕は袋状に閉じ、地下から村外に避難するすべはなくなった。（大隊長はかつて私に、「とにかく地下道を遮断せよと、私は命じた。遮断してから、ケムリをブチ込んだ」と語った。「ケムリ」とは「あか」のこと。）

「日本軍は、村を包囲すると、上空で数秒間輝く信号弾を撃ち上げました。これを合図に、砲撃による武力偵察が始まりました。こちらの反撃の強さや武力の配置を探るのです」（楊青《ヤンチン》さん）

この砲撃は「頭も上げられない」（李徳祥《リトーシアン》さん）ほどすさまじく、多くの屋敷や壁が崩れ、火の手の上がった家もあったという。

「日本軍の装備は整っていて、迫撃砲、機関銃となんでもそろっていました。擲弾筒《てきだんとう》は、我々の自家製のものよりはるかに優れたものでした」と、楊青さんは言う。

しばらくして、村側からの反撃がないので、日本兵が村に向かって進撃を開始したのが、楊青さんには見えた。日本軍のなかには警備隊（中国人からなり、日本軍に協力するカイライ軍。「偽軍《ウエイチユン》」とも呼ばれた）の中国人が少し混じっていた。それぞれのトーチカから抽出された者だ。数は多くはないが、偽軍は日本軍と服装が違うのでわかる。黒い服を着ていたように思う。また、日本軍に捕まって連れてこられたと見える中国人の人夫も若干見えた。戦利品を運ぶための荷車も用意していたという。

楊青さんたちが「まだ撃たないのか！」とイライラするほど敵が目前に迫るまで、趙樹光《チヤオシユークアン》さんは「撃て！」の号令をかけなかった。

後に見るように、この戦闘に参加した日本軍の将兵は、北坦の東北から攻撃した者も、西南からの者も、自分のいた方面では戦闘らしい戦闘はなかったと証言している。しかし、日本軍側の記録には、激しい戦闘のようすが次のように詳細に記録されている。

稍々暫《しようしようしばら》くの間何の反応もなく一瞬又しても逃げられたかなあ―、と思ったが、部落を取り巻く土壁の銃眼《じゆうがん》から、又は民家の屋上から敵のチェッコ機関銃、小銃の反撃を受け、朝の静寂を破って忽《たちま》ちにして彼我《ひが》の激しい撃ち合いとなった。

これまでの戦闘は敵は一応は応戦するが相手が強いと見ると遁走《とんそう》するのが共産軍の常套《じようとう》戦術だったが、今度は違う。積極的執拗に抵抗して一歩も譲らず、土壁に接近すると銃眼と屋上の陣地と交互に時には不規則に巧みに正確に狙撃し、手榴弾を投擲《とうてき》して一切近づけず平素の訓練周到錬磨の程を思わせると共に、敵は情報による一個営（大隊）如きではなく相当なる兵力ではないかと察せられた。（佐伯）

楊青《ヤンチン》さんによると、日本兵は攻撃してくる時、「ヤー！　ヤー！」と、ものすごい気合いの声を上げた。着剣した「三八式歩兵銃」を脇に構えて、寄せてくる。五回も六回も繰り返して突撃してきたが、その度にすさまじい気合いだった。その頃には夜はすっかり明けて、明るくなっていた。日本軍のなかに指揮官だろうか、刀を振りかざして兵隊を指揮している者を見た。「突撃！」と周囲に命じているように見えた。反撃するまではすぐ目の前まで敵を引きつけたので、敵のようすははっきりと見えた。日本兵は鉄かぶと（ヘルメット）をかぶっている者もいれば、かぶらない者もいた。

「我々の反撃で敵は後退し、態勢を立て直しては突撃してくる。また我々が手榴弾《ショウリウタン》や地雷《ティーレイ》で敵を押し返す——ということを何度も繰り返しました。午前一〇時、一一時頃は、そういう状況でした。我々の守りは非常に堅固でした」

こうしたなか、県大隊《シエンタートイ》の若い狙撃手、狄四根《ティースーケン》（二〇歳代なかば）が、村の東北部で日本兵の一人を撃ち殺した。

「私のいた場所から五〇メートルほど東です。日本軍から奪った『三八式歩兵銃』で一発で仕留めた、と人づてに聞きました。同じ『三八』でも特に状態の良い銃を使ったのです。我々は、戦いながら彼をほめました。身体のどの部位に命中したのかは、はっきり知りません。県大隊によそ者はいないから、狄はおそらく地元の定南《ティンナン》県の人間でしょう」（この「日本兵の一人」とは、村の東北から攻めて戦死した岡山一一〇連隊一一中隊の木村三郎兵長の可能性もある。）

やがて、日本軍は村の北側で「決死隊《チュエスートイ》」を組んだ。だいたい一〇時、一一時頃のことだ。もろ肌ぬいで刀を振りかざし、非常な大声で「ワー！　ワー！」と必死に突撃してきた。結局、これも押し戻された。

前掲の「事件当日の日本軍の進攻図」（一一三ページ参照）を見ると、叮嚀店《ティンニンティエン》から攻撃に来ていた第一六三連隊の第四中隊が、昼一二時に北坦の真北から攻めていることから、この「決死隊」というのは、第四中隊のことを指しているのではなかろうか。そうであれば、この部隊から竹内秋雄中隊長など少なくとも二名の戦死者が出たのも、村の北での激しい突撃戦のゆえかとも解釈できる。

しかし最後に、敵は北坦東南部の防衛線の切れ目に猛烈な突撃をくり返した。ここは民兵のみで守っており、県大隊より力が劣っていた。日本兵の「ヤー！　ヤー！」という気合いが、凄まじかった。ここまでくると、楊青さんたちは弾薬をほぼ使い果たしてしまった。

「撤退！」

「私たちは土壁の防衛を放棄し、私と一部の者は最後の手榴弾攻撃のために家屋の屋上に上りました。その私たちの所まで、日本兵の鋭い叫びは聞こえました。〈すごい声だ〉と思いました。（日本兵が村への侵入を果たして姿を見せた時には、楊青《ヤンチン》さんは地下道内にもぐった後なので、彼らの人数までは知らない。）『地下道にもぐれ！』という声が、周囲の仲間から伝わってきました。これが正午頃のことと思います。我々は手榴弾を投げつけると、地下道にもぐりました」

弾丸一個で、必ず一人を殺せ

事件の朝、民兵隊長の李徳祥《リトーシアン》さんの持ち場は北坦《ペイタン》の東南の村はずれ、李慶祥《リチンシアン》さんの家のあたりだった（一〇六ページ地図❷）。二〇人ほどの仲間と一緒にいた。当時、南坦《ナンタン》は、朱家庄《チュチアチョアン》（朱根徳家の一角）から西南へ少し民家が集まった後、少し離れてその南に家が集中しており、北坦の東南には南坦の民家は隣接しておらず、大きな空き地となっていた。村の外周に沿って土壁が続いていて、その内側に壕が掘ってあった。李徳祥さんはそのなかに身を隠していた。ここなら土壁の銃眼《じゅうがん》ごしに射撃できるし、背丈より少し高い壁（日本側記録にも「二メートル余りの高さの土壁」とある）ごしに、手榴弾を投げられる。

村を包囲した日本軍は「ヤー！　ヤー！」と激しい気合いを上げて、前進してくる。「日本軍を十分に引き込むまで反撃してはならない。弾丸一個で必ず一人の日本兵を殺せ、手榴弾一個で必ず数人の日本兵を殺せ」と、趙樹光《チャオシュークアン》さんから命令されていた。よく見える所に来るまで待った。弾薬の数が非常に少ないので、決して無駄づかいできないのだ。

日本軍が至近距離にまで接近してから、地雷の弦を引いて爆発させ、手榴弾を投げた。「日本兵を殺しました」。すでに夜は明けていた。

日本軍のなかには、武装した中国人の警備隊も少なくなかった。彼らとは後に中国語で話をしたので、中国人だとわかった。たぶん周辺のトーチカに普段からいる者が、日本軍の出撃時に連れてこられたのだろう。戦闘準備はしてあったものの、日本軍の数は予期したより多く、準備不足だった。日本軍の攻撃は、村の東北が最も激しかったが、東と南からもあった。西では攻撃らしい攻撃はなかったという。

戦闘中に県大隊《シエンタートイ》第一中隊の王洛年《ワンルオニエン》という兵士は、片手を負傷してもう片方の手で銃を撃って戦った。しかし背後まで日本軍に囲まれて逃げ場がなくなった。最後は引き地雷を手に持って自分で弦を引いて、日本兵を道連れにした。指揮所（王非然《ワンフェイラン》の家）の東北でのことだ。彼は宣村《シュエンツン》という村の出身で、死んだのは戦闘のとても激しいさなかだった。

県大隊の兵士は、戦闘指揮所となった王非然の家の北側に当たる抵抗火力拠点（北坦側がなけなしの銃砲を集中配備した地点）のあたりで集中的に戦死したが、その他の隊員もかなりの人数が地上での戦闘で戦死した。

北坦の抗日勢力の戦闘指揮所となった王菲然家の屋敷跡

何度かの攻撃をすべてはね返され、なかなか村への侵入を果たせないので、日本軍は村の北で「決死隊《チュエスートイ》」（楊青《ヤンチン》さんの証言に同じ。一一九ページ参照）をつくって突撃してきた。李徳祥《リトーシアン》さんは、彼らが白い服を着ているのを見た。しかし村側の抵抗はさらに激しく、やはり北からは入れない。こうしたなか日本軍は、最後に攻撃の重点を李徳祥さんの正面、つまり村の東南部に移した。その結果、趙国賓《チャオクオピン》の家を確保して屋上に機関銃をすえ、高い所から援護射撃をする下を突撃してきた。こうなると李徳祥さんたちはこらえ切れず、日本軍はとうとうこの東南部から村のなかに侵入した。

李徳祥さんらは綿花園（今の霊園）脇を通って西へ後退した。李章《リチャン》、李紅臣《リホンチエン》、劉喜峰《リウシーフオン》さんらが一緒だった。この時、南の朱福山《チュフーシャン》の家の屋上にも日本軍の機関銃を見た。そして李徳祥さんたち

日本軍が屋上に機関銃を据えつけた趙国賓家の屋敷跡。左側は霊園

は、李洛敏《リルオビン》の屋敷の向かい側にあった地下道口から、地下道にもぐった（一〇六ページ地図❸）。

日本軍の銃撃で、庭の木に三つ穴があいた

この時、日本軍に応戦しながら綿花園の西へ後退する李徳祥《リトーシアン》さんを、一八歳の李《リ》全道《チュエンタオ》さんは自宅から見た。

李全道さんは、二七日朝、朝食の支度をしている時、銃声を聞いて、日本軍が村を包囲したのを知った。日本軍が綿花園の東から村に侵入しようとした時、民兵隊長の李徳祥さんたちが李全道さんの家で戦うのを見た。李徳祥さんは壁にあけた銃眼から日本軍に銃を撃ち、敵もすかさず李徳祥さんに撃ち返した。李全道さんの庭には直径二〇センチほどの木があった。日本軍の銃撃でこ

の木の幹に三つ、穴があいた。

日本兵の腕は良かったが、李徳祥さんは弾には当たらずにうまく逃げた。これを見てから、李全道さんたちは庭の地下道にもぐり込んだ。もぐる前、日本兵が綿花園の東から村に侵入するのを、自宅の庭から身を隠して見た。四~五人の日本兵がすでに趙国賓《チャオクオビン》の家の屋上に立って、機関銃を据えていた。

先頭の日本兵が日の丸を担いでいた

南坦《ナンタン》の民兵の李勝徳《リショントー》さん（一八）は、この日の明け方、西湖村《シーフー》（北坦《ベイタン》の西南三キロ）へ続く南坦村南の道で、他の民兵七人を従えて見張りに立っていた。劉司貴《リウスークイ》、張小胆《チャンシアオタン》、朱双増《チユシユアンツオン》、李東生《リトンシヨン》さんなど、李勝徳さんと同年代の者たちだ。やや緊張していた。一番最初の銃声が南坦村の東側から聞こえた後、銃声は入り乱れた。鉄壺で作った引き地雷三個を道に埋めて、薬王廟《ヤオワンミアオ》の中に入った。敵が来るや、地雷の弦を引いて敵を爆殺するつもりだった。夜が明けて間もなく、時間にして五時頃だろうか、三〇人ほどの日本兵が来た。機関銃を持っているのが見えた。三〇センチ四方の小さな日の丸の旗を一つ、先頭の兵士が肩に担いでいた。

李勝徳さんたちは地雷を埋めた後、地面をほうきできれいに掃いた上にわざと足跡をつけ、人が歩いても大丈夫のように見える擬装を施しておいた。あいにく日本兵は道から外れて堤の上を来たが、「ここで敵を一人爆殺しました」（これは警備隊の中国人の可能性もある）。日本兵はすかさず銃で反撃してきた。廟の神像の台座下には、東湖村《トンフー》（北坦の南二・五キロ）まで通じる地下道の入口があった。李勝徳さんたちはすぐにこの入口から地下道にもぐって、東湖村に逃げた。

この時期には、邢邑《シンユィ》や市庄にも日本軍の砲台があった。邢邑から北坦に来た日本軍部隊は、警備隊（中国人からなるカイライ軍）やそれ以外の漢奸《ハンチエン》（日本軍に協力する裏切り中国人）を含めて三〇〇人ほどではないかと思う。ほかの村からの日本軍も、それぞれ同じくらいの人数だった。「あの日の日本軍は、全部で二〇〇〇人を超えなかったろう」。警備隊は黄色い服を着ていた。彼らが中国語をしゃべったので、中国人だとわかった。彼らは、日本兵と一緒にそれぞれのトーチカから出てきた者だ。日本人夫は見てない。もしいたとすれば、日本軍が来る道すがら、道案内のために連れてきたどこかの村人だろうという。

死んでも侵略者と戦う覚悟

北坦の民兵の王紅喜《ワンホンシー》さん（一九）は、事件前夜に日本軍の来襲を知ると、「日本軍が明日来る」と家族に伝え、すぐに他の民兵たちと集合した。臨戦態勢のため、一緒に食事をして一緒に寝た。死

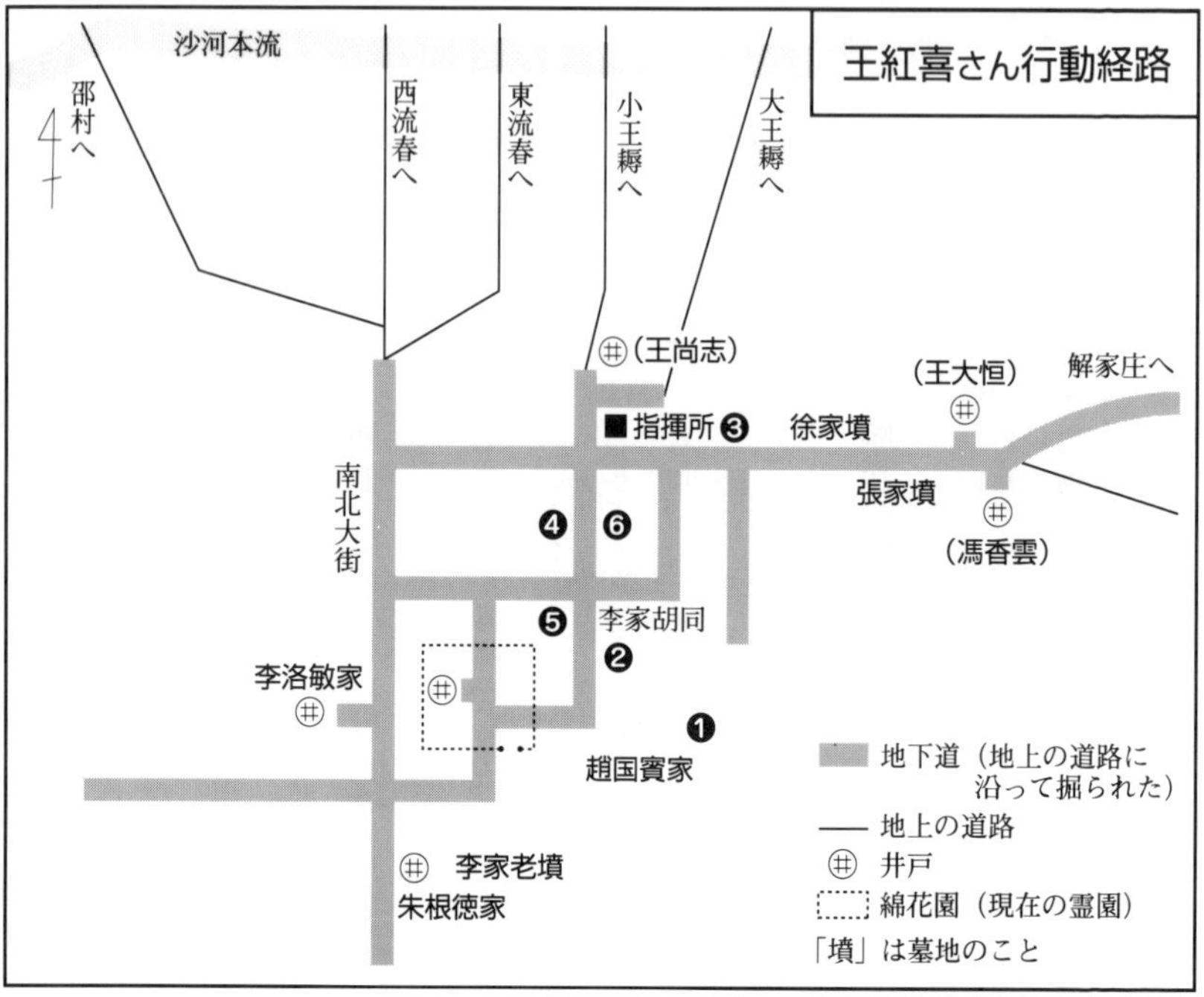

んでも侵略者と戦う覚悟は常にしてあった。

　当日の夜明け前、李徳祥《リトーシアン》さんとは別に、李慶祥《リチンシアン》さんの家の近くで戦闘準備に入った（❶）。張文生《チャンウエンション》という男たち五〜六人と一緒で、隊長は李孟林《リモンリン》という男だった。銃声、砲声が村の東北から聞こえてきた。午前一〇時頃が最も激しかった。

　とうとう日本軍が村の東南のある家（前出の趙国賓《チャオクオビン》の家か）を占拠して、屋上から村内を射撃し始めた時、王紅喜《ワンホンシー》さんたちは、土壁に身を隠していた。日本軍からは見えない位置だが、より安全なのは地下道に入ることだ。しかし、そのために壁から離れて後ろに走れば、屋上から狙っている銃口に身をさらすことになる。躊躇《ちゅうちょ》していると、日本軍の砲撃で、少し離れた所にいる別の五〜六人が爆死した。

するとかつて八路軍《ハールーチュン》の正規軍にいて戦闘経験の豊富な李孟林隊長が、手榴弾をいくつか日本軍に投げた。爆発。混乱に乗じて王紅喜さんたちは後退し、李家胡同《リチアフートン》（胡同＝路地）の地下道に飛び込んだ（❷）。もう正午を回っていたと思う。日本軍の集中攻撃を朝から三度退けた末の退却だった。

銃砲撃の前線に、食糧をとどける

事件の前夜、武装抗日委員会《ウーチヨアンカンリーウエイユエンフイ》や民兵たちは、夜中の一二時頃まで戦闘の準備をした。北坦《ペイタン》の共産党《コンチャンタン》政府幹部だった王士傑《ワンシーチエ》さん（二〇）は財務の責任者として会計帳簿を集めて地面に埋めた。一般住民はアワ、小麦、トウモロコシなどの食糧や衣服を地面に掘った穴に埋めた。住民らは夜が深まると、それぞれの家に帰っていった。王士傑さんたち政府の人間も、話し合いや情報を集めたりした後、家に帰って少し寝た。普段から常に死ぬ可能性があったから、特に「明日は殺されるかも」などとは考えなかった。

王士傑さんは事件の朝、遠くからの銃声で日本軍が来たことを自宅で知った（一七七ページ地図❶）。村の東北部で県大隊《シエンタートイ》が日本軍を迎え撃ったのだから、東北から聞こえたんだろうと思う。銃声を聞くと、子ども、女性、年寄りは早めに地下道に入った。若い男たちは、日本軍が村に侵入するまでは地上にいた。

戦闘開始後、しばらくしてから、王士傑《ワンシーチエ》さんたち若者は民家に行ってサツマイモとかパンとか食糧を一カゴ分かき集め、東北の村はずれの激戦地に持っていった。家にはすでに誰もいなかったが、前線の兵士たちに食わせるのだから、勝手に持ってきた。しかし前線の兵士たちには、「食べる暇もないし、危ないから早く帰れ」と追い返された。

すぐに村のなかに戻ったが、その途中、李家胡同《リチアフートン》の南の民家（前出の趙国賓《チヤオクオピン》の家か）の屋上に早くも敵の姿を見た。（したがって、王士傑さんたちが食糧を前線に送ったのは、ずいぶん遅い時間だったと思われる。一一～一二時頃か。）黒い服を着たその男は、最初は敵に見えなかったが、持っていた銃を王さんのいる方向に撃って来たので、わかった。日本軍の黄土色の軍服でなかったから、中国人の警備隊ではなかったかと、王さんは思っている。

敵が王さんを見て撃ったのかどうかわからないが、王さんはとにかく自宅まで走って、自宅の地下壕（袋状のもので、この時点では村内の地下道網とはつながっていない）にもぐった。一緒に食糧を前線に送った仲間たちとは、ばらばらになっていた。

南坦で日の丸をはっきり見た

南坦《ナンタン》の民兵の小隊長、李根山《リケンシヤン》さん（二〇）は、この前夜（二六日）から、南坦の張管普《チヤンクアンプ》という人の家の屋上で南坦の民兵たちと一緒に寝ていた。当日の夜明けごろ、日本軍が南坦の廟の南側から村に接近するのを見た。「太陽旗《タイヤンチー》」（日の丸）をはっきり見た。日本軍に包囲されたのがわかった。

李根山さんたちはすぐ屋上から下りて、敵に向けて手榴弾を投げた。日本軍はひるまず南坦に接近してきた。李根山さんたち民兵は、張管普の家の地下道口から地下道にもぐった。

東湖村からかけつけ、区小隊・民兵一七人で守備

区小隊《チユイシアオトイ》兵士の李秋海《リチウハイ》さん（二〇）はこの朝、実家がある東湖村《トンフー》（北坦の南二・五キロ）南側にある家の屋上で見張りに立っていた。すでにこの前夜、東湖村の幹部会議で共産党《コンチヤンタン》の区委員会の幹部である範文清《フアンウエンチン》から、日本軍来襲を知らされていた。この頃、彼らは、「日本軍と接触して、敵の方が強ければ、すぐ北坦《ペイタン》に避難せよ」と、県大隊《シエンタートイ》の政治委員である趙樹光《チヤオシユークアン》さんからつねづね命令されていた。北坦には優秀な地下道があるからだ。東湖から北坦・南坦への地下道はすでに完成していた。

明るくなって見晴らしが利くようになった頃、南の方角から、「日の丸」が接近してきた。日本軍だ。すぐ東湖の武装抗日委員会《ウーチヨアンカンリーウエイユエンフイ》の主任、李振雲《リチエンユイン》（二三）に報告した。主任は銃を二回撃って、

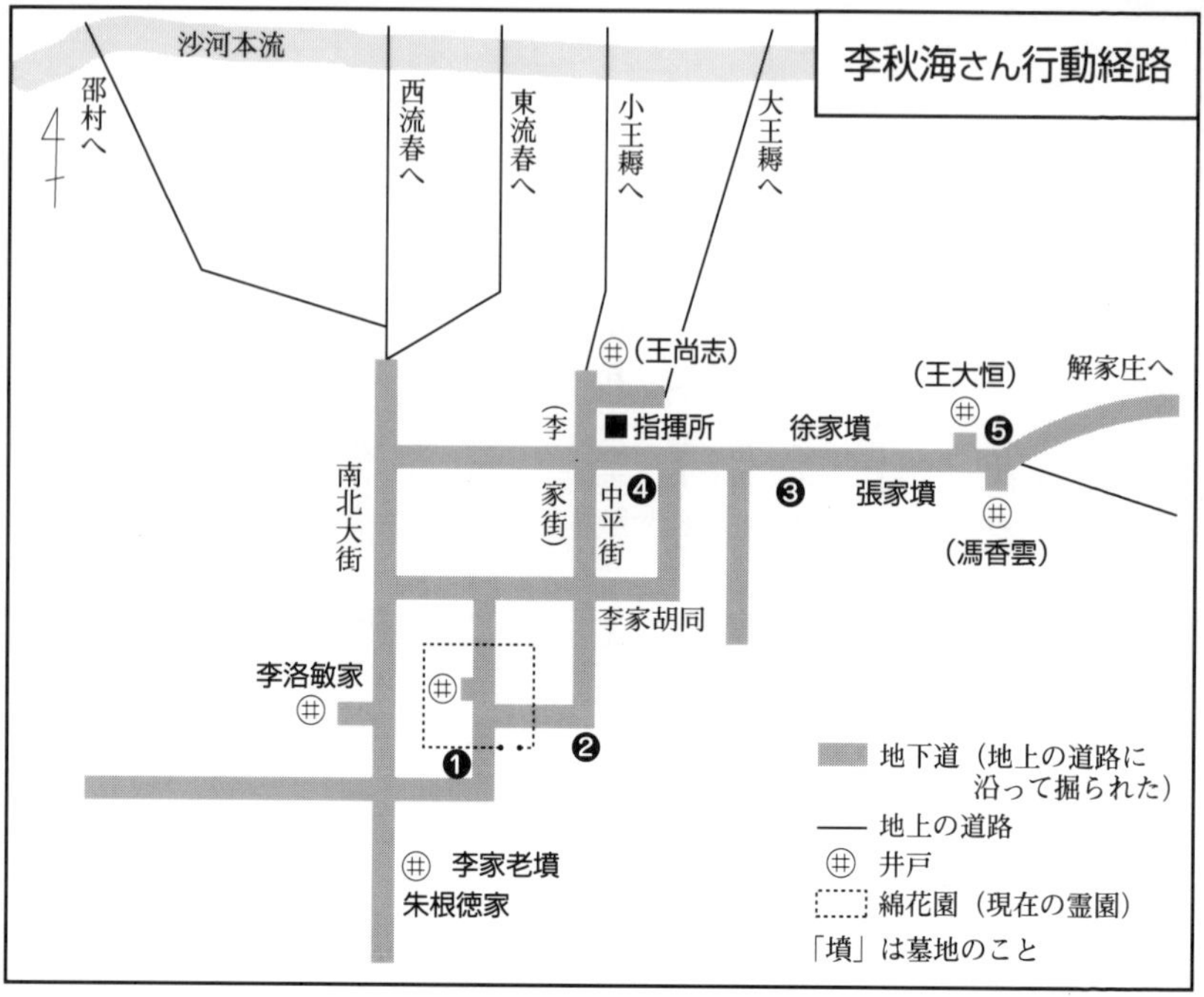

住民に知らせた。住民は地下道にもぐった者もいれば、日本軍の来る方角を避けて地上を逃げた者もいる。

李秋海さんは地上を走り、南坦を通らずに直接、北坦に急行し、綿花園（現在の霊園）の南側で守りについた（❶）。ここに兵力が割かれたのは、一つにはこのあたりにあった武器工場を守るためという。区小隊の仲間と民兵の、あわせて一七人が一緒だった。日本軍から奪った三八式歩兵銃のほか「七九銃」を持っていた。湖北省製で、国民党《クオミンタン》軍から奪ったものという。手榴弾の数は比較的多く、地雷は専門に扱う者がいた。日本軍は東湖《トンフー》村には寄らずに、そのまま北坦《ペイタン》・南坦《ナンタン》に向かってきた。全体の人数は知る由もないが、李さん自身は一〇〇人くらいは見たという印象だ。

東湖村から南坦村をのぞむ

日本軍との間に、戦闘が始まった。村の東北からは激しい銃声が聞こえてきた。「県大隊《シエンタートイ》は村の東北で戦死した者が多い。村の北では、県大隊の一個小隊がほぼ全滅に近かったんです」。やがて、午後の早い時間に、村はずれの一角が日本軍に破られたと、李徳祥《リトーシアン》さんの連絡員が知らせに来た。すぐ地下道に入らねば、ということになり、綿花園の東側にある女学校の地下道口から地下にもぐった（❷）。行動を共にしていた一七人一緒だった。

3　毒ガス散布——当日午後（五月二七日）

ガス中毒でつかまった後、抗日幹部らと脱走する

北坦の民兵隊長、李徳祥《リトーシアン》さんが地下道に入った当初は、それほど人も多くなかった（一〇六ページ地図❸参照）。李徳祥さんたちは東の解家庄《シエチアチョアン》に逃げようと思い、綿花園の地下を通って東へ東へ進んだ。進むにつれて（村の中心部にさしかかるので）人で一杯になってきた。綿花園のあたりはまだ通れたが、李家胡同《リチアフートン》のあたりまで来ると、もう進めなかった。毒ガスも、綿花園のあたりではまだなかったが、李家胡同まで来ると毒ガスを嗅いだ（❹）。一緒にいた抗日幹部の数人が、「徳祥、地下道のなかで死ぬまい。地上で死のう！」と叫んだ。

毒ガスのある場所を避けて、村の北へ地下道内を進んだ。自分の家のすぐ近くで、いったん地上に出てみたが（❺）、日本兵が多くて逃げ切れそうにない。仕方なく、また同じ地下道口から地下に

李徳祥さんや王紅喜さんらが押し込まれた李化民さんの家があった所

もぐった。

毒ガスを嗅ぐと、クシャミが出て、目も開けられない。呼吸が困難になった。色がついていたが、口でうまく言い表せない色だった。ガス容器は懐中電灯のような形と大きさで、赤い線が入っていた。

地下道に戻るとさらに北上した。一緒にいた張《チャン》部長（名前は張健《チャンチエン》）は、毒ガスにやられて動けなくなった。「徳祥、お前は先に行け、俺に構うな」と李さんに言うと、拳銃で自らの頭を「ダーン！」と撃ち、地下道内で果てた（❻）。李徳祥さんは「張部長！　張部長！」と声をかけたが、すでに死んでいた。李徳祥さんはさらに北へ進み、王菲然《ワンフエイラン》の家（戦闘指揮所）まで来たところで、毒ガス中毒のため意識不明となった（❼）。ちょうど日本軍がその部分の地下道を掘り返し

現在の李洛敏家の門

たところで、李徳祥《リトーシアン》さんは日本兵に地上へ引き出されて、捕まった。

李徳祥さんは、いったん李化民《リホアミン》さんの家（❽、当時の村長）に入れられた後（李化民さんの家で部屋に押し込まれている李徳祥さんを、同じ幸存者《シンツンチョ》の王紅喜《ワンホンシー》さんが見ていた。一五九ページ参照）、李《リ》洛敏《ルオビン》の屋敷に押し込まれた（❾）。日本軍はここに本部（司令部）を置いていた。北坦《ベイタン》の証言者たちは、日本語でそのまま「ホンブー」と証言する。（中国側の文献では「紅部《ホンブー》」という字を当ててある。）

屋敷内は「三合院《サンホーユエン》」という造りでとても広く、東西北に部屋が、南に道具小屋があった。どの部屋にも日本兵がいたが、北の部屋に将校が入っていた。各部屋の屋上には見張りの兵隊が一人ずつ立って、行ったり来たりしていた。三八銃を持っていた。

中毒のせいでひどくノドが渇くが、日本兵は水を飲ませなかった。李徳祥さんは日本軍の将校に言った。「私は満州国の日本人の家で働いていました。私の主人は、イハラサン」。（李さんは「イハラサン」を日本語で筆者に言った。）その将校の顔はもはや覚えていないが、ピストルを携行し、五〇センチ四方の「月亮旗《ユエリアンチー》」（日の丸。一般には「太陽旗《タイヤンチー》」〈李根山《リケンシャン》さんの証言に既出〉というが、李徳祥さんは「月亮」＝月という言葉を使った）を持っていた。李さんが日本語をしゃべるので日本兵の態度が変わり、殺されずに済むことになる。ただし、西の部屋の南側に便所と豚の檻があって、李徳祥さんはしばらくその前の庭に置かれた。この時、村の抗日幹部も大勢つかまっており、趙樹光《チャオシュークアン》さんは東の部屋、李占奎《リチャンクイ》さんは南の道具小屋に入れられていた。

「事件の時、すでに日本軍の手元には、村の抗日幹部の名前が全部ありました。彼らがそれをどういう経緯で掌握したかはわかりません」

一九八八年に筆者が北坦を訪ねた時、当時の村長だった王慶珍《ワンチンチエン》さんの奥さんが、おじさんから聞いた話として、「日本兵は漢奸《ハンチエン》（日本軍に協力する裏切り中国人）の頭に黒い布を被せて村人たち一人ひとりの前に立たせ、幹部なら首をタテに振る、そうでなければ横に振るという方法で幹部を教えさせた」と私に語ったが、この話を李徳祥さんは知らない。

李徳祥さんはこの後、毒ガス中毒者に対する日本兵のさまざまな残虐行為を目撃し、また抗日幹部を救い出すきっかけを作った。こうした部分は、すでに弁護士の一瀬敬一郎氏と三光作戦調査会の渡辺登氏が九七年に北坦《ベイタン》村を訪問した際に、李徳祥《リトーシアン》さんから直接に聞き取っているし、中国側の本にも書かれているので、私はこの部分だけは聞き取りをほぼ省略した（李徳祥さんは聞き取りのとき、体調が悪く、質問は主に未知の部分にしぼった）。ここでは『北疃村の日本軍毒ガス戦の惨状』（三光作戦調査会編、一九九八年）と『河北文史資料選集』（中国人民政治協商会議河北省委員会文史資料研究委員会編、河北人民出版社、一九八五年）とを参考に、その部分を紹介する。

李徳祥さんは、水を与えられて大量に吐く。それでやっと少し毒ガス中毒の症状が和《やわ》らぐと、周りの状況が目に入った。周囲では、日本兵によるさまざまな残虐行為が行われていた。日本兵は、ガスに中毒しながらまだ息のある者の手足を木に縛りつけ、首には縄をかけて、軍用犬（シェパード）にこれを襲わせた。軍用犬は、彼らのおなかを食いちぎって腸まで引きずり出した。（李徳祥さんは、「引きずり出された腸を木の枝にかけてあった。これは王菲然《ワンフェイラン》の屋敷の東側でのことです」と私に語った。）

また日本兵は、妊娠中の女性の服を脱がせ、一糸まとわぬ姿で日本兵の前を歩けと命じて、これを笑って見ていた。女性が恥ずかしさと恐ろしさとで動けないでいると、日本兵は銃剣をかざして声をあげて彼女のおなかを引き裂いて、なかの胎児を引き出して殺してしまった。「特に若い女性は一人もこうした残虐行為から逃れられませんでした。若い女性はみな、強姦されました」と、李徳祥さんは私に言った。

また二歳にならないくらいの女の子を連れた母親が、日本兵に銃剣で刺し殺された。女の子はその死んだ母親のお乳をなお吸っていた。実際には母親の血を吸っている状態だった。

このほか、目撃した残虐な光景は枚挙にいとまがない。例えば、小学校の教員の女性が二～三歳の赤ちゃんを抱いて地下道から這い出てきた。日本兵はその母親に、「もう一度地下道に入って、遊撃隊の使った銃を取ってこい」と命じた。母親がちゅうちょしていると、日本兵は赤ちゃんを取り上げて、「お前が入らねば、子どもを殺すぞ」と脅した。母親は仕方なく地下道に入っていったが、地下道のなかは人でいっぱいなので這っていく状態で、出るにも時間がかかる。日本兵は母親がなかなか出て来ないのを見て、赤ちゃんをトウモロコシの茎を燃やしていた火のなかに放り込んで焼き殺してしまった。

こうしたなかで、李徳祥さんは、県大隊《シエンタートイ》の政治委員である趙樹光《チャオシュークアン》さんなど二〇数人の抗日幹部が李洛敏《リルオピン》の屋敷内に監禁されているのを知る。みなも水を飲みたがっているに違いない。李徳祥さんは見張りの日本兵に、「太君《タイチュン》（日本兵をさす。わざとへつらった言い方）、ここにいるのはみな良民です。私が働きますから、水をください」と頼むが、断られる。しかし同じ北坦の村人が日本軍に水を運んでいるのを見つけ、日本軍の目を盗んで、李占奎《リチャンクイ》さん（当時の北坦の党書記。李洛敏の息子）らの捕らわれている部屋にこっそりと桶の水を運び込む。

李占奎《リチャンクイ》さんは仲間に水を飲むなと制して言った。「この水は脱走に使える。壁に水を染みこませて柔らかくし、ぶち破って隣の部屋へぬけよう。その部屋には地下道口がある。そこから逃げられるぞ」。毒ガス中毒のせいで、みな狂おしいほどに喉が渇いていたが、脱走のためにそれをがまんして、李占奎さんに同意した。李占奎さんは自分の上着を脱いで水桶の水に浸すと、壁に張りつけた。壁に水がしっかり染みこんでから、壁を壊して穴をあけた。捕らわれた人々は次々とこの穴から抜け出て地下道に逃れ、この夜三時頃には、趙樹光《チャオシュークアン》、李占奎、李徳祥さんら全員が脱走を果たした。

なお、李慶祥《リチンシアン》さんが筆者に教えてくれたところでは、すでに毒ガスにかなり中毒していた趙樹光さんはこの直後、村人らに背負われて北坦の西北の小さな林に運び込まれた。趙鉄夫《チャオテイエフー》さんの回想録によれば、趙樹光さんはその後、東張欠《トンチャンチエン》という村にかくまわれて療養し、事件後三〜四日目に県の党委員会と連絡を回復し、新たな抗日活動に向かったという。

この李洛敏《リルオビン》の屋敷では、この後、集団虐殺が行われた。そのようすを「兄が目撃した」と私に語ってくれたのは、当時一四歳だった王党仁《ワンタンレン》さんだ。中国側証言と資料では一般に、「李洛敏の屋敷での生存者は李洛由《リルオヨウ》一人のみ」とされているが、実はもう一人の幸存者《シンツンチョ》がいたことになる。以下は、王党仁さんの証言だ。

李洛敏家の集団虐殺を、兄が目撃した

事件の朝五時頃、まだ暗くて寝ている時に、王党仁《ワンタンレン》さんは東北からの銃声を聞いた。日本軍の来襲だった。民兵の兄、王三福《ワンサンフー》さん（一七）を除く家族五人ですぐ、自宅（村の西北）の地下道口から地下道にもぐった。二時間余りなかにいたが、人でいっぱいで移動できなかった。やがて毒ガスを嗅いだ。毒ガスを嗅ぐと、クシャミとセキがひどく、また涙がひどく流れ出た。嘔吐した。

地下道の入口の多くは日本軍によってふさがれたが、村の西の方で、ある出入り口を探し当て、五人一緒に地上に出た。そこは王文申《ワンウエンシエン》の家だった。現在では、王党仁さんの家になっている。

毒ガスのせいで、ノドがとても渇く。幸運にも、このあたりに日本兵の影はなかったので、王党仁さんたちは急いで地上を北へ逃げた。途中、ある家の近くで死体を一体見た。とても恐かった。家から一〇〇メートルほどで、村はずれの井戸のところに来た。井戸端に五～六体の死体が転がっていた。水が飲みたくて井戸まで這いずって来て、水に手がとどく前に息絶えたものと見えた。

王党仁さんは恐ろしくて、それが男か女か、子どもか年寄りかさえはっきり覚えていないほど急いで、さらに北へ逃げた。この時、村の東北からは「ホーン！」という砲声と銃声が聞こえていた。これが正午前、時間にして一一時頃ではなかったかと思う。ちょうどこの頃が、村の東北部の戦闘が一番激しかったと、後に村に戻ってから人から聞いた。

それから沙河《シャーホー》の河原にそって急いで逃げ（事件当時、沙河には水はなかった）、小王耨村《ワンルー》にある母方の祖母の家にたどり着いた。家族五人とも無事だった。戦闘に参加していた兄の王三福《ワンサンフー》さんがなかなか祖母の家に来ないので、もう死んだのかと思った。しかし、確か事件の三日目（二九日）、その兄も祖母の家で合流した。

兄は左の脇の後ろを負傷していた。王党仁さんが兄から直接聞いたところによると、兄は北坦《ペイタン》で日本軍と戦闘した後に捕らえられ、やはり民兵で従兄の銀栓《インシュアン》さんら数十人とともに李洛敏《リルオビン》の屋敷に連行された。銀栓さんがこの屋敷内で殺されるところ、多くの者が一緒に殺されるところを見た（王党仁さんは「彼らは機関銃掃射で殺された」と筆者に語った）。兄にも銃弾が一発当たったが、とっさに地面に倒れ込み、死んだふりをして日本兵の目をあざむいた。日本軍が北坦を去って暗くなってから、村を逃げ出して来たという。

兄からはさらに、どの村の誰が殺されたとか、どの家が焼かれたとか、恐ろしい話ばかり聞かされた。すぐに北坦に帰る気にはとてもなれず、結局、小王耨で四～五泊した。北坦に戻った時、村のなかの死体の多くは片づけた後だった。しかし死んだ人が多かったので、恐かった。

事件の翌年の四三年、兄の王三福さんは八路軍《パールーチュン》に入隊した。

八路軍の捕虜に仕立てあげられたため、井戸端の虐殺を免れる

もう一つの集団虐殺の現場、朱根徳《チユケントー》の屋敷での住民殺害のようすを、李親顧《リチンク》の青年抗日救国会《チンニエンカンリーチウクオフイ》の主任だった郭潤清《クオルイチン》さん（二二）が詳しく覚えている。

当日の朝、郭潤清さんは西城村《シーチヨン》（北坦《ベイタン》の東一・五キロ）へ食糧をとりに行った時、北坦からの銃声を聞いた。すぐ北坦へ向かった。北坦では、李親顧の民兵は村の西と北に配置されていたが、「武器がないからお前は他へ行け」と言われた。九時頃、撃ち合いの音が非常に激しく聞こえた。なかでも機関銃の銃声がものすごかった。手榴弾の音がまだ聞こえないうちに、つまり戦闘がそれほどの接近戦になる前に、郭潤清さんは許雲山《シユイユインシヤン》の娘と出くわした。この娘は李親顧の人で、北坦の男と婚約していた（妻の李素然《リスーラン》さんの証言に出てくる女性とは別の人、二一〇ページ参照）。その男の家は北坦のまん中にあって、郭潤清さんは、その地下道口から一人で地下道にもぐった。地下で見知らぬ七人と合流し、八人で逃げた。

地下道内では、避難した農民たちが、ニワトリや糸巻き車などさまざまな生活用品まで持ち込んでいた。モノでふさがってしまって、移動は非常に困難になっていた。前の方から口伝えで「後ろに下がれ」とか、「後ろから毒ガスが入ってきた」とか、「日本軍がもう地下道を掘り返している」とか、いろんな話が伝わってくる。みな混乱していた。

毒ガスの臭いがまだない時に、前の方からニンニクが配られた。「毒ガスに中毒した時に解毒になる」と言われた。誰が配ったものか、わからない。毒ガスを嗅ぐと、しびれるように辛くて、甘い。山椒のような味がした。

事件の前に、「日本軍は村を襲う時、毒ガスを使うかもしれない」と、会議の席で聞いていた。これは、五一大掃蕩《ウーイーターサオタン》の前に発表された「日本軍の第一次治安強化運動に備えよ」という趣旨の新聞記事（『冀中導報《チーチヨンタオパオ》』）にならったものだ（その記事は冀中軍区の程子華《チヨンツーホア》・政治委員が書いたもので、「日本軍は毒ガスを使っており、戦局は厳しい」という趣旨だった）。

最初は解家庄《シエチアチヨアン》へ逃げようと、地下道内を東へ進んだが、途中で地下道が掘り起こされ、その土で地下道のトンネルを塞《ふさ》いであったので、もと来た道を戻った。そのころには毒ガスがまかれて大混乱となっていた。それから南へ向かい、ある家の出口から地上に出た。すでに郭潤清《クオルイチン》さんは毒ガスの中毒症状が出ていたので、ここで水を飲んだ。しかし症状が良くならないので、自分の尿を飲んだ（注）。それでたくさん吐いて、症状は良くなった。

その家は後ろに道があって、壁の向こうを行き来する日本兵の足音が「ドン、ドン、ドン」と響いた。日本兵の捜査の音と思えた。日本兵たちの声も聞こえた。郭潤清さんたち八人の意見はまちまちだった。郭さんは「かくれて、地下道に入ってもいい」という考えだったが、「ここは戦場だ。ここにいるのは恐い」と言う人もいた。

八人が同じ方向に逃げると危ないので、みなバラバラに逃げた。北坦《ペイタン》の西側でたくさんの日本兵を見てから、東側まで逃げて来ると、砂の坂のところに多くの日本兵がいた。日本兵は郭さんたちを見つけると、機関銃を撃ってきた。郭さんともう一人を除いて、六人が撃たれて死んだ。郭さんは日本軍に捕まった。「お前、八路軍《パールーチュン》だろう」と、中国語で聞かれた。「老百姓《ラオパイシン》」（一般住民）と郭潤清さんが答えると、たちまち足を蹴られ、ビンタを張られた。郭潤清さんがしていた布製の長い帯で、首と両腕をともに縛られた。

砂の坂に連行された。途中、道端の堀のなかで、後頭部から右のほっぺたを銃で撃ち抜かれて死にきれず、口をパクパクさせている人を見た。まだ血が流れていた。それを見て日本兵は、「お前もこうなるぞ」と郭潤清さんを脅かした。砂地に着くと、重機関銃の射手のそばに座らされた。射手はすぐに腰のあたりから銃剣を取り出して郭さんののどに剣先を押し当てて、「殺すぞ」と言った。そしてニコニコ笑いながら、郭さんの体を一丈（三・三メートル）ほど引っぱって、「死ね」と言った。もう一人の日本兵は、後ろから郭さんの後頭部を殴った。

この時はまだ縛られたままで、きつく縛り上げられた腕が紫色に変色して、しびれていた。日本兵は郭さんの手のひらを見て、手のタコを調べた。兵隊なら銃を撃つのでタコができているはずだからだ。

郭潤清さんは腕の痛みに我慢できず、遠くない所にいた黒服の中国人の所に行きたいと思った。

おそらくはカイライ軍の人だ。周囲の日本兵はこの時、郭《クオ》さんを気にとめていなかった。郭さんはこの中国人の所に行ってこう言った。「俺はここの村人ではない。用を足したいのだが、行かせてくれないか」。男は許可してくれ、郭さんを縛っていたロープをほどいた。

近くが小麦畑になっていて、郭さんはそこへ行ったが、日本兵の誰も気にしていないようすだ。さらに遠ざかる方向へ行ったが、やはり誰も注意して見ていない。ずっと歩いていくと、八路軍《パールーチュン》の軍服を着ている人たちが大勢いて、水車で水を汲み、水を飲んだり顔を洗ったりしている。郭さんも同様にした。そして、さっきの黒服の中国人のところに戻った。

黒服は言った。「もう縛らないから、一緒に地下道を掘り返せ」。言われるまま、郭さんはスコップで地下道を掘り返した。この時、北坦《ペイタン》から東隣の解家庄《シエチアチヨアン》につながる地下道が切断されているのを見た。もう少しで解家庄の近くまで掘り起こす、というところまで来た時、四頭の馬に乗った日本兵が来た。彼らは北坦の方へと走って行った。途中、「東洋刀《トンヤンタオ》」（日本刀）を抜いて何やらすると、その他の日本兵がすぐ彼らのもとに集まった。一五分くらい、その騎兵四人がその他の日本兵になにやら日本語で話した。兵隊たちは、「ハイ!」「ハイ!」と大きな声で返事をしていた。次いで、彼らはみな北坦の村のなかへ入って行った。

郭さんを捕まえた日本人一人が残ったが、「スコップはここに置いて、俺について来い」と郭さんを連れて、北坦に入って行った。この時、その日本人は、再度、郭さんをロープで縛り上げた。

集団虐殺のあった朱根徳家の庭。右側２本の木の手前に小さな井戸があった

北坦に着くまでに、ひとかたまりになっている中国人たちを何人も見た。北坦の村内に入ると、多くの中国人が捕まっているのを見た。自分と同じ李親顧《リチンク》の知り合いも捕まっていた。李親顧の村長、趙文山《チヤオウエンシヤン》さんも捕まっているのが見えた。後に彼は、邢邑《シンユイ》まで連行されて殺された。

同じ李親顧の人間で、縛られているのを郭さんが見たのは(事件で殺された人は×)、許東来《シユイトンライ》(民兵)、許風年《シユイフオンニエン》(抗日幹部、糧食会計係)、徐銀振《シユイインチエン》(以下、一般住民)、高東海《カオトンハイ》、許老道《シユイラオタオ》、韓東尔《ハントンアル》、李鳳城《リフオンチヨン》、高全興《カオチユエンシン》、趙喜科《チヤオシーコー》、許継福《シユイチーフー》、張文明《チヤンウエンミン》、徐根指《シユイケンチー》(×)、徐登山《シユイトンシヤン》(×)、郭静福《クオチンフー》(×)ら。

「これらの人は、今ではもうみな亡くなりました。李親顧で事件の証言ができるのは、私一人です」

この後、郭潤清《クオルイチン》さんたちは、朱根徳《チユケントー》の屋敷に連行された。まだ表は、明るかった。多くの中国人が捕まって、この屋敷のなかに入れられていた。「何百人もいた」ように感じた。日が暮れる頃まで屋敷の外で待たされてから、なかに入れられた。南側の建物の、家畜囲いの前に座らされた。以下は、その後のようすについての郭潤清さんの証言だ。

翌朝の夜明け近く、私たちは押し込まれていた部屋から庭に出されました。中毒のきつい者はのどが乾いてたまりませんでした。中毒のひどい者や死んだ者、死んだふりをしている者だけが、部屋に残されました。部屋から出た者に対し、日本兵はアワ飯のお粥《かゆ》を作りました。早い者で一椀、遅い者で一椀の半分も食べたところで、粥はなくなってしまいました。粥を食べ終わると、庭で横になっている者もいました。

午前一〇時頃だと思います。日本軍の通訳が叫びました。「八路軍《パールーチュン》の軍服を着て、そこ（庭の中の西北の部分）に並べ！」（筆者注—辛うじて生き残った者たちを戦闘中の死に見せかけて皆殺しする気だと思うところだが、日本軍は彼らを捕虜として強制連行し、死ぬまで「使い尽くす」方を選んだ。軍服を着せたのは、そのためだった。三光《サンクアン》作戦と強制連行とのこうした密接な関係については、第Ⅳ部・1「強制連行された人々」を参照）。

日本兵は「早くしろ！　早く！」と私たちをせき立てます。日本兵は八路軍の脚絆《きゃはん》で私たちを縛りあげました。私は許済福《シュイチーフー》という男と一緒に縛られました。許さんは「八路軍の軍服を着る方には行かない方がいい。機関銃がそっちの方に照準を合わせている」と、私に言いました。八路軍の服を着た者たちは庭の西北の部分に集められて、東の方を向いていました。一七〇～一八〇人いたと思います。

私と許さんは座ったまま動きませんでした。ところが、通訳が来て、私たちを罵倒しました。「バカヤロウ！　おまえら二人、なんでまだ（八路軍の軍服を着てみんなが並んでいるところへ）並ばないんだ！」。この時、通訳が「マーナイバーズ！」と東北《トンペイ》（満州）の方言で罵ったので、この男は東北人（満州の出身者）だと、私はわかりました。

「俺たちはただの住民だ」と私が言うと、通訳は「ただの住民？」というなり、私にバシ！　バシ！と二発、ビンタを張りました。「着替えに行け！」。私たちは着替えに行きました。ところが、軍服を着た住民たちが並んでいる場所に行くと、日本兵がいて、「こっちはダメだ」と言います。私たちを列に加わらせないのです。どうしてだか、私には今でもわかりません。私たちは喜んで元の場所に戻って座りました。

一〇分もしないうちに、さっきの通訳がまた私たちのところにやって来ました。とても不満な顔で、「なんでまた戻ったんだ」と言いました。私は「太君《タイチュン》（日本軍と一緒にいるこの通訳へのお追従《ついしょう》）、向こうでは私たちを並ばせてくれないんです」と言いました。彼は私の両足を蹴って転ばしました。「起きろ！　行け！」。彼は私を引っ張って、軍服を着ている者たちの方へ連れて行きました。その途中、彼は「これが俺の好意だって、後からわかるぞ」と言いました。

彼は、軍服を着た者たちのところにいる日本兵と日本語でなにか二言三言ペラペラしゃべりました。日本兵が私たちを受け入れたので、私たちはそこで自分の服の上に八路軍《パールーチュン》の軍服を着込みました。この時、庭には、まだ軍服を着ていない者が九〇～一〇〇人ほどいたと思います。

朱根徳《チュケントー》の屋敷は南北に二つにわかれています。私と許さんが軍服を来た後、北の庭から日本兵が八人ほど、サツマイモを手に持って食べながら出てきました。北坦《ベイタン》一帯はサツマイモの主産地なのです。日本兵のなかでもリーダー格のように見えました。彼らは互いに日本語をしゃべりながら歩いて来ると、東の庭へ入っていきました。そこには部屋はなく、入り口の向かいにレンガ造りの大きな井戸がありました。入り口はコウリャンがらでつくってありました。

日本兵は軍服を着なかった者たちを、背中から小銃（三八式歩兵銃）でせっついて、「早く！ 早く！」と井戸の方へ引っ立てました。井戸の端では、背が高くてメガネをした長い顔の将校らしい日本兵が一人いて、そばにいた兵隊の手から帯剣した小銃をとると、軍服を着ていない一人の中国人の尻を突き刺しました。痛がって地面を転がる中国人の体を続けて五～六度も刺しました。傍らにいた別の日本兵が、最後にピストルでこの中国人を撃ち殺しました。これを見た瞬間、（軍服を着ていない）中国人たちはサーッといっせいに立ち上がりました。中国人を刺しながら「へ、へ、へ」と笑ったあの日本兵の顔は、いまだにはっきりと覚えています。あの凶悪な表情は、どんな言葉でも形容し尽くせません。

軍服を着ていない中国人たちは、着ている列の方へ逃げました。しかし、日本兵はこれを許しませんでした。二～三人の日本兵が、続いて一人の軍服を着ていない中国人を井戸のところまで引っ立てて、二～三回刺しました。あとは同じように中国人を引っ立てては殺すことの繰り返しでした。中国人は刺されるたび、叫び声を上げました。日本兵は「ン！」と気合いを入れては刺していました。さっきの通訳が私と許さんの傍らに来て言いました。「バカめ、今になってわかったろう？　俺に助けられたって」。

私と同じ李親顧《リチンク》村の民兵で知り合いの許根直《シュイケンチー》は、軍服を着ていませんでした。ひどく毒ガスに中毒していました。私のところに歩いてこようとして日本兵にさえぎられ、二度刺された後、銃で殺されました。青年抗日先鋒隊《チンニエンカンリーシエンフォントイ》の隊員であり、青年抗日救国会《チンニエンカンリーチウクオフイ》の会員でした。

この井戸周りでの虐殺は、二時間ほど続き、軍服を着なかった中国人をすべて殺しました。死体は井戸のなかに放り込まれ、井戸は死体で埋まりました。一方、屋敷の南部分、門のすぐ脇が家畜小屋です。この中に入れられて終日出て来ずに軍服を着なかった中国人は、日本兵が窓から放り込んだ一〇発あまりの手榴弾で爆殺されました。

郭潤清《クオルイチン》さんはこの後、邵《シャオ》村、定県、石家庄《シーチアチョアン》をへて東北《トンペイ》地方（満州）の炭坑に強制連行された（その詳しい経過については、第Ⅳ部の1「郭潤清さんの証言」二五八ページ参照）。妻の李素然《リスーラン》さん（二六）は、その事実を知らなかった（二〇九ページ参照）。

（注）毒ガスの解毒のために尿を飲んだという話は、多くの幸存者《シンツンチョ》からくり返し語られる。当時の北坦《ベイタン》の軍民がこのように信じていたのは、例えば以下のような一部の報道などが、間違って伝わったからではなかろうか？　①中国側の新聞『申報《シェンバオ》』の記事「（毒ガスを防ぐには）緊急事態においては、水に浸した手ぬぐい、もしくは小便をしみ込ませた手ぬぐいでも暫時《ざんじ》防止できる」（一九三七年八月一四日「防空浅説」）、②閻錫山《イエンシーシャン》（山西省《シャンシー》の軍閥）の報告「（日本軍の毒ガス攻撃から被害を受けたが）アンモニア水で鼻腔《びくう》を洗浄すると、症状はやや軽くなった」（中央大学人文科学研究所編「中央大学人文科学研究所研究叢書」第一〇巻『日中戦争　日本・中国・アメリカ』中央大学出版部、一九九三年）。

中国人を殺すと同時に、井戸のなかに蹴り入れた

北坦の民兵の王俊傑《ワンチユンチエ》さん（一八）も、同じく朱根徳《チユケントー》の屋敷に入れられて、八路軍の軍服を着せられたことで、殺されずにすんだ一人だ。王さんはこの朝、北坦の民兵として村の西端を守っていた（❶）。夜明け後、「いつも朝飯を食べるよりも遅い時間」に、日本軍との戦闘が始まった。小さな日の丸を一つ見た。日本軍は歩兵銃、機関銃、手榴弾を持っていた。戦闘は昼頃まで続いた。王さんたちは屋根の上と地上で抵抗したが、しきれなくなって、地雷を埋めてから地下道にもぐった（❷）。

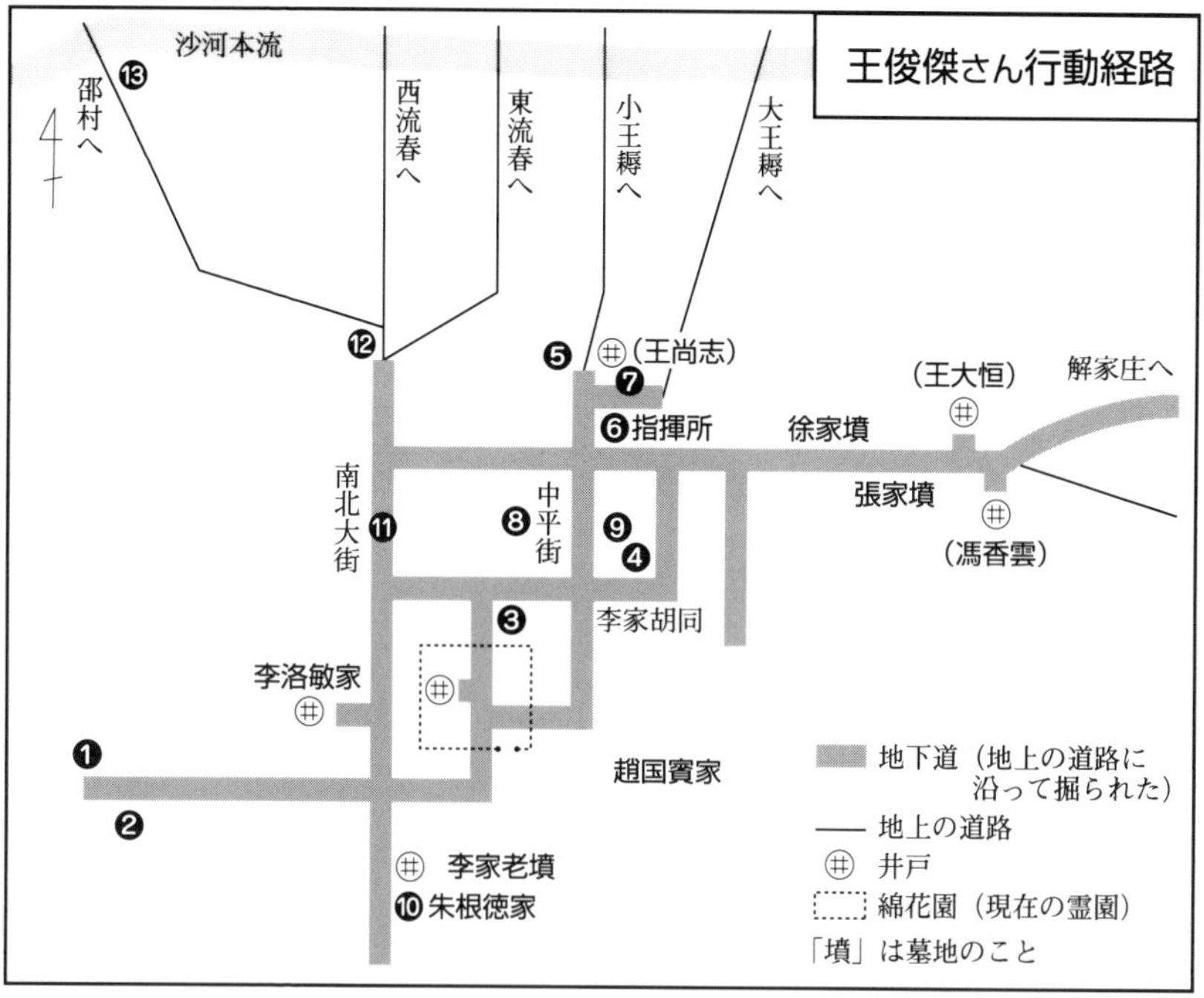

以下は、王さんの証言だ。

私は、宋文生《ソンウェンション》の家の地下道口から地下道にもぐりました。少数の県大隊《シエンタートイ》を案内しました。入ってみると、地下道内は人がいっぱいで、みなバラバラになりました。東へ進んで綿花園の下あたりまできた時、唐辛子を焼いたような臭いがして、やたらと鼻水やツバが出ました。毒ガスが地下道内に撒《ま》かれたのがわかりましたが、無理してさらに東へ進みました。

李家胡同《リチアフートン》まで着いたかどうかはよくわかりません。とにかく王照生《ワンチャオション》の家からいったん、地上に出ました（❸）。そして趙占元《チャオチャンユエン》（趙《チャオ》国賓《クオピン》の家族）の家の屋上で日本軍が西南へ向けて銃を撃っているのを見て、地下道に戻りました。それから、また東へ向かいましたが、人が多すぎて大混乱で前に進めず（❹）、いったん西へ戻ってから中平街《チョンピンチエ》を北へ向かいました。

毒ガスは、李克郎《リコーラン》の家（村の北端にある「王尚志《ワンシャンチー》の井戸」の南どなり）の地下を通り過ぎる時、臭いがきつくなりました。クシャミがひどく、セキも出ました。熱が出ました。人によって症状が違ったから、毒ガスも種類の違うものを使ったのではないかと思います。

それから北の村はずれまで行きましたが（❺）、地下道の出口は日本兵に非常に厳しく見張られているのがわかりました。ここから出たらきっと殺されると思い、地下道を南へ引き返しました。王菲然《ワンフェイラン》の屋敷（指揮所）の地下道口から地上に出ました（❻）。そこには偶然にも、私の母親が毒ガスに中毒して倒れていました。私はすぐに母親を背負って、同じ屋敷内の南の部屋に連れて行きました。母親をそこに寝かせると、自分はまた地下道にもぐりました。

今度は李克郎の家の山芋の地下貯蔵庫から、地上に出ました（❼）。貯蔵庫は庭に掘ってあって、それが地下道の幹線とつながっていたのです。ところが運悪く、ここから出たところで、日本軍に捕まりました。数人が一緒に、一本の縄で数珠つなぎに縛り上げられました。右腕を縛られたのを覚えています。これが正午頃のことと思います。

私が捕まったのは邢邑《シンユィ》からの部隊（第一中隊）で（❽）、この時、彼らは主に中平街《チョンピンチエ》の西に集まっていました。私はスキをみて東に逃げましたが、今度は中平街の東に集まっていた定県の部隊（大隊本部）に捕まりました（❾）。各部隊がどこから来たかは、私が事件で強制連行された東北《トンペイ》（満州）から村にもどった後、人づてに聞いたものです。

私はすぐには殺されず、まず地下道の中へ武器を拾いに行かされました。地下道のなかは、毒ガス中毒で死んだ者でいっぱいでした。立ったまま死んだ者、横たわっている者、子どもを抱いた女性など死体の格好はさまざまで、まさに目を背けたくなる惨状でした。私は地上にもどると、「地下道内に武器はない」と日本兵にウソをつきました。

定県部隊（第一大隊本部）に捕まった中国人は私を含めて七〇〜八〇人はいたと覚えています。私たちは日が暮れる少し前に、南坦《ナンタン》村の朱根徳《チュケントー》の屋敷に連行されました（❿）。

屋敷内には多くの中国人が捕らえられていました。私には「一〇〇人あまり」に見えました。私は縄をほどかれて、南側の部屋に入れられました。食べるものもなく、眠れませんでした。日本軍の兵隊と将校が、この屋敷内に何人くらいいたのか、わかりません。ただ、他の日本兵を指揮する日本人が一人いました。メガネをかけていたように覚えています。

翌日、朱根徳の屋敷で日本軍は、私たちの前に八路軍《パールーチュン》の軍服をたくさん持ってきて、着るように命じました。着た者は強制連行され、着なかった者は銃剣などで刺し殺されて屋敷内の井戸に投げ込まれたのです。その場にいた日本兵は一〇人前後だったでしょう。これが代わる代わる中国人を殺しました。ここにいた中国人は、男が多く、子どもや女性はいなかったと思います。

軍服を着ないで殺された者で、私が顔を見たのは、劉玉章《リウユイチャン》、劉友尓《リウヨウアル》、宋継明《ソンチーミン》など。一方、軍服を着たために私と一緒に助かった者は、李親顧《リチンク》の村人では郭潤清《クオルイチン》、徐継福《シユイチーフー》、徐雲根《シユイユンケン》、張文明《チャンウエンミン》ら、北坦《ヘイタン》では李良尓《リリアンアル》、王良尓《ワンリアンアル》、李老交《リラオチアオ》、宋胖牛《ソンパンニウ》などです。

朱根徳の屋敷の井戸端で私は、日本兵が殺した中国人を井戸に捨てるのを見ました。日本兵は中国人を井戸の縁まで連れてきて、殺すと同時に井戸のなかに蹴り入れました。そうやって十数人が殺されました。

私は軍服を着たので命は助かりましたが、今度は他の七〇人あまりと一緒に縄で縛り上げられ、朱根徳の屋敷から連れ出されたのです。その後、私は強制連行された先の東北《トンペイ》(満州)から北坦に逃げ帰って初めて、あの事件で八人家族のうち父、姉、妹、弟の四人を毒ガスで殺されたのだと知りました。

ロープで縛られたまま、日本兵をふり切って逃げる

同じように日本軍に捕まったものの、日本兵のすきを見て逃げ出し死を免れたのが、区小隊《チユイシアオトイ》の隊員だった李秋海《リチウハイ》さんだ(一二九ページ参照)。

綿花園の東側の女学校から地下道に入った李秋海さんらは(一三〇ページ地図❷)、地下道のなか

徐家墳のあった場所から解家庄をのぞむ。自転車のあたりに王大恒の井戸があった

を解家庄《シェチアチョアン》へ逃げようと考えた。しかし、すでに人で一杯で、なかなか移動できない。しかたなく元の場所へ戻った時、毒ガスの臭いを嗅いだ。そのせいでセキがひどく、呼吸困難になるほどだった。今も後遺症があるという。中毒しながらも、地下道内はよく知っているので、毒ガスの濃いところを避けながら地下道内を移動した。自分たちが毒ガスにそれほどひどく中毒しなかったのは、ニンニクを噛んでいたからだと李さんは思っている。尿にも毒ガスの解毒作用があると、みんな言っていた。多くの人が地下道のなかで、尿を飲んで解毒を試みたという。

　地下道内を逃げて北坦《ペイタン》〜解家庄の間に来た時、天井を銃剣で壊し、李さん以外の三人が地上へ出た（❸）。たちまち日本兵に撃たれ、李親顧の一人ともう一人が殺された。残る一人は負傷しながら地下道内に逃げ戻った。

李秋海《リチウハイ》さんたちは、今度は地下道内を西に逃げた。李法忠《リファーチョン》の家のところで地上に出ると（❹）、屋敷内には李法忠の母親がいた。この家は李秋海さん一家と遠い親戚だったが、彼女は日本軍を恐れて、李秋海さんらを家のなかにかくまってくれなかった。そうこうしているうちに、庭にいる彼らのところに二人の日本兵が入って来た。「日本兵は私たちに『地狗子《ディーコウズ》！（イヌめ）』と叫びました」。李さんは捕まって、両肩の少し下をロープで縛り上げられた。両手首は縛ってなかった。李法忠《リファーチョン》の母親がこの後、どうなったかはよく知らない。

日本兵に縛られた李秋海さんは村から東へ連れ出され、解家庄《シエチアチヨアン》との間にある井戸（❺）のところへ連れて行かれた。井戸端には六〜七人の日本兵と、捕らえられた中国人が大勢いた。機関銃が一台あった。井戸のなかにはたくさんの死体があって、日本兵はそれを指して李さんに聞いてきた。「こいつらはただの村人か、それとも区小隊《チユイシアオトイ》の兵隊か」。李さんは「みんな一般民です」と答えた。実際に、死体は女性や老人ばかりだった。数えたわけではないから正確な数はいえない。（日本軍が去った後、これらの死体を引き上げると、上の方にいた者で、まだ息のある者もいたという。）

村に戻ると、地下道にもぐって武器を拾って来るよう命令された。縛られたロープの先を日本兵に握られたまま、李秋海さんは同じ李法忠の家（❹）から地下道内に下ろされた。そこで日本兵のロープを振り切って、南坦《ナンタン》へ逃げた。

南坦の薬王廟《ヤオワンミヤオ》で地上に出た。この時にはもう、一七人の仲間はバラバラになっていて、李秋海さんは一人で出てきた。まだ両腕をロープで縛られたままだった。地上を逃げると近くに墓地があって、林がある。そこに日本軍の騎馬隊がいて、李秋海さんはまた捕まってしまった。食事を作るよう命じられ、ロープをほどかれたので、近くの民家から調味料やら食糧やら持ってきて作った。その後、日本兵のすきを見て逃げ出した。日本軍の一部の者は気づいたが、本気で李秋海さんを追っかけようとはしなかったという。そのまま南へ走り、自分の家のある東湖村《トンフー》に逃げ込んで助かった。

「漢奸」の密告で強姦された婦女救国会主任

以下は、李秋海さんが毒ガス事件の時、北坦《ペイタン》の抗日幹部だった小妮《シアオニー》という男から聞いた話だ。東湖村の婦女救国会《フーヌイチウクオフイ》主任、張梅芳《チヤンメイフアン》さん（仮名）は二〇歳前後で、まだ結婚前だった。毒ガス中毒がひどく、地下道から引き出されると、小妮と同じ部屋に閉じこめられた。やがて、「周《チヨウ》」という名の漢奸《ハンチエン》（日本軍に協力する裏切り中国人）が、「あの女は東湖村の抗日婦女会の主任ですよ。私は彼女の家に泊まったこともあります」と、日本兵に密告した。日本兵は彼女を強姦した。

その後、日本兵がいないすきをみて、小妮が裸の彼女を背負って東湖村の東まで逃げた。張梅芳さんは自分の力では歩けなかった。裸のままでは村に入れにくいので、ここのレンガを焼く窯《かま》のあ

南坦村から東湖村をのぞむ

たりにいったん置いた。彼女の家から服を取ってきて着せてから、家に運び込んだ。張梅芳さんは一～二年後まで声が出しづらいほど、毒ガス中毒の後遺症がひどかったという。

「日本兵は『周《チョウ》』が密告した時、彼を二度、蹴ったそうです。仲間を売るようなヤツは、日本兵でさえ軽蔑したってことですよ」

死体の上を這って逃げた

北坦《ペイタン》の民兵だった王紅喜《ワンホンシー》さんも、いったん日本軍に捕まった後、わずかのすきをついて逃げ出して命拾いした一人だ（一二五ページ参照）。彼が李《リ》家胡同《チアフートン》の地下道に入ってすぐの頃は、まだ毒ガスはなかった。解家庄《シエチアチヨアン》の方へ逃げようと地下道内を東へ向かったが、すでに前方は遮断されていた

（一二六ページ地図❸）。近くの人たちが「前へは行けない」と言っていた。それで李家胡同へ戻る途中に、毒ガスを嗅いだ。だから、毒ガスを日本軍が放ったのは、たぶん正午から間もなくだったと、王さんは考えている。

毒ガスを吸うと、クシャミとセキがひどく、涙が止まらない。目が開けられないほど痛く、のども痛い。鼻水とよだれがだらだらと流れ出る。タンが出て、発熱した。

日本軍は毒ガスを地下道に入れると、濡らした布団で地下道口をふさいで、ガスが地上に漏れないようにした。王紅喜さんたちが地下道から出る頃には、地下道内ではすでにたくさんの人が死んでいた。死体が折り重なって天井が低くなるので、立って歩けない。王さんたちは死体の上にヒジを立てて這った。

地下道の床から天井まではは幹線部でだいたい「五尺」、つまり一・五メートルほどだった。この高さは場所によって多少の差があるとはいえ、幾重にも折り重なった死体の上にヒジを立てて這うと、頭が天井に当たるところもあったほどという。李家胡同のあたりが、死体が最も多かった。

王紅喜さんは、解家庄の方から地下道内を李家胡同へ戻ると、「十字路」を北へ折れた。中毒がひどくて我慢できず、李化民《リホアミン》さんの屋敷内で地上に這い出た（❹）。すでに屋敷は多くの日本兵に占拠されており、同じく毒ガスに中毒した李徳祥さんら五〜六人が部屋に押し込まれていた。庭には周辺各村の老人らを主体に一〇数人が捕まっていた。王さんたちは体がつらいので、庭で横になった。

日本兵は王さんたちを見つけると、彼らがみな若いので、「こいつらは八路軍《パールーチュン》か?」と庭の老人たちに聞いた。王さんは自分から、「私は八路軍ではありません」と日本兵に答えた。たまたま王さんの叔父、王春山《ワンチュンシャン》が屋敷内に捕まっていた。彼は王紅喜さんを見つけるとかけ寄って、日本兵に「これは私の息子です。八路軍じゃない」と訴えた。それで日本兵は、王紅喜さんたちには暴行しなかった。

しかし、しばらくして新たに地下道から出てきた二人は、悲惨だった。区小隊《チュイシアオトイ》とわかる上着を着た彼らは、走って逃げようとした。「日本兵は叫び声をあげて、彼らを撃ち殺しました」。次いで、宋全振《ソンチュエンチエン》という男が地下道から出てきた。彼がひざに包帯を巻いているのを見て、日本兵は「お前は八路軍だ」。本人は否定したが、日本兵は彼を大勢の前に引き立て、「見ろ、八路軍はこうなる」と、三八銃で銃殺した。

この李化民《リホアミン》さんの屋敷にいた日本軍は、北坦《ペイタン》を去る時、東へ帰っていったらしいから、安国《アンクオ》あたりから来た部隊(筆者注—安国の部隊とすれば、第二中隊)ではないかと、王さんは推測する。

その後、李化民さんの屋敷に押し込められていた中国人はすべて、李家胡同《リチアフートン》の十字路に引き立てられた(❺)。ほとんどの人が縛られていたが、王紅喜《ワンホンシー》さんは運よく縛られなかった。ここにはほかに、邢邑《シンユィ》から来た部隊(第一中隊)も、捕まえた中国人を連行して集合していた。北坦に侵入した全部の部隊ではないかもしれないが、非常に多くの人数で十字路は埋まった。捕まった中国人は、日

十字路から北へ、中平街をのぞむ

本軍の部隊ごとに区別されていて、かなりの人数だった。これが夕方より少し前、だいたい午後四時頃のことではないかと覚えている。

日本軍は、この十字路で短い集会をやった。日本語はわからないし、通訳も地元の訛《なま》りではないから、ほとんど内容は聞き取れなかった。（筆者注―テレビ、ラジオなどで「普通話《プトンホア》」＝中国の共通語が普及している現在と違い、当時の中国の農村では、地元の言葉以外は聞き取りにくかったという。）

集会が終わると、かなりの人数の日本兵が王さんたちをぞろぞろと引っ立てて、十字路の北へ歩き出した。縛られていない王紅喜さんは、逃げる機会を必死にうかがっていた。李化民さんの屋敷まで来た時、王さんはスキを見て屋敷の向かい側、つまり通りの東の路地へ飛び込んだ（❻）。日本兵にはばれなかった。ここには母親の実家があって、勝手知ったる場所だ。連行されていった中国人たちがその後どこへ行き、どうなったかは知らない。

王さんは母親の実家へ行ったが、誰もいない。まだ日が暮れていないから、地上を逃げれば日本軍の見張り兵に見つかって、また捕まる恐れがある。怖いので、暗くなるまでこの家の便所に隠れた。夜になると、そこから東へ壁を二〜三回乗り越えて、逃げた。あと一回壁を乗り越えれば小麦畑という所まで来た時、突然、隣の家から日本兵の話し声が聞こえた。一気に緊張してじっとしていると、彼らは夕飯の支度を始めたようすだ。庭を行ったり来たりしているのがわかる。

ここは危険すぎる、と思っている時、この家に自分以外にもう一人、中国人がいるのを見つけた。自分と同じで、逃げ回っているうちに紛《まぎ》れ込んだのだろう。見ていると、その人はこっそりと壁をよじ登り、まんまと向こう側の小麦畑の方に消えた。うまくやれば見つからないとわかり、王さんも彼にならって慎重に壁を乗り越え、小麦畑に下りた。水たまりを迂回《うかい》すると、もう民家はない。一面の小麦畑を、一気に逃げた。

すでに暗くなっていた。西城《シーチヨン》（北坦《ベイタン》の東一・五キロ）に逃げようと思ったが、ちょうど西城から来た人とばったり会った。「うちの村にも日本軍がいる。行かない方がいい」。では東城《トンチヨン》に逃げようと考えたが、東城の村人もみな南へ逃げていた。日本軍がいつ、西城から東城に足を伸ばすかもしれず、恐くて逃げ出したらしい。結局、王さんは小王𣸣村《ワンルー》まで逃げて、そこで養生した。

毒ガス中毒のクシャミとセキで、地下道のなかは騒然

村の北で激しい戦闘を戦った楊青《ヤンチン》さんは、村の北の地下道口から、範青俊《ファンチンチユイン》、彭奎元《ポンクイユエン》、彭慎《ポンシエン》言《イエン》さんらの仲間と一緒にもぐった（一一五ページ参照）。ほかにも村外の人間を含めて数人いた。北坦側の指揮官だった趙樹光《チャオシユークアン》さんらは、李洛節《リルオチエ》の家の地下道口からもぐった。当時は戦闘の持ち場とともに、地下道にもぐる入口も民兵ごとに決められていた。どこからでもやたらともぐっていいものではなかった。

地下道に入ってすぐの時は、激烈な接近戦をした直後なので、みなかなり興奮していた。「地上へ出るぞ、出てまた戦うぞ」と叫び合った。しかしじきに、地下道の中は多くの人でふさがってしまい、出るに出られない状態だとわかった。ちょうどこの頃、日本軍は地下道の出入口をふさぎ、毒ガスを投入したのだ。

楊青さんは、地下道のなかで毒ガスをかいだ。直径四~五センチ、長さ三〇センチほどの毒ガス容器（あか筒）を地下道内で見た。毒ガスには、トウガラシを焼いた時のような強い刺激臭があった。これを嗅いで、地下道のなかはクシャミとセキ、叫び声が入り乱れて騒然となった。地下道内が暗いから、ガスの色はよくわからなかった。

楊青《ヤンチン》さんたちは、尿に毒ガスの解毒作用があるとみな信じていたので、地下道のなかでお互いに尿を求め合った。しかし、この日は朝から飲み食いせずに戦闘に入ったので、出るものが出ず、困った。楊青さんも尿を飲んだ。

県大隊《シエンタートイ》にしても民兵にしても、戦闘をした者は、「死ぬんなら地面の上で死のう。地下道内で死ぬな！」「地上へ飛び出そう！」と叫び合ったが、実際に地上に飛び出した者はみな、待ち構える日本軍に殺された。

楊青さんは、地下道のなかを右往左往しているうちに、一緒に地下道に入った者とは範清俊さんを除いて、いつの間にか散り散りになってしまった。すぐ近くにいた範清俊さんは中毒がかなり深刻で、ハア、ハア、と苦しそうに息をする。地下道から外へ飛び出して行こうともしたが、結局出られずにいた。死体が二〜三人もの厚さに積み重なっているのを見ながら、地下道内を逃げ回った。

そんな時、楊青さんの背後にいた一人の男が「同志《トンチー》、手榴弾はあるか」と聞いてきた。楊青さんは彼に二本、手榴弾をあげた。自分より背の高い県大隊の兵士だった。彼は手榴弾を手に地下道を飛び出した。「敵だぁ！」という声と同時に爆破音。彼の死んだ音だった。

気息奄々《きそくえんえん》となった範清俊さんを伴って、楊青さんは地下道内をさらに逃げた。彼がいよいよ動けなくなった頃、村の東北部のちょうど李化民《リホアミン》さんの家の近くで、大きな井戸に通じる通気口を見つけた。「キミはここにいろ。しばらくしたら迎えにくる」。彼をそこに寝かせて、一人でさらに地下道内を移動した。（その後、日本軍が村を去ってから、楊青さんは彼を捜しに行った。彼はそのままの場所で、死んでいた。中毒がひどすぎたのだ。）

この日深夜、楊青さんは北坦《ペイタン》と南坦《ナンタン》の村境（現在の霊園のあたり）にある家の地下道口から地上に出た。銃は地下道内に隠したので、身につけていた武器は、北坦の自家製の手榴弾一個だけだった。一人の中年女性が後ろから出てきた。楊青さんより年上で、かなり中毒がひどい。その家の穀物小屋に彼女を隠し、「ようすを見てくるから、ここでじっとしていてください。村を出ていけるようなら、あなたを迎えにくるから」と言い残して、楊青さんはその場を後にした。

彼女と別れた楊青さんは、よく知っている近くの屋敷に入った。その屋敷内まで、日本軍のパトロール隊の足音が聞こえた。彼らが屋敷内に入ってくるのを恐れて、楊青さんはそこの便所に入った。木桶があって、尿が入っていた。毒ガスの解毒と猛烈なのどの渇きをいやすために、その尿を二～三口飲んだ。これが夜中の一二時をすぎた頃だろうと思う。

それから屋敷を出て、大通りを村の北へ、つまり沙河《シャーホー》（本流）の方へ逃げた。しかしあいにく、沙河では日本軍が厳しく封鎖しているのがわかり、月明かりを頼りに、また北坦と南坦の境目あたりに戻った。ここに大きな壁があって、これをのり越えて墓地に出た（筆者注――李家老墳《リチアラオフェン》か。綿花園＝現在の霊園の南に面するこの李家老墳の一帯にも、死体が多かったという）。すでに深夜だったが、この晩は月が明るかった。

楊青《ヤンチン》さんが墓地を這っていると、五～六人からなる日本兵のパトロール隊がまた来た。銃剣を着けた三八式歩兵銃を持っている。楊青さんは死体のなかに紛《まぎ》れ込んで横たわった。見つかったら、持っている手榴弾を投げてやろうと考えていた。彼らが去ると、墓地の中を這いずって進んだ。木の枝で体中が引っ掻《か》かれ、皮膚が破れた。四〇分ほど這って麦畑に出て、とうとう日本軍の包囲網から脱出できた。

それから、村の南のレンガを焼く土窯のところに行った。ここで、北坦《ベイタン》の抗日を支援する各村の民兵らにばったり会った。楊青さんが北坦から逃げてきたことを知ると、みなとても親切にしてくれた。この時、彼の唇は腫《は》れ上がり、目も開けられないほどむくれていた。一日じゅうご飯を食べていなかったが、ここで赤コウリャンの餅と冷たい水を一椀飲んだら、元気が出てきた。楊青さんはこの窯のところで一晩明かし、翌二八日午後、日本軍が村を去るまで待った。

地下道で毒ガスを嗅ぎ、姉、妹、弟の計四人が殺される

北坦の住民だった李慶祥《リチンシアン》さん（一四）は、地下道内を逃げまどううちに八人家族のうち姉、弟二人、妹の計四人を、毒ガス中毒で殺された。以下は李慶祥さんの証言である。

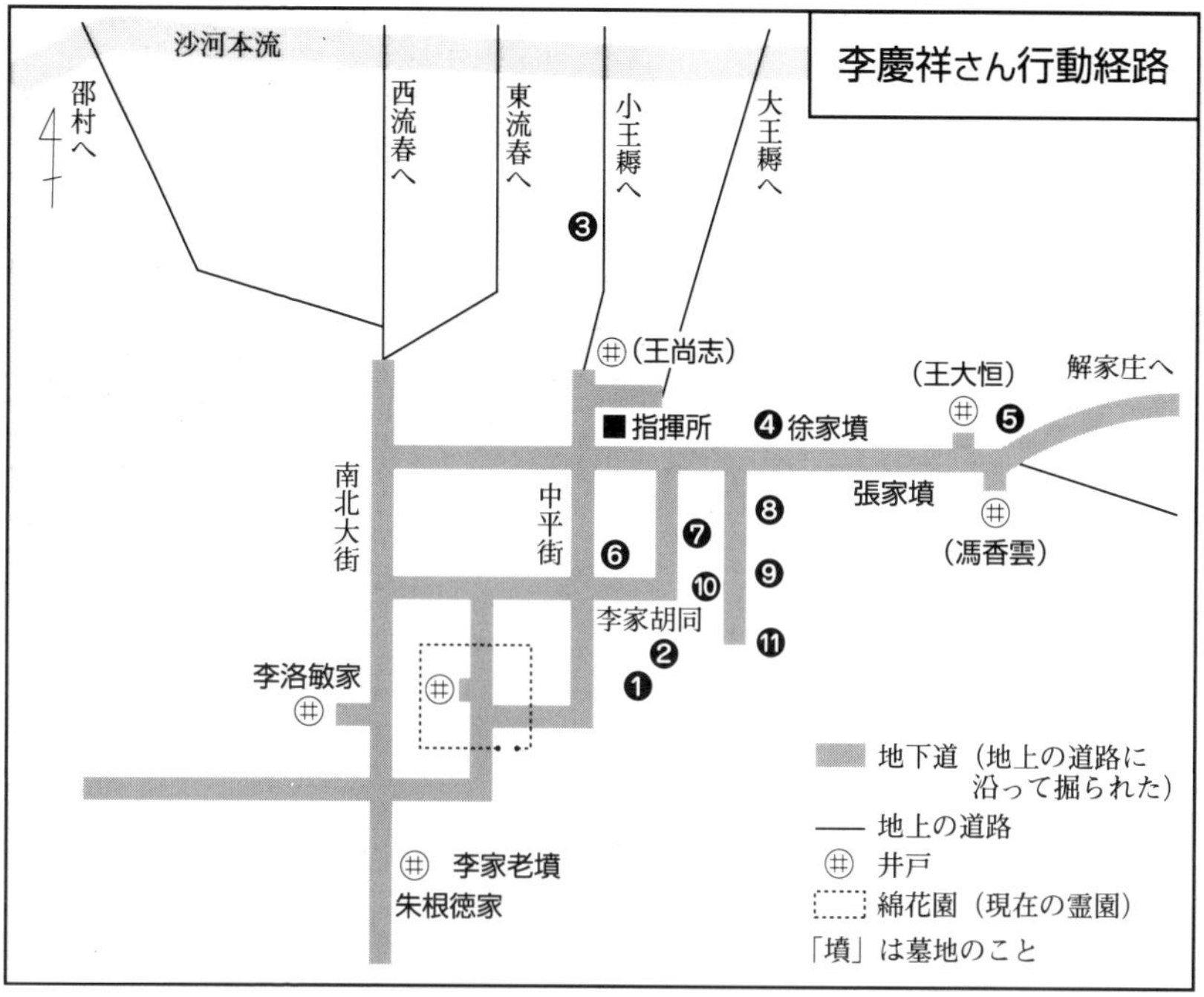

事件の頃は、川向こうわずか三里（一・五キロ）の李親顧《リチンク》に日本軍のトーチカがあったから、日本軍の襲撃を警戒する癖がついていました。

あの朝、日本軍の最初の銃声を私は自宅で聞きました（❶）。一八歳で体力のある姉（李素梅《リスーメイ》）と父（李洛傑《リルオチエ》、四二歳）が、すぐさま家を飛び出しました。中平街《チョンピンチエ》を北へ逃げたのです。残りの六人は、弟二人と妹二人がまだ小さくて地上を逃げ切れないので、となりの家から地下道にもぐりました（❷）。地下道の中をとなりの解家庄《シエチアチヨアン》まで逃げるつもりでした。村の東側は地下道で解家庄とつながっていたのです。

村を駆けぬけた姉と父は、平原にでました。村の北端と沙河《シャーホー》との真ん中あたりまで来た

中平街から北へ、村外をのぞむ

時（❸）、河の北側から日本軍がやってくるのに彼らは気づきました。当時は水無川でしたが、父は川を渡らずに、命がけで東へ走り逃げました。しかし姉は恐ろしくなって家まで引き返し、私たちの後から同じ地下道口にもぐりました。彼女はその地下道の入り口を知っていました。地下道のなかで、私たちと合流しました。

地下道のなかでは幼い子ども連れの私たちは前に進むのが遅いので、ほかの人たちに道を譲って先に行かせていました。しかし、姉と上の弟は早く進めるので、先に行きました。残った私たち五人はゆっくり東へ、解家庄の方へ進みましたが、村の東端に近いところで毒ガスを嗅いで、それ以上前進できなくなりました（❹）。

村と解家庄の間は、張家墳《チャンチアフェン》の先の井戸（王大恒、馮香雲の井戸）のあたりまで地下道口は一つもないので、おそらく姉と上の弟は地下道の中で毒ガスに中毒した後、その井戸のあたりから地上に逃げでて（❺）、解家庄《シエチアチョアン》まで逃げたものと思います。（日本軍が村を去った二八日の午後、私たちは二人の遺体を解家庄で見つけました。二人は解家庄まで走り込んでから、毒ガス中毒のため死んだのでしょう。)

一方、私たち五人は進むのが遅かったので、毒ガスを嗅いだ時には周囲はそれほど込んでいませんでした。毒ガスを嗅ぐや、下の弟(李慶徳、一一歳)は苦しくて我慢できず、もと来た道を引き返しました。私が「戻れ、戻れ」と呼ぶのも聞かず、家へ向かって逃げたのです。(日本軍の去った後、彼は李家胡同《リチアフートン》の地下道の中で死んでいました〈❻〉。ここは地下道のいわば交差点で、周辺から集まった人で込み合ったため出口から地上に出られなかったのです。)

残った私たち四人、つまり私と母(楊容蓮《ヤンロンリエン》、四〇歳)、二人の妹は、弟の逃げた方へ移動しました。李家胡同の手前で、天井に小さな裂け目があって、そこに黄色い煙を見ました(❼)。それでまたまっ暗い中を解家庄の方へ手探りで引き返しました。右に曲がったところで、私が手を引いていた上の妹(李銀国《リインクオ》、八歳)が、中毒で倒れました(❽)。「お兄ちゃん、私もう歩けないから先に行って」と言うと、妹はそこで死にました。

私と母と下の妹(李東梅《リトンメイ》、五カ月)の三人がさらに手探りで進むと、途中、足元に誰か一人の死体がありました(❾)。続いて歩くと天井に小さな出入り口があいていたので(❿)、日本軍がいなければそこから出ようと私は考えて、こっそり頭を出してあたりをうかがいました。最初は南の方に顔を出したらしく、太陽しか見えませんでした。しかし振り返ると、一〇人くらいの日本兵が中国人を棒で殴っているところでした。東平路《トンピンルー》の上で、私から東北の方向へ一五メートルくらいのところです。私は恐ろしくて、すぐ首を引っ込めました。疲れていたので、そのまま動けなくなるところでした。

ところが、草で覆《おお》って隠してあった出入り口を私が壊して頭を出したので、日本軍に出入り口のありかがばれてしまいました。彼らは捕まえた中国人を出入り口まで連れてきて、中の私たちに向かって「大丈夫、出てこい」と呼びかけをさせました。出ていけばもちろん危険なので、私たちは地下道の先へと逃げました。日本軍は私たちが逃げたのを知って、その穴から新たに毒ガスを流し込みました。私はそのようすをこの目で見ました。日本軍は毒ガスを流し込むと、柴に火をつけて放り込みました。私たち三人は、地下道内を必死で逃げ、とても疲れたのである場所で半日ほど休みました（⓫）。ここで、なにも見えないので方角がわからなくなりました。

私たちはここからは先に進まずに、来た道を戻りました。さっきの出入り口（❿）のところに近づくと、薄明るくなっていました。そこからまず、日本兵がいないのを確かめてから、私は地上に出ました。もう夜でした。この日は旧暦でいうと四月一三日で、満月に近い月がもうすぐ地平線に沈もうかというところに浮かんでいました。母と下の妹も、ここから地上に出ました。

私たち三人は南へ歩いてから、解家庄《シエチアチヨアン》の母の姉の家へまっすぐに逃げました。村の中央にある伯母の家には、みんな逃げてしまって誰もいませんでした。南向かいの解銀造《シエインツアオ》という年輩の人の家に行くと、大勢の人が集まっていました。毒ガスに中毒した人もいました。逃げてきた人たちです。

　この時、私はガス中毒で、体が非常に疲れていました。鼻水がだらだら出てきます。母に言いました。「僕はもうだめだ」。母はとても心配しました。しかし、解さんの家の豚小屋にあった汚水を飲んだら、少しよくなりました。

　翌二八日だったと思いますが、伯母が解家庄の家に戻りました。私は二〇日余りかかって体が直りました。母と妹は大丈夫でした。妹は母の母乳を飲んだためでしょうか、中毒にはなっていませんでした。

　一方、日本軍が来た二七日に北坦《ベイタン》から川を隔てて東北の王耨《ワンルー》村まで逃げた父は、私たちと会いたくても日本軍が恐ろしくて北坦には戻れませんでした。二八日午後、まず解家庄へ北坦のことを聞きに来て、私たちのいるのを知って合流したのです。

一族一八人のうち一〇人を殺される

　当時三歳だった王占民《ワンチャンミン》さんは、一族一八人のうち一〇人を毒ガス事件で殺された。以下は、事件後これまでに、王さんが周囲の大人たちから聞いたものだ。

　今となっては、一〇人のすべてについてどこでどう死んだかは定かではないが、ほとんどがガス中毒死だったと聞いている。そのうち、上の叔父（父親のすぐ下の弟）は、八路軍《パールーチユン》の正規部隊の兵

南北大街を北へのぞむ

隊だったが、たまたま病気療養のために帰省していて地下道のなかでガス中毒死した。不幸中の幸いだったのは、母親と一歳の妹だけはたまたま母親の実家に里帰りしていて命拾いしたことだ。

　二七日朝、日本軍が北坦《ペイタン》を包囲した時には、家族はまだ家のなかにいた。最初の銃声を聞くなり、みな自宅の地下道にもぐった。しばらくして毒ガスを嗅いだ。クシャミがひどかった。涙がやたらと出て、ろくに物が見れない。セキもひどかった。我慢できなくなって同じ地下道口から地上に出た。それが午後四時か五時頃のことだろうと思う。

　父親、王占民《ワンチャンミン》さん、姉（八〜九歳）、李連進《リリエンチン》さん（二〇歳代、本家の婿だった男）の四人一緒に北へ逃げた。みな毒ガスに中毒していた。なかでも王占民さんと姉は、症状がひどかった。父親が王さんを抱き、李連進さんが姉を背負っていた。家の北はすぐ村はずれだし、まったく幸運にも村の西北には日本軍が少なかったようで、逃げおおせた。南北大街《ナンペイターチエ》を北へ走り抜けるのに、何分もかからない。学校の北側は、当時もう村の外だった。

しかし、沙河《シャーホー》まで逃げた時、姉は死んだ。その場で遺体を埋めた。今そこには人の家が建っている。その後、北坦から三キロ北にある西流春《シーリウチュン》村まで逃げた。王占民さんはここに住むおばの家で、腐った大根のおろし汁を飲んで、なんとか快復した。一晩越して翌日午後、日本軍が去ってから北坦に戻った。

毒ガスはトウガラシと硫黄を混ぜた臭い

ガスを吸い込んでしまったものの九死に一生を得て、証言してくれた人はまだいる。前線に食糧を送ってから自宅の地下壕に飛び込んだ王士傑《ワンシーチエ》さんもその一人だ（一二七ページ、一七七ページ地図❶参照）。

王士傑さん家の地下壕には、三〇人ほどが避難していた。王士傑さんの親戚のほか、他村の人、八路軍《パールーチュン》第二三団（団＝連隊）の管理委員もいた。王士傑さんは、一緒に地下壕に飛び込んだ数人の名前は忘れたが、自分が最後に入ったのは今でも覚えている。

地下壕の入口は、母屋とは別に建てた小さな部屋のなかに作ってあった。人がなかに入るとすぐフタをかけ、ばれないようにしてあった。地下壕に入る時は東北部の戦闘が最も激烈な盛りで、王士傑さんには東北からの激しい砲声、銃声などが聞こえた。

王士傑《ワンシーチエ》さんの家の地下壕は、村の地下道幹線と隣り合わせで、薄い壁で仕切ってあるだけだった。これは万一、地下壕が敵にバレたら緊急手段として、この薄い壁を蹴り破って地下道幹線に出て、どこへでも逃げ伸びられるよう工夫したものだ。壁には、直径一〇センチほどの通気口を開けてあった。地下道幹線側のようすを、ここから覗《のぞ》けた。しかし逆に、幹線からは通気口と地下壕に気づきにくい構造にしてあり、地下壕の存在を秘密のままにできた。この地下壕は幅一・五メートル、高さは人の背丈ほどで、奥行きが極端に長い。

しばらくすると、地下道幹線から通気口を通じて毒ガスが地下壕に入ってきた。通気口近くにいた女性や年寄りたちがまず嗅《か》ぎ取って、騒ぎ始めた。王士傑さんは最後に入って地下壕の入口近くにいたので最初は毒ガスに気づかず、何を騒ぐのかと女性たちをたしなめた。女性たちはいったんは静かになったが、やがてまた「我慢できない」と叫び声を上げ始めた。王士傑さんはここで地下壕の奥に入ってみて異変に気づき、すぐに体の丈夫な者一〇数人を残して女性と年寄りを地上に出した。

地下壕に残った一〇数人は、毒ガスが次第に濃くなるのを感じたため、壁を蹴り破って地下道幹線に出て、逃げようと考えた。しかし、ぐずぐずしているうちにみなセキがどんどんひどくなって、しまいに血が混じるようになった。時間的に間に合わないので、やはり地下壕の入口から外に出ることにした。中国北方の農村ではサツマイモなどを保存するための「山薬井《シャンヤオチン》」という大きな井戸を地面に掘ってあるが、王士傑さんらは地下壕を出ると、同じ自宅の庭に開けてあるこのサツマイモ井戸に飛び込んだ。

毒ガスを嗅いだ時は、クシャミがひどかった。また吐き出したものには全部血が混じっていた。毒ガスはトウガラシと硫黄《いおう》を混ぜたような臭いがした。地下壕のなかは暗いので、色はわからなかった。

王士傑さんたちがサツマイモ井戸に飛び込んだ時、自宅に日本兵が踏み込んだのが、物音と彼らの声でわかった。日本兵は家のなかのものを壊して出て行った。あとで見ると、物が略奪されていた。サツマイモ井戸のなかには王士傑さんの姉など一〇数人が一緒にいた。体の弱い姉は、なかの空気の悪さに我慢できなくなり、早く地上に出たがった。

サツマイモ井戸から外に出たが、ほかに隠れ場所はない。さっきの地下壕の入口でなかの空気を嗅いでみると、毒ガス臭が薄まっていたので、再び地下壕に入った。さっき毒ガスが入ってきた通気口に布団を詰め込んで、もうガスが来ないようにした。

その時、別の日本兵が自宅に入ったのがわかった。家のものを破壊しただけでなく、今度はサツマイモ井戸のなかにしまってあった物を地上に出して、燃やした。王士傑さんたちは危ないところだったが、地下壕は発見されずに済んだ。

王士傑さんたちはそれからずっと、夜一〇時頃まで、地下壕のなかに隠れていた。途中、綿花園

（今の霊園）の西側の地下道口（❷）が日本兵に壊される音を聞いた。

王士傑《ワンシーチエ》さんたちは地下道幹線を逃げることにした。夜一〇時頃、地下壕と地下道幹線との薄い壁を蹴り破って、地下道幹線に出た。何も武器がないので、堆肥《たいひ》を扱う時の大きな四つ又のフォークを持っていった。幹線のなかを東北へ這っていくと、綿花園の半ばほどまでは死体も少ないが（❸）、そこを過ぎると死体が幾重にも折り重なってうまく前に進めない（❹）。北に這っていったが、とても時間がかかった。もう、死体を怖いとも思わなかった。

北の村はずれにある王尚志《ワンシャンチー》の家の井戸まできた（❺）。しかし、地下道の出口では日本兵が火を燃やしていて、出られない。仕方なくまた来た道を戻った。そこで、持ってきたフォークで地下道の天井に穴を開け、地上に出た（❻）。

王士傑さんたちが地上に出たところからほど近い王菲然《ワンフェイラン》の家（❼、抗日側が戦闘の指揮所とした家。富農で屋敷が非常に大きかった）には日本兵がたくさんいて、屋上には銃を持った見張りが立っていた。王士傑さんたちからは日本兵がよく見えるが、王士傑さんたちは暗がりにいるので、日本兵には見つからなかった。

時間にして、この時すでに夜中の一二時を回っていたと思う。地上に出た王士傑さんたちは、北へ向かった。王尚志の家の南側は下り坂になっているが、ここに多くの死体が転がっているのを王士傑さんは暗がりのなかで見た（❽）。死にきれずに苦しそうなうめき声を上げている者がいる。

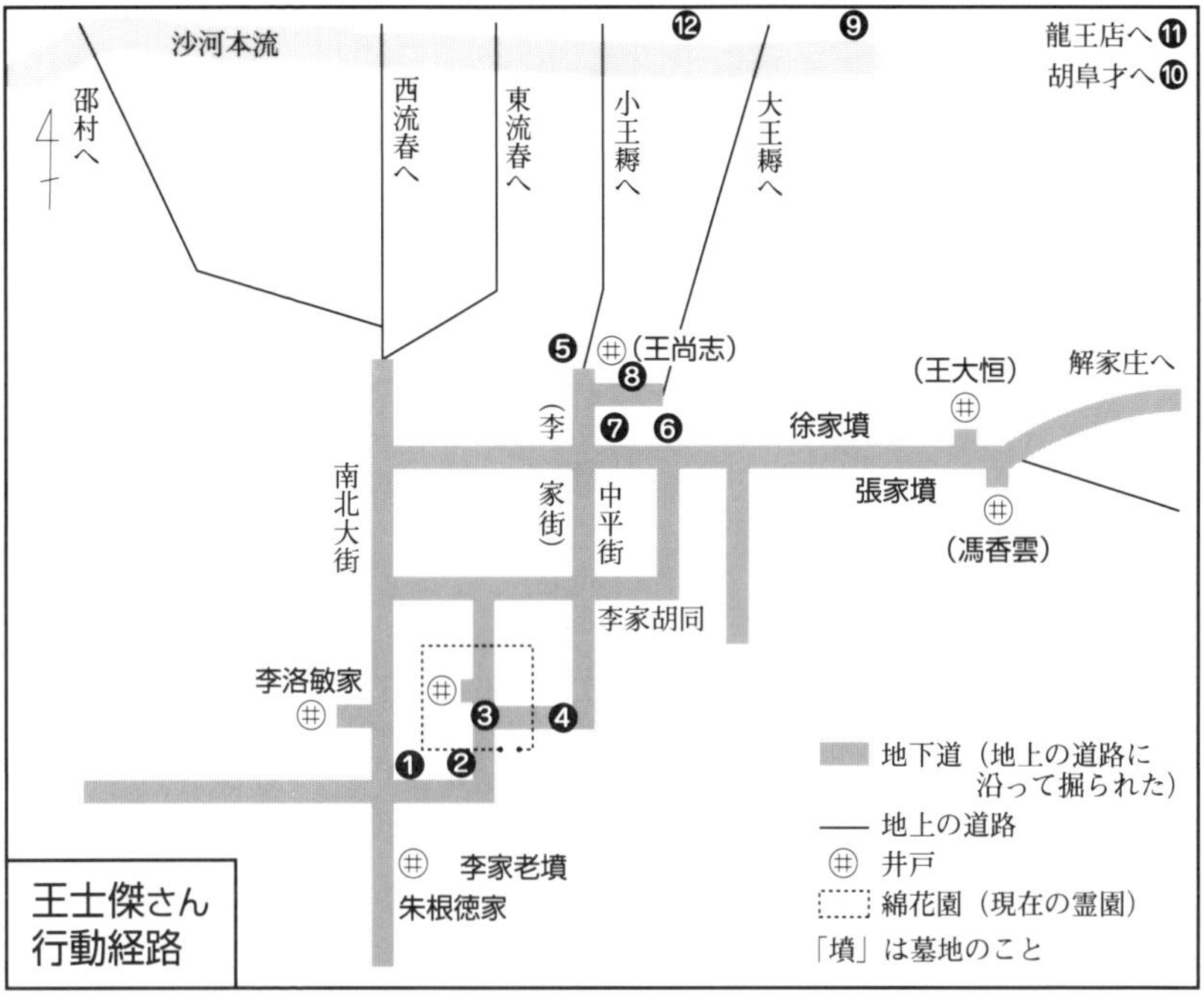

「水をくれ」という声が聞こえる。昼間、最も激烈な戦闘のあったあたりだが、これが戦死した県大隊《シェンタートゥイ》の兵士たちの死体かどうかは、暗かったので王士傑さんには断言できない。

村を出ると、東北へ逃げた。どの村に日本軍が入っているかわからないから、どこの村にも寄らずに逃げた。沙河《シャーホー》の河原で大勢の人が避難していたので、そこで彼らと一緒になった（❾）。ちょうど王耨《ワンルー》と西城《シーチョン》（北坦《ベイタン》の東一・五キロ）の間のあたりだ。そこにいる時には、北坦からの銃声などは聞こえなかった。ずいぶん長いこと食事もしてなかったが、平気だった。夜とはいえ、冀中平原《チーチョンピンユエン》の五月はもう寒さも感じなかった。二重《ふたえ》の布の服を着ていた。

夜明け近くまで待つと、そこから東になる

胡阜才《フーフーツァイ》という村には日本軍が確かにいないと聞いたので、その村の親戚の家へ行った（⑩）。日本軍はおらず、ここで食事をした。

しかし、ここも北坦からそう離れていないので、日本軍がいつまたやって来るかも知れない。そこで王士傑さんは結局、日本軍のトーチカのある大五女《ターウーヌイ》に近い龍王店《ロンワンテイエン》という村へ逃げた（⑪）。このあたり一帯は日本軍の「治安地区」だし、龍王店は「愛護村《アイフーツン》」（共産党《コンチャンタン》の抗日政権を排し、日本軍に協力するカイライ政権がおかれた村）なので、戦闘もありえず安全と考えた。ところが、間もなくドラの音が村内に響いた。これは、日本軍が村に来るからみな出てきて出迎えろという合図だ。よそ者だといって目を付けられると大変なので、王士傑さんはまたここを出て、王耨《ワンルー》へ逃げた（⑫）。

ニンニクと石けんで毒ガスを防いだ

南坦《ナンタン》の民兵の李根山《リケンシャン》さんは、仲間の民兵二〇数人と一緒に南坦で戦った（一二八ページ参照）。午前中が一番激しく、午後二時ごろには、終わっていたと思う。日本軍にはカイライ中国人の兵隊も混じっていた。彼らは黒い服装で、今の警官がかぶるような黒い帽子を着けていた。

戦闘の時、南坦の南と西は全部、邢邑《シンユィ》からの日本軍に固められていた。日本軍は、南坦の東南側の家にまず侵入した。日本兵が入ってくると、李根山さんらは銃を二～三発撃ってから、地下道に逃げた。この時、李根山さんは同じ南坦村の「大隊長《タートイチヤン》」張喜録《チヤンシールー》と意見が食い違った。大隊長（李根山さんが勝手にこう呼んでいるだけで、実際に一個大隊を率いていたわけではない）は、「北坦《ベイタン》の方が安全だ。北坦まで行くぞ」。李さんは、「北坦に行ったら、いくらニンニクやら尿やら使っても、毒ガスで死んでしまう。南坦ならガスが薄い」。結局、北坦に行かなかった。それで助かることになる。

南坦で地下道にもぐった民兵たちは銃は持っていたが、弾がなかった。戦闘できないので、地下道から出て日本軍を見てまたもぐり、また出てまたもぐって……を繰り返していた。だいたい午前一一時頃、地下道のなかに毒ガスが放たれたのに気づいた。

事件の時南坦の民兵に死者が少なかったのは、あらかじめ防毒の対策をしたからだという。「日本軍は毒ガスを使うかも知れない」と、大隊長はみなに、ニンニク、石けん、布を配った。毒ガスに気づいたら自分の尿を布に浸して石けんをすり込み、口でかみつぶしたニンニクをのせて口にあてがえと教えた。

李根山さんは、言われた通りにしたから命拾いしたと思っている。「大隊長自身も、毒ガス戦は初めてでした。日本軍が毒ガスを使う可能性を、彼が誰から聞いたかはわかりません」。ただ、毒ガスの臭いを少し嗅いでみたい好奇心から、李さんは口にあてがっていた布をちょっとはずしてみた。たちまち涙が出て、のどが苦しくなって呼吸ができなくなった。

李さんたちは、張管普《チヤンクアンプ》の家の地下道口に敵の気配がないので、地上へ出てみた。「日本軍の一部が、張管普の家でねころんでいました」。李さんは彼らに手榴弾を一発投げたが、爆発しなかった。次いで、南坦《ナンタン》の東側にある郭清《クオチン》という人の家から周囲を見渡すと、北側にたくさんの日本兵がいるのが見えた。そこに向かって銃を撃ったが、当たらなかった。日本兵はすぐに機関銃を撃ち返した。李さんたちはすでに地下道にもぐっていたので、ケガはなかった。午前中のことだ。それから夕方になってから、東湖《トンフー》村で地上に出た。地上を歩いてさらに東の趙庄《チャオチヨアン》まで逃げ、一泊して翌二八日の午後に日本軍が去るまで待った。

李根山さんの仲間では、こんな殺され方をした人もいた。南坦の民兵の石収全《シーショウチユエン》さん（二〇歳前後）は、妻が子どもを産んだばかりだったので、事件の前の晩は李根山さんたちとは離れて、自宅で家族と一緒に寝た。夜が明けて日本軍が村を包囲してから、李さんは急いで彼を家まで呼びに行った。戦闘のなか、石さんは綿花園の東側で手榴弾を敵に投げた後、日本兵に捕まった。日本兵は石さんを裸にすると、大勢でなぶり殺しにした。

女性たちは、強姦された

李全道《リチユエンタオ》さん（一八）の家族では、兄だけは地上を逃げたが、その他の四人は自宅の地下壕（袋状の避難壕）に隠れた（一二三ページ参照）。地下壕は高さ一・五メートル、幅〇・五メートル。なかには他に四家族がいた。毒ガスが入ってきたのは、昼前の一一時頃ではなかったかと思う。

この地下壕は、地下道の下に掘ってあった。わざとこう掘ったわけではなく、知らぬうちにこうなった。毒ガスは地下道とつながる通気口を通って、この地下壕にも入ってきた。父親は、毒ガスを防ぐためにこの穴を土などで塞ごうとしたが、その最中にガスを吸い込み、軽く中毒した。

当日はずっと地下壕のなかにいたが、夕方頃に地下道の方へ出ていった。地下道づたいに逃げようと考えたが、なかに人が多すぎて歩けない。結局、また地下壕に戻った。そこで一晩越し、二日目の朝七〜八時頃、地上へ出た。自宅に行くと、そこには何十人もの人が集まっていた。女性、子ども、老人が多かった。日本兵が何回もそこへ来た。王淑蘭《ワンシユーラン》（仮名）という当時二一〜二二歳の女性が日本軍に連行されて、強姦された。この人は、後に大連《ターリエン》（遼寧《リヤオニン》省）に引っ越した。王俊傑《ワンチユインチエ》さんの親戚で邵《シヤオ》村から来ていた女性も、やはりここから連行されて強姦された。翌日、邵村へ連れて帰る途中で死んだ。独身で二一〜二二歳だった。

この日の午後、日本軍が村を去った後に、兄を除く家族四人で辛庄《シンチヨアン》という村へ逃げた。いなくなってから逃げるなんて、いま考えると馬鹿げているが、日本軍がまたいつ来るか知れず、とにかく恐ろしかったのだ。この村で数日過ごした。別行動だった兄（二二）は、地下道内で毒ガスに中毒したが、尿を飲んで助かった。

事件二日目に李全道さんの家に大勢が集められた時に、一八歳の李全道さんは小柄だったので日本軍に子どもに見られ、八路軍《パールーチユン》と疑われもしなかった。筆者の聞き取りの場に居合わせた村の女性の兄（名は宋全振《ソンチユエンチエン》）は、当時一八歳。家の屋上に上っていて、日本軍に撃たれて死んだという。

一〇〇人の民衆を連れて、東へ逃げた

南坦村の抗日幹部で民兵だった朱双印《チユシユアンイン》さん（二四）は事件前日（二六日）の晩、日本軍来襲を村人の口コミで知った。さっそく、大きな鉄壺に自家製の地雷を入れて、これを地面に埋めて戦闘の準備をした。

当日朝、南坦《ナンタン》のなかで北坦《ペイタン》に一番近い朱家庄《チユチアチヨアン》（朱根徳家の一角）から、七人の民兵と一緒に地下道にもぐった。午前一〇時頃だったと思う。その後、南坦の中央で地上に出たが、薬王廟《ヤオワンミアオ》のところに大勢の日本兵がいて、朱双印さんを追いかけて来たので、またすぐに地下道にもぐった。この時、すでに地下道のなかには毒ガスが放たれていた。

夜七〜八時頃に地上に出た。南坦《ナンタン》の張尽美《チヤンチンメイ》という人の屋敷内に入ると、たくさんの民衆が避難していた。集めてみると、北坦・南坦以外の村人もふくめて一〇〇人余りになった。

民兵仲間たちと相談した後、急いで彼らを連れて、南坦の東四キロの趙庄《チヤオチヨアン》まで逃げた。趙庄で朱さんは病に倒れた。快復して南坦に戻ったのは、三カ月後のことだ。事件では両親と子ども八人

（本人のほか兄弟五人、姉妹二人）の一〇人家族のうち、妹（朱九昆《チユチウクン》、一九歳）を殺された。霊園の石碑に名前が刻んであるという。

北坦の銃声や叫び声を、東湖村で聞いた

李勝徳《リシヨントー》さんが南坦の薬王廟から地下道に入ったのは、朝七〜八時頃だ（一二四ページ参照）。東湖までの地下道は防衛上、くねくねと折り曲げてある。普通に歩けず這いずって行くので、かなりの時間がかかった。途中にいくつか出入り口を作り、換気口もつけてあった。

東湖村では、北坦からの銃声や叫び声、機関銃の連続した銃声を聞いた。一緒に逃げた仲間の民兵たちは口々に日本軍をののしった。昼ごろには、迫撃砲の炸裂音も聞こえた。夜になっても、銃声や叫び声を聞いたという。東湖の民衆はみなどこかへ逃げてしまった。李勝徳さんたち民兵は東湖で、日本軍が去るのを待った。翌日も叫び声は聞いたという。日本軍が北坦を離れる時、李勝徳さんたちは途中で待ち伏せ攻撃しようとも考えたが、実行しなかった。

なお、李勝徳さんは、事件前日までに日本軍の来襲を知ると、糧秣《りようまつ》の責任者として村人に食糧を隠すよう呼びかけていた。簡単に敵にばれないところ、例えば小さく古びた家や地面の下に食糧を隠した。また薪は村内に集めると、日本軍に燃やされて逆に危険なので、畑に出しておいた。

沙河支流から南坦村をのぞむ

二発撃たれたが、走って逃げのびた

この日朝、李五全《リウチユエン》さん（一八）が南坦《ナンタン》の自宅で目覚めた時、北坦《ベイタン》はすでに日本軍に包囲されていた。地下道にもぐろうとしたが、朱家庄《チユチアチヨアン》の手榴弾工場の人が、一般民は入れさせてくれない。それで仕方なく手榴弾工場から小道を西へ走り、沙河《シヤーホー》の支流を渡った。そこに日本軍がいて李さんを二発撃ったが、当たらなかった。このあたりには自分の家の畑があって、コウリャンを植えていた。コウリャンは三〇センチほどになっていた。この畑に少しの間隠れた。

その後、午後二時頃、沙河本流の北側の邵《シヤオ》村へ逃げた。それから東流春《リウチユン》村、西流春村、小王《ワン》耨《ルー》へ逃げた。小王耨に逃げ込んだのは、ちょうど日が暮れた頃だ。（李五全さんはおそらく小王耨あたりで一泊しているはずだが、本人にはその記憶がないらしい。「毒ガス当日の二七日夜に南坦に帰り、北坦の東を通った時にはすでに日本軍は去っていた」と覚えている。）

それから（おそらく二八日の午後すぎ）、北坦の東側を通って南坦に帰った。家族ではない誰か五人と一緒に帰った。南坦に着いた時には、もう日がくれていて、日本軍はいなかった。老人や子どもは村に帰る気になったが、若い者は殺される恐れが強いので、すぐには帰れなかった。家族を捜したが、いない。自分の家族の行方を知らないか、南坦で人々に聞いて歩いた。心配していたが、家族は翌日、南坦に戻った。村の幹部がみなを組織して北坦へ死体を片づけに行ったが、まだ若い李五全さんはたくさんの死体が恐ろしくて、一度も行かなかった。ずっと南坦にいた。

家族は当日、李五全さんとは別に沙河《シャーホー》の本流を北側へ渡って逃げた。その一帯（邵村、東流春村、西流春村、王耨）に親戚があったからだ。二番目の兄、李進生《リチンション》（当時二七〜二八歳）のほかは、家族で毒ガスに中毒した者はいない。李進生は区小隊《チュイシアオトイ》の隊長だった。彼は事件当日、北坦にいた。地下道のなかで毒ガスに中毒した後、死体の上を這って解家庄《シエチアチヨアン》へ逃げた。のち八路軍《バールーチュン》の第一七団に入隊して、山西省《シャンシー》で戦死した。最後は一七団の排長《パイチャン》（小隊長）だった。彼の事件の時の戦闘のようすやどんな惨状を目撃したかなど、詳しいことは聞いていない。

地下道の入口は、毒ガスを放った後にフトンでふさがれた

李五全《リウチユエン》さんの話の途中で、そばにいた南坦《ナンタン》村の魏振昌《ウエイチエンチヤン》さん（一六）が、「日本軍は懐中電灯のような容器から地下道に毒ガスを注ぎ込んでから、住民の家から奪った布団で地下道口をふさいだんです」と、話し始めた。魏さんは事件当時、南坦のなかでも北坦《ペイタン》寄りのところに家があって、六人家族で暮らしていた。

事件当日、魏さんは李五全さんの家の後ろにある地下道口に入ることができた。地下道ぞいに東の解家庄《シエチアチヨアン》まで逃げられるはずだった。しかし、油に浸した綿花に灯をともして手に持ち、南北大《ナンペイター》街《チエ》の地下を北坦の学校のあたりまで来ると、地下道内は人であふれていた。前へ進めない。「地下道がふさがって、解家庄までは行けない」と、人が引き返してくる。しかたなく、来た道を南坦に戻った。県大隊《シエンタートイ》と区小隊《チユイシアオトイ》の兵士を数人、魏さんが案内する格好になった。南坦に戻ってから地上に出ると、李五全さんの家の庭に隠れた。

夜八～一〇時頃、庭から出ると、解家庄よりさらに東の西趙庄《チヤオチヨアン》まで逃げて一泊し、翌日の午後に日本軍が去るまで待った。

神様をまつった家に避難して、助かる

共産党員《コンチャンタン》で婦女救国会《フーヌイチウクオフィ》の仕事をしていた南坦の李春梅《リチュンメイ》さん（一六、九〇ページ参照）は、地下道にもぐらずに命が助かった一人だ。筆者が訪ねると、腰を痛めてふせっていたのに、寝たままで証言を引きうけてくれた。

事件当時、本来なら一家は両親、妹と四人暮らしだったが、すでに嫁いでいた四人の姉のうち一人が、事件の前に子ども二人（五歳の男の子、三歳の女の子）を連れて里帰りしていたので、事件の時には一族七人が一緒にいた。

「日本軍が毒ガスを使うという話は、事件前に聞いていました」。尿とニンニクに解毒作用があるという人もいたが、毒ガスの「効きめ」があまりにひどいので、効果ないとも聞いた。「いっぺん毒ガスを撒かれると、二〇キロ四方が不毛の地になる」といわれた。当時は、「日本軍があの村で何十人殺した」「あの村ではこんな残虐に殺された」などという情報は、毒ガス事件の前までにいくらでも聞いて知っていた。王耨《ワンルー》事件（一九三七年一二月、八六ページ参照）がその典型で、王耨では今でも毎年、虐殺事件の日になると、演劇を上演して事件を追悼するという。

前日の二六日、日本軍が翌日にも掃蕩に来るという噂を聞いた。ふだんから、いつ来ても逃げられるように準備はしてあった。例えば、トウモロコシの実のような携帯食料を布にくるんでおいた。

事件の朝、夜が明けようという頃だった。朝ご飯を作っていて、突然、銃声を聞いた。続いて「日本軍がきたぞ！」という声。まっ先に姉の子どもたちを李さんと妹で一人ずつ背負い、家を飛び出した。体力のある姉と両親の三人は、後から家を出た。南坦《ナンタン》の李銀斗《リイントウ》という人の屋敷内に逃げ込んだ。その後も銃声は聞こえたが、それが南からだったか東からだったかなど、恐ろしさのあまり記憶に残ってない。屋敷に入った後の外部のことは、何もわからない。

李銀斗の屋敷には神様が祀ってあって、そのために日本軍もその家では無茶はしないだろうという噂だった。それで屋敷内には、一〇〇人くらいの民衆が避難していた。その多くが女性で男は少なかったが、日本軍はここに八路軍《パールーチュン》がいないかどうか四回も五回も調べにきた。みな、この日一日じゅう、この屋敷のなかにいた。

夜になってから、同じ南坦の李小晨《リシアオチエン》が外のようすをうかがうと、もう日本兵は近くに見えなかった。そこで、この家に避難した全員を連れて、南の東湖《トンフー》村へ逃げた。まず南坦の南にある薬王廟《ヤオワンミヤオ》に寄って、それから南へ逃げた。東湖村の周囲は小麦畑で、すでに小麦は実っていた。みなお腹がすいていたので、殻《から》をむいて生のまま小麦を食べた。村内には入らずに、ここで夜を越した。

翌二八日の朝、村内に入った。当時はどの村でも、戦闘からの避難民にはただで食事を出してくれた。この時も、ある家に入ると、朝ご飯を作ってくれた。

ご飯を食べ終わった時、銃声を聞いた。「この村にも日本軍が来るかもしれない」と、また心配がつのった。一同は東湖の西の沙河《シャーホー》まで逃げた。そこまでは日本軍は来なかった。李春梅《リチユンメイ》さんが沙河まで逃げた時、傍らには妹、姉の子ども二人の四人だけになっていた。ほかの三人、つまり両親と姉の安否を気づかっていると、彼ら三人も李さんたちを探して、沙河にやって来て、無事に合流した。家族七人で、この姉の嫁ぎ先である市庄《シーチヨアン》（南坦《ナンタン》の南一〇キロ）に逃げた。

地上にいた東城村の抗日幹部は、すべて捕まった

定南《ティンナン》県の青年抗日救国会《チンニエンカンリーチウクオフイ》の主任だった王布雲《ワンブーユン》さん（二〇）は、事件前日の北坦《ペイタン》での会議に出席し、日本軍の来襲を知った。この頃は、北坦の東一・五キロにある西城《シーチヨン》村の青年抗日救国会主任の家に寝泊まりして、西城を中心に抗日活動をしていた。この西城には王さんの自分用の避難壕が掘ってあって、安全だった。そこで、会議が終わると王さんは、一番安心できる西城に帰った。村は小麦の収穫時期だった。

当日の明け方、（北坦を襲う日本軍の）機関銃の銃声が「ワー、ワー」と響いた。西城からは北坦にとても近いから聞こえるのだ。

「今だから、あなたに正直に言いますが、この時、私は西城にいれば自分の避難壕があって安全なのに、実はそれでもなお恐ろしくて、避難壕には入りたくなかったのです」

そこで王さんは、西城からその東の東城に逃げ込んだ。さらに東南の趙庄《チャオチョアン》に逃げようと東城を飛び出した時、日本軍の騎兵が数人やって来るのが目に飛び込んだ。あわてて東城に戻ったが、この避難壕の場所は知らない。しかし偶然にも、この東城の青年会の主任が王さんの姿を見た。「洪《ホン》主任（王さんが当時使っていた変名）、こちらへ！」。二人して東城の地下道に飛び込んだ。

ほとんどその直後、日本軍の騎兵が通過する音を聞いた。日本軍の標的は北坦《ペイタン》だけだったが、一部の日本兵は東城《トンチョン》に入ったので（筆者注—『岡山歩兵第百十聯隊史』の進攻図によれば、東城を通過して北坦を襲ったのは第一中隊、一一三ページ参照）、地下道にもぐらなかった村の幹部は一人残らず日本軍に捕まった。王《ワン》という姓の抗日幹部が捕まったのを覚えている。日本軍はすぐに北坦に向かった。日本軍が出ていくと、王さんたち青年抗日救国会の者は、東城の東南四キロで沙河《シャーホー》支流を越えたところにある丁《ティン》村に逃げ込んだ。

「ホー！　ホアー！　ホアーン！」と、北坦の日本軍が機関銃や砲を撃つのが、丁村（北坦からは五・五キロ）にいてはっきり聞こえた。これが朝六〜七時のことと覚えている。

「北坦に集結した民兵、区小隊《チュイシアオトイ》、県大隊《シエンタートイ》は、日本軍と激烈な戦いをしました。日本軍の目的は、北坦に集結したこうした定南《ティンナン》県の地方部隊の消滅にあったのです」

王布雲《ワンプーユン》さんたちは、そのまま丁村で、日本軍が北坦を去るのを待った。

4　直後の惨状――二日目午後～（五月二八日）

二八日午後に日本軍が村を去ると、各地へ逃げていた村人らが一人、二人と村に戻ってきて、事件の惨状を目の当たりにする。中国側資料『日軍侵華暴行実録《リーチュンチンホアパオシンシールー》（二）』（中国抗日戦争史学会・中国人民抗日戦争紀念館編『中国抗日戦争史叢書』全四巻、北京出版社、一九九七年）は、死体が特に集中していた場所として七カ所を示している。このうち死体数が最大の二五〇体あまりを数える「李家街《リチアチエ》」について、筆者は「李家街とその周辺」と解釈し、図のようにその範囲を描いた（一二ページ図「死体が集中していた場所」参照）。というのも、筆者の聞き取りによれば、

①　みんなが地下道内を東北へ逃げたので、ほとんどの人が必ず「李家胡同《リチアフートン》」を通るか、通ろうとした。必然的にここは村一番の混雑となり、したがって死体もきわめて多かった。

②　霊園が今の場所に作られたのは、死体が非常に多かったことが一つの理由だという。

にもかかわらず、『日軍侵華暴行実録（二）』では、「李家胡同」も霊園（当時の綿花園）も死体の記述にない。これは聞き取り結果と大きく食い違う。したがって筆者の図では、この隣接する二カ

犠牲者の集中した李家胡同

所を「李家街」に含むものと解釈して、範囲を描いた。

『日軍侵華暴行実録（二）』では他に、李徳祥《リトーシアン》さんはじめ多くの幸存者《シンツンチョ》から集団虐殺の指摘がある李洛敏《リルオピン》の屋敷で二九体、郭潤清《クオルイチン》さんと王俊傑《ワンチユインチエ》さんが証言してくれた朱根徳《チユケントー》の屋敷は三一体とされている。また大勢が殺到した解家庄《シエチアチヨアン》への地下道で、出口にもなっていた王大恒《ワンターハン》、馮香雲《フォンシアンユイン》の井戸端は九〇体と、村内で二番目に多い犠牲者数だ。これらは、あくまでも「集中していた場所」であり、死体は当然、これ以外の場所にも散乱していた。

しかし、一つ疑問なのは、村の東北部で多数戦死したはずの県大隊《シエンタートイ》兵士の死体数がまったく提示されていない点だ。これは納得がいかない。王尚志《ワンシャンチー》の井戸端に「一〇体」と記されている以外は、県大隊兵士の死体らしき数字は皆無だ。今後の課題の一つだろう。

では以下に、避難先から北坦《ペイタン》に戻った個々の人々が目撃した光景を報告する。個々の証言で同じ場所を描写している箇所もあるが、削除せずにそのまま提示することにする。日本側の（『北支の治安戦（2）』）にも各部隊史にも、また元将兵の証言にも、直後の惨状の描写が一切ない以上は、中国側の被害者証言がいくら重複しても重複しすぎということはないと考えるからだ。

惨《ツアン》！　惨《ツアン》！　惨《ツアン》！

事件二日目（二八日）午後、日本軍が北坦を去ると、定南《テインナン》県の青年抗日救国会《チンニエンカンリーチウクオフイ》の主任だった王布《ワンプー》雲《ユン》さんはすぐ北坦に急行した（一八九ページ参照）。彼が自身の目で見たのは、目をおおうばかりの惨状だった。

民家の家畜小屋に作った地下道入口のまわりに、地方部隊（県大隊もしくは区小隊《チユイシアオトイ》）一〇数人の死体が転がっていた。地下道の入口ごとに死体があった。一般住民も区小隊も県大隊も、殺されて転がっていた。抗日幹部だった朱根徳《チユケントー》の屋敷では、地下道入口に一〇数人の死体があった（一二ページ図Ⓐ）。北の村はずれの大きな井戸（筆者注―たぶん王尚志《ワンシヤンチー》の井戸）には、殺された中国人の死体が放り込んであった（Ⓑ）。井戸は死体でいっぱいになっていて、「本当にむごたらしかった」。これらは地上で死んだ者たちのようすであって、地下も含めて正確に何人が殺されたかなど、王さんには集計を出す余裕もなかった。

地下道を掘り起こすと、さらに惨憺《さんたん》たる様相を呈していた。まさに死屍《しし》累々《るいるい》というありさまだ。特に王さんの目を引いたのは、一歳にも満たない赤ん坊を母親が胸に抱いたまま死んでいる光景だ。子どもも、女性も、老人も、みな区別なく殺されていた。

「惨《ツァン》！　惨《ツァン》！　惨《ツァン》！」（むごい！　むごい！　むごい！）と、王布雲《ワンブーユン》さんは、筆者の前で声を張り上げる。王さんは後かたづけのために、北坦《ペイタン》に一〇日間残った。どの家でも、みんな泣いていた。生まれ故郷の七級村《チーチー》からは七～八キロ離れているが、王さんの両親は息子の安否を気づかって毎日、村の入口に立ったという。

地下道から三〇～四〇人の死体を引き出した

毒ガス作戦初日（二七日）の夜に北坦の東の西趙庄《チャオチョアン》まで逃げた魏振昌《ウェイチエンチャン》さんは、二八日午後に日本軍が去ると南坦《ナンタン》の自宅に戻り、すぐに北坦《ペイタン》を見に行った（一八六ページ参照）。

「王尚志《ワンシャンチー》の家の井戸は、井戸端も井戸の中も死体でいっぱいでした（一二ページ図Ⓑ）。あそこの死体が一番多かったという印象です。赤ん坊を抱えた母親も、ここで死んでいました。また、解家《シェチア》庄《チョアン》までの道にも多くの死体がありました（Ⓒ）。これらはみな、私が自分の目で見たことです」

李慶祥さんが指しているのは王尚志の井戸があった所

朱根徳《チュケントー》の屋敷（Ⓐ）では、子どもの焼けた死体が草の上に転がっているのを見た。

「サツマイモを貯蔵する穴（地下倉庫）のなかには、八〜九人の死体がありました。よく見ると、そのうちの一人はまだ息がありました」

こういう証言が出てくるということは、『日軍侵華暴行実録（二）』の死亡者統計（一二ページ図参照）は、かなり欠けている部分が多いのだろうか。

「朱根徳の大きな井戸のなかは、死体で埋まっていました」

「死体には、毒ガスでむせて涙を流したように見える者や、発熱のために衣服を自分から引きはがして外へ逃げようとして息絶えている者もありました。毒ガスは相当な効き目だったようです。死体の皮膚は、紫色に変わっていました」

魏さんは、日本軍が李洛敏《リルオビン》の家（Ⓓ）に集めた一般住民をひざまづかせて、機関銃の掃射でみな殺しにしたと、後に聞いた。

翌二九日の朝、ご飯をすますとすぐ、まず自宅周りの死体から片づけを始めた。南坦《ナンタン》の死体は、北坦《ペイタン》ほど多くない。一〇人くらいで一緒に作業した。片づけは、主に北坦と南坦から組織して送り込まれた人たちがやった。他村の者は、もっぱら自分の家族を捜しに来ていた。区の幹部、県の幹部も、この事件でおおぜい死んだ。

魏さんは、主に朱根徳《チュケントー》の家と村の西口で死体を片づけた。地下道から引き出した死体は三〇～四〇体にのぼるという。うち一〇数体を、自分の畑の脇に埋めた（Ⓔ）。北坦と南坦のつなぎ目にある「李家老墳《リチアラオフエン》」の東南だ。死体は五〇センチほどに浅く埋めた。この畑ではコーリャン、豆を栽培していた。他の場所から逃げて来てこの畑で息を引き取った人もいるが、そうした見知らぬ人の死体もここに埋めた。死体のなかには子どもも、若い女性も、年寄りもいた。大部分の人が毒ガスの中毒で死んだように見えた。

赤ん坊が母親の乳を吸いながら、母子ともに毒ガス中毒死していた

毒ガスが使用された二七日に、北坦の南にある東湖《トンフー》村まで逃げた南坦の民兵、李勝徳《リショントー》さんは、そ

こで一泊すると翌日午後、日本軍が去ってから真っ先に北坦にかけつけた（一八三ページ参照）。これは南坦村の党委員会が組織したもので、南坦の民兵はほとんどが参加したし、一般の住民も死体片づけに行った。南坦だけで一〇〇人ほどいた。

当時は小麦の収穫期で、一・五メートルほどの長さに刈り取った麦を直径三〇センチほどに束ねて畑に置くのだが、「ちょうど麦束と見まごうほどの」おびただしい死体が、村のなか至るところに転がっていた。

死体の最も多かったのは、今の霊園の東南の一角だ（一二ページ図Ⓕ）。当時は村はずれだった。また、北坦《ペイタン》から解家庄《シエチアチョアン》に続く地下道内にも非常に死体が多かった（Ⓒ）。ここでは、どうしても地下道内から運び出せない死体が事件三日後には腐って異様な臭いが村中にたちこめた。それで約二週間後の六月一五日、この地下道は天井を崩して死体もろとも埋めてしまった。そのまま埋葬したわけだ。今掘り返せば、おそらく相当量の遺骨が出てくるはずという。

錦花園（今の霊園）の南側には大きな穴が掘ってあって、死体をたくさん置いてあった（Ⓖ）。最初は手で死体を引っ張ったが、三日ほどすると、暑さで死体はすぐに腐ってしまった。手ではもう引っ張れなくなり、堆肥を取る時に使う農具で死体を刺して引っ張って片づけた。

朱根徳《チュケントー》の屋敷の大きな井戸は、死体で埋まっていた（Ⓐ）。この井戸は非常に大きなもので、水をあげるろくろは普通は一つしか付けないが、これには二つ付けてあった。直径でいうと、今の霊園内にある井戸の倍はあった（当時のろくろは普通、太さ三〇センチ、長さ一メートルほどの軸を使って、井戸から水を汲み上げる仕組み）。井戸の中で死んだ人のなかには、日本兵に落とされた人もいるし、中毒してのどが異常に乾いたために水を飲みたくて自分から井戸に落ちた人もいる。

事件後の村では、ガス中毒で死にきれない者が道ばたに倒れてもだえ苦しんでいるのを見た。赤ん坊が母親の乳を吸いながら母子ともにガス中毒死しているのも目撃した。本当にかわいそうだった。子どもが母親と一緒に死んでいるのは、たくさん見た。日本軍の軍用犬も事件の時に見た。邢《シン》邑《ユイ》からの日本軍は事件の朝、来襲する時軍用犬を二頭連れていたという。

六人の子どもの死体を地下道から引き出した

毒ガスの日に東湖《トンフー》村に逃げた南坦《ナンタン》の民兵、李根山《リケンシャン》さんは翌日午後、北坦《ペイタン》にかけつけた（一七六ページ参照）。村の外側の至る所に殺された者の死体が転がっていた。地下道内でもたくさん死んでいるのを目撃した。地下道から地面へ死体引き出しが始まっていた。

北坦～解家庄《シエチアチョアン》の間の地下道は切断され、待ちかまえた八～九人の日本兵が、地下道から出てくる中国人を次々と銃剣で刺し殺し（一二ページ図Ⓗ）、そのまま井戸に落とし入れたのだと、現場を見ていた北坦の村人から聞いた。王大恒《ワンターハン》と馮香雲《フォンシアンユン》の井戸がそれで、李さんは死体でいっぱいのその井戸を自分で見た（🅘🅙）。井戸端の死体は刺殺された者ばかりだった。

綿花園の東の趙家街《チヤオチアチエ》（🅚）の地下道では、一〇歳にも満たないと見える子どもたちが毒ガス中毒で倒れ、人込みのなかで「敷き布団のように」踏みつけられて死んでいた。頭も砕かれて、顔も判別できないありさまで、とても悲惨だった。あばら骨も折れていた。李さんは自分で地下道内にもぐっていって、こうした子どもの死体を自分の目で見た。李さん自身は六人の子どもの死体を地上に出した。

死体は綿花園の東から東北へ、李家胡同《リチアフートン》を通って解家庄との境にある王大恒の家の井戸のあたりまでが最も多かった。死者が多すぎて、棺桶がなかった。その井戸の北坦寄りのあたりに堆肥を作る穴があって、そこに多くの死体を埋めた。そうしないと、村人の飼っているイヌが、よく死体を食べに来た。一本の道の両側に死者がずっと並べられた。死体は横たわっているその場で埋めてしまうというやりかたが多かった。ハエの数がすごかった。

死体片づけのなかで、「李親顧《リチンク》の青年抗日先鋒隊《チンニエンカンリーシエンフオントイ》の民兵三人が日本軍に捕まり、日本軍の燃やすたき火のなかに放り込まれて焼き殺された」と聞いた。朱春徳《チユチユントー》の家（朱根徳《チユケントー》の弟、同じ家）で大勢が殺されたのは、みんなが知っている。いろいろな方法で殺した。井戸にも、サツマイモ井戸（地下倉庫）にも、多くの死体が放り込まれた。

馮香雲《フォンシアンユン》と王大恒《ワンターハン》の井戸では、一〇〇人くらいの死体があった

当時二三歳だった北坦村民の劉忠明《リウチョンミン》さんは、二八日午後、日本軍が去るのを流春村《リウチユン》（沙河《シャーホー》本流の北岸）で見届けてから、北坦《ベイタン》に戻った。前日の毒ガス散布の朝には、沙河の北にある流春村へ一人で逃げ、そこから北坦の燃える煙を見た。特にお昼頃が煙がひどく、たくさんの銃声も聞いていた。

北坦に戻ると、道ばたにたくさんの死体を見た。特に、李洛敏《リルオビン》の屋敷内に多くの死体があった（一一二ページ図Ⓓ）。豚囲いのあたりには銃で殺された死体が多かった。石うすのところには、頭を砕かれて殺された者、刺殺された者などいろいろな死体があった。

屋敷内での死者数は、具体的には数えていないが、少なくとも三〇人はいた印象だ。腹を切られた死体もあった。井戸の方は見に行かなかった。死体の片づけをした。とても残酷だった。この李洛敏の屋敷は、今は事件当時とは大きく様変わりしている。李占奎《リチャンクイ》さん（李洛敏の息子）の兄弟の李占元さんも、最近死んでしまった。この家には事件を知る者は、もう誰もいない。

李洛敏の屋敷の西側にも、死体が多かった。朱根徳《チュケントー》の屋敷には行かなかった。村の北側にも多くの死体があった。銃剣で刺し殺された者も、中毒死した者もあった。綿花園（今の霊園）の南の李家《リチア》

死体が多く見つかった張家墳のあった所

老墳《ラオフェン》のあたり（Ⓕ）や、霊園内の野井戸（Ⓛ）のあたりも、死体が多かった。北の村はずれにある王尚志《ワンシャンチー》の家の方には行ってない。

片づけをする時には、もうみな死んでいた。誰の死体を引き出したかまでは、覚えていない。

村の東、徐家墳《シュイチアフェン》と張家墳《チャンチアフェン》のあたりでは、劉《リウ》さんが自分で死体を埋めた。とても多かった。

張家墳《チャンチアフェン》だけで五〇体くらいあったと思う（Ⓜ）。その近くの馮香雲《フォンシアンユイン》の井戸と王大恒《ワンターハン》の井戸では、一〇〇体以上あった印象だ（ⒾⒿ）。死体を地下道から引き出す人と、埋める人とに分かれて作業した。今はこの墓地も井戸も、残っていない。死体を埋めた場所には家が建っている。死体が多すぎるから、地下道から出すとすぐに埋めた。よその村からも人が来て、死体を地下道から引き出した。

抗日活動を通じて最も印象深いのは、毒ガス事件の時に中毒死した犠牲者の顔だという。死体の顔色は、青いのもあれば紫のもあった。

強姦されたらしい女性が、腹を上下に切り裂かれ、内臓が流れ出ていた

当時一一歳の李昇児《リションアル》さんは、毒ガスの日に一家で小王耨《ワンルー》に逃げ、二日後の二九日、まず伯父（父親の兄）が一人で北坦《ペイタン》のようすを見に帰った。伯父は李家胡同《リチアフートン》の地下道内で、李昇児さんの従兄弟で民兵の李孟申《リモンシエン》の遺体を見つけ、小王耨の家族に知らせた。翌三〇日、一家そろって北坦に帰り、李孟申の遺体を村の東北にある自宅の北側に埋めた（一二ページ図Ⓝ）。この時に、村内の通りが死体でいっぱいなのを見た。その晩は恐ろしくて北坦に泊まる気になれず、一泊だけ小王耨に戻った。

李孟申は日本軍に捕まって、鉄線で後ろ手にねじり上げられ、銃剣で刺し殺された。毒ガスで中毒死したのではない。地上で殺され、地下道口に放り込まれていた。

事件全体でいうと、死体は、李家胡同から綿花園の東側（の南北の通り）にかけて最も多かった。その後は、知り合いに死んだ人があると、埋葬を手伝った。おびただしい死体のなかから身内を探す人、また死体の片づけをする人で、村のなかはいっぱいだった。死体には子どもも、年寄りも、女性もあった。年寄りは地下道のなかでガスにいぶされて死んだ者が多かった。

多くのさまざまな死体のなかで、例えば自宅の北側の野菜畑（Ⓝ）では、四〇歳代初めと見える女性の死体を、李昇児《リションアル》さんは見た。銃剣で腹を上下に切り裂かれ、腸などの内臓が流れ出ていた。衣服をすべて脱がされているようすから今考えると、強姦された後に殺されたものと思う。この死体は、ある若い人が村はずれの壕のなかに埋めた。

二九日に北坦のようすを見に帰った伯父には、こんなこともあった。家に帰ってみると、オンドルの下からごそごそ出てきた男がある。彼は、「八路軍《ハールーチュン》第一七団の兵士だ」と名乗った。「毒ガス事件の日、戦闘するうちに部隊からはぐれた。残りわずか三発の銃弾で敵を一人撃ち殺した後、村が日本軍に制圧されたので、この家（李昇児さんの家）に身を隠した。そのまま今日まで三日間隠れていた」と、語ったという。この間、トウモロコシの餅を数個食べただけというので、伯父はかわいそうに思ってニワトリの卵を三個ゆでて、食べさせた。男はとても感謝して、村を去ってから一度、伯父にお礼の手紙をよこしたという（筆者注―北坦事件の時、村内にいたのは、第一七団でも後方部隊の者。戦闘部隊ではない）。

なお、李昇児さんたちは二七日朝、ちょうど夜が明けたばかりの頃に、自宅で朝飯の前に銃声を聞いた。地下道にはもぐらずに、すぐさま一家で道沿いの交通壕（道路に沿って地表に掘られた溝。敵の目から身を隠して移動できた）に身をひそめて北へ向かい、沙河《シャーホー》を越えて小王耨まで逃げた。風のない天気のよい日だった。家から北へ逃げる時、小銃や機関銃の激しい銃撃の音を聞いた。煙が立ち上るのも見た。

死者数は、事件直後の調査で八二〇人

毒ガスの晩に村の南のレンガ窯に一晩避難した民兵の楊青《ヤンチン》さんは（一六六ページ参照）、翌二八日午後、戦友や住民を救うべく、急いで北坦《ペイタン》へ行った。村の中はそこらじゅう死体でいっぱいだった。死体の集中している屋敷もあった。ある大きな井戸の近くにも死体が多かった。

ひどく残酷な死に方をしている死体をいくつも見た。例えば、幼い子どもが頭を踏み砕かれて死んでいるのを目撃した。また首を切り落とされた死体を見た。二七日に地下道から逃げ出した時にはすでに深夜だったから、暗くて見えなかったのだ。

毒ガスの日に楊青さんと一緒に地下道にもぐった彭奎元《ポンクイユエン》と彭慎言《ポンシエンイエン》さんの二人は、生き埋めにされたと聞いた。その場所は村内の東寄りにある屋敷内という人もいれば、沙河の砂地という人もいる。

また綿繰り工場（綿花園＝現在の霊園の場所にあった）では、四人の女性が殺されていた。楊青さんはその現場を自分で見た。残酷だった。また一部の者は、日本兵と組み合った跡を残して死んでいた。若い女性はさらに悲惨な目に遭った。分区《フエンチユイ》供給部の幹部で妊娠していた劉亜儒《リウヤールー》という女性

と、八路軍《パールーチュン》の第一七団後方部隊の高《カオ》という姓の女性は、ともに日本兵と格闘した後に殺された。毒ガスに中毒して地下道から引き出された後、戦闘員と住民の一部の者は、木に体を縛り付けられ、軍用犬（シェパード）に腹を食いちぎられた。流れ出た内臓が木の枝に吊り下げられていた。本当に残酷だった。「ある屋敷では数十人が殺され（李洛敏《リルオビン》の屋敷のこと）、生き残ったのはただ一人です」（李洛由《リルオヨウ》さんのこと）。頭を銃弾が貫いたが、死なななかった。また人から聞いた話では、ある若い娘は母親の目の前で強姦され、殺された。

「この毒ガス事件の中国側犠牲者の総数は、事件直後の私たちの調査では八二〇人。その後の調査では一〇〇〇人を超えており、今では『一〇〇〇人あまり』という言い方をしています」

李洛敏の屋敷では、数十人が殺されていた

王耨《ワンルー》まで逃げた王士傑《ワンシーチエ》さんが北坦《ベイタン》に戻ったのは（一七八ページ参照）、事件三日目となる二九日の午前だ。家に帰ってみると、一〇数個の袋に入れて保存しておいた食糧や、布団、服を全部、焼かれていた。家が辛うじて残っているほかは、何もかも破壊されて、利用できなくなっていた。ロバを探すと、殺されてサツマイモ井戸に放り込まれていた。

李洛敏《リルオビン》の屋敷の庭では数十人が殺されていた（一一二ページ図Ⓓ）。ほとんどが機関銃で殺されたも

のと見えた。「ただ一人助かったのは、李洛由《リルオヨウ》さんです」。彼は東北《トンペイ》（満州）で大工をしたことがあり、日本語が少し話せた。「私は良民です。日本人の下で働いたことがある。殺さないでくれ」と、日本兵に言った。しかし、彼は日本兵に撃たれ、歯がほとんどなくなった。死んだと思われて、日本兵はそれ以上構わなかった。日本軍の去った後、自力で村の北へ逃げた。屋敷内で何があったかは後に彼から聞いたことだ。

水をくれ、水をくれ

家族七人でいったん市庄《シーチヨアン》に避難していた李春梅《リチユンメイ》さんは（一八九ページ参照）、二八日午後、日本軍が去ってから、南坦《ナンタン》に帰った。帰り道で、毒ガスに中毒した人を見た。口のまわりが腫《は》れて、ほとんど出ない声で「水をくれ、水をくれ」と言っていた。この晩は恐かったが、両親と一緒だったので南坦の自宅で寝た。

彼ら農民は、畑仕事をしなければ食えない。日本軍が村にいなくなったので、翌日にはもう野良仕事に出かけた。日本軍がいつ来襲してもすぐ逃げられるように、携帯食料を身に着けた。東から来たら西へ逃げられるようにと、心の準備をしながらの畑仕事だった。

「事件の時、日本兵が村の女性にかなりの残虐行為をしたと聞いています。場所は知りませんが、妊婦の腹を銃剣で切り裂いて、胎児を出して殺したということです」

家族五人のうち四人を殺され、一夜にして天涯孤独に

李洛敏《リルオビン》の屋敷から毒ガス散布の夜（二七日）、抗日幹部らと逃亡した李徳祥《リトーシアン》さんも（一三八ページ参照）、日本軍の去った後、北坦《ペイタン》に戻って村の惨状を目の当たりにする。李徳祥さんは、兄を除く家族五人（毒ガス事件時）のうち、父、母、弟、妹の四人を殺され、一夜にして天涯孤独の身となった（兄は東北《トンペイ》＝満州に出稼ぎに出たきり、音信不通になっていた）。

「私の父は東の村はずれ、王大恒《ワンターハン》の井戸の脇で、殺されていました。母も、その井戸の近くの地下道内で死んでいました。北坦から解家庄《シエチアチヨアン》につながる地下道で、ちょうど日本軍が切断したあたりです。二人の遺体を私が引き取りましたから、それは確かです。弟と妹も、毒ガス事件の日に死んだのは確かです。ただどこで死んだかは、今となってはわかりません。父の遺体を埋葬したのは私の祖父で、その時、私はその場にいませんでした」（李徳祥さんの家族の死んだ場所などについて、彼の以前の証言にくい違いがある。これの考察も今後の課題の一つだろう。）

村は〝死の世界〟だった

李全道《リチユエンタオ》さんは、辛庄《シンチヨアン》に数日避難してから北坦《ペイタン》に帰った（一八〇ページ参照）。「村は〝死の世界〟でした。よその村人も北坦でたくさん死んだのです。家族が引き取りに来たものもありますが、誰かわからず引き取り手のない死体も多かった。こうした死体はすぐに腐敗臭を放ち始めたので、埋めました。とても恐ろしかった」

地下道内にも死体が多かった。毒ガスの日、李全道さんたちが地下壕から地下道幹線に入った時、纏足《てんそく》（中国の古い風習で、女児の足に布を堅く巻きつけ、大きくならないようにした）の母親は足元に倒れている死体に足を挟まれて、靴が脱げた。あわてて戻って、また靴を拾って逃げた。それほど死体が多かった。

妊婦がお腹を裂かれ、胎児が出ていた

南坦《ナンタン》の民兵だった李根山《リケンシヤン》さんの妻、李素香《リスーシアン》さんは事件当時一六歳。当日の朝、銃声を聞いて一家で地上を北へ、沙河《シヤーホー》（本流）北岸の流春村《リウチユン》へ逃げた。「南坦の人はほとんど南坦の地下道には入

りませんでした」（筆者注―南坦《ナンタン》では一般住民は地下道に入れてもらえなかったという証言がある）。その流春村から、李素香さんたちは翌二八日、日本軍が去った後に南坦の自宅に帰った。帰ってくる時、道ばたのおびただしい死体を素香さんは見た。なかでもよく覚えているのは、妊婦がお腹を斬られて、もう人の形をした胎児がお腹から出てきていたことだ。「こんな残酷なことがあるでしょうか」。ある一七～一八歳の女の子は縛られて輪姦された末、二～三日して死んだと聞いた。

北坦に入ると、もう歩けないほど多くの死体だった。師範学校の学生たちも、地下道のなかで死んだ。死体がどこにでもありすぎて、昼間はかえって恐い気持ちは麻痺してしまった。しかし、その晩はやはり恐くなって、同じ歳の若者らと一緒に家の屋上に寝た。「恐くない者なんて、いるもんですか」。

地下道のなかで、人に踏まれて死んだ子どもも多い

強制連行された郭潤清《クオルイチン》さん（一四九ページ参照）の妻の李素然《リスーラン》さん（二六）は二九日か三〇日頃、夫がもう死んだと思って遺体を探しに母（夫の実母）と北坦に行った。この頃は、李親顧《リチンク》の婦女救国会《フーヌイチウクオフイ》の主任だった。北坦では、大勢の人が死体を地下道から出していた。死体は地下道から出すと、紫に変色し、顔が腫れて大きくなった。地上に出された死体は、足にひもをかけて引っぱって運ん

ていた。二〇〜三〇体の死体を見たが、いくら探しても夫の遺体がないので、母と「帰ろう」といって家に帰った。

母は息子がいなくなったので、悲しくて家のなかにいられない。いつも外を出歩いていた。薪を拾いに行ったりして、気を紛らした。李素然《リスーラン》さんは、李親顧《リチンク》の自分の家を日本軍に焼かれたので、とても小さい家に住んでいた。毎日、夫を思って苦しいので、糸紡《つむ》ぎの仕事をくり返した。

別の日、まだ見てない地下道へ夫の遺体を探しに行った。穴をあけたばかりの地下道があって、若い男たちがカバンを肩にかけて座ったまま、地下道のなかで死んでいるのが、その穴から見えた。恐ろしかった。学生かどうかはよくわからなかったが、どこかの村の抗日幹部かとも思った。いずれも二〇代に見えた。北坦《ペイタン》の地下道から命からがら逃げ出た李親顧の人たちから、「あんたは入らなくて正解だった。なかは大混乱だったんだから」と、口々に言われた。李親顧のある娘は、婚約者が北坦の男なので事件の時、北坦の地下道に入り、毒ガスで中毒死したという。

「おばあさんたちは、地下道のなかに生活用品を全部持ち込んでいました。地下道のなかでは人に踏まれて死んだ子どもも多いんです。特にかわいそうだったのは、赤ちゃんでした」

この後も夫の遺体は見つからないので、李素然さんは夫は死んだと思っていた。事件の年（四二年）の秋、東北《トンペイ》（満州）に強制連行されたほかの人が村に逃げ帰ってきて初めて、夫が東北で健在だと知った。最初にそれを伝えたのは高全興《カオチユエンシン》さんで、「今は病気だが、良くなったらすぐに帰ってくる」と言った。

幸存者《シンツンチョ》たちは、以上のように私に語った。

事件の死者数については、今のところ、「八〇〇〜一〇〇〇人」というとらえ方が最も妥当ではないかと私は思う。事件当時の『晋察冀日報《チンチャーチーリーパオ》』が「八〇〇名」としているし（一九四二年六月二六日付、四一ページ参照）、私が最初のルポを発表した九五年六月の時点で、一〇〇〇人より多い具体的な数字をとる資料は見あたらなかった。つまり事件後五三年の間、中国側でも「八〇〇〜一〇〇〇人」という数で来たのだ。（前述したように、幸存者の楊青《ヤンチン》さんも「事件直後の調査で八二〇人、その後の調査では一〇〇〇人を超えている」との言い方にとどまっている。）もしもこの数字を上回る被害者数を新たに提示するなら、よほどしっかりした増加の根拠を示さないことには、説得力がない。

事件では、一家全員が死に絶えた家（世帯主名）は、以下の三八世帯にのぼる。これは、河北大学日本研究所副所長の陳 俊英《チェンチユンイン》教授が二〇〇〇年、村の老人たち十数人に集まってもらって一軒、一軒数え上げて新たにわかったものだ。

李計園《リチーユエン》、劉分園《リウフエンユエン》、王文壯《ワンウエンチヨアン》、李生玉《リシヨンユイ》、李洛用《リルオヨン》、王喜元《ワンシーユエン》、李虎児《リフーアル》、李孤指《リクーチー》、李同駒《リトンチユイ》、李三宝《リサンパオ》、李老穏《リラオウエン》、李周玉《リチヨウユイ》、李老傑《リラオチエ》、宋守信《ソンシヨウシン》、李長青《リチヤンチン》、宋金水《ソンチンシユイ》、王不指《ワンプーチー》、宋紀明《ソンチーミン》、王根指《ワンケンチー》、許春雪《シユイチユンシユエ》、徐刁尔、李東常《リトンチヤン》、李留玉《リリウユイ》、王洛象《ワンルオシアン》、王貴倉《ワンクイツアン》、王灶堂《ワンツアオタン》、王老根《ワンラオケン》、劉森林《リウセンリン》、王双進《ワンシユアンチン》、李玉龍《リユイロン》、李《リ》

庚長《コンチャン》、李秋申《リチウシエン》、李雲周《リユインチヨウ》、解瑞連《シエルイリエン》、李庚申《リコンシエン》、解連菊《シエリエンチユイ》、劉友尔《リウヨウアル》、李新成《リシンチヨン》（計三八世帯、敬称略）

なお、北坦《ベイタン》のみで見れば人口（一二二七人）の二割弱（一八・三％）に当たる二二四人が殺された。殺された人数の特に多い家として、

▼王洛鳳《ワンルオフオン》――一家一八人のうち一〇人が殺された。

▼王菲然《ワンフエイラン》――一家一〇人のうち九人が殺された。

▼李洪表《リホンビアオ》――一家一二人のうち九人が殺された。

また、父親が殺され、母親と子どもが残された家として、

▼辺秀辰《ビエンシウチエン》（四〇歳、女）、娘三人（一四歳、一二歳、一〇歳）。

▼李文菊《リウエンチユイ》（四一歳、女）、娘二人（一三歳、一〇歳）、息子（八歳）。

らの被害があった。（中央档案館・中国第二歴史档案館・吉林省社会科学院共編『華北歴次大惨案《ホアベイリーツーターツアンアン》』〈『日本帝国主義侵華档案資料選集』第一一巻〉中華書局、一九九五年）

自分以外の家族をすべて殺されてしまった李徳祥《リトーシアン》さんなどは、一人では生活していけないので、同じく家族を皆殺しにされた李増児《リツオンアル》さん（一家五人だった）、李克朗《リコーラン》さん（一家六人だった）と一緒に暮らさざるを得なかった。焼かれた家は三五軒にのぼり、略奪された食糧や財物に至っては、数え切れないという。

五月末の冀中平原《チーチョンピンユエン》では、日中は夏とさして変わらないほど気温も上がる。おびただしい死体は

現在の霊園に残る灌漑用の野井戸

すぐに腐り始め、「死の世界」と化した大平原の小さな村には、たちまちにして異常な悪臭が立ちこめたという。

幸存者《シンツンチョ》たちの案内で、村内の現場を見て歩いた。

東西に走る李家胡同《リチアフートン》（胡同＝路地）と中平街《チョンピンチエ》（李家街《リチアチエ》）が交わって十字路をなす一角の地下は、地下道を避難する人たちでもっとも混雑し、したがって死者ももっとも多く出た。また、霊園（当時の綿花園）内に今も残る大きな野井戸のそばで多くの人が死んだ。なかをのぞくと、地下道につながる換気口が壁にあいているのが見える。当時は豊富な水をたたえていたという。

その北はずれの王尚志《ワンシャンチー》家の井戸は、「事件の時、死体で埋まってしまった」と多くの幸存者

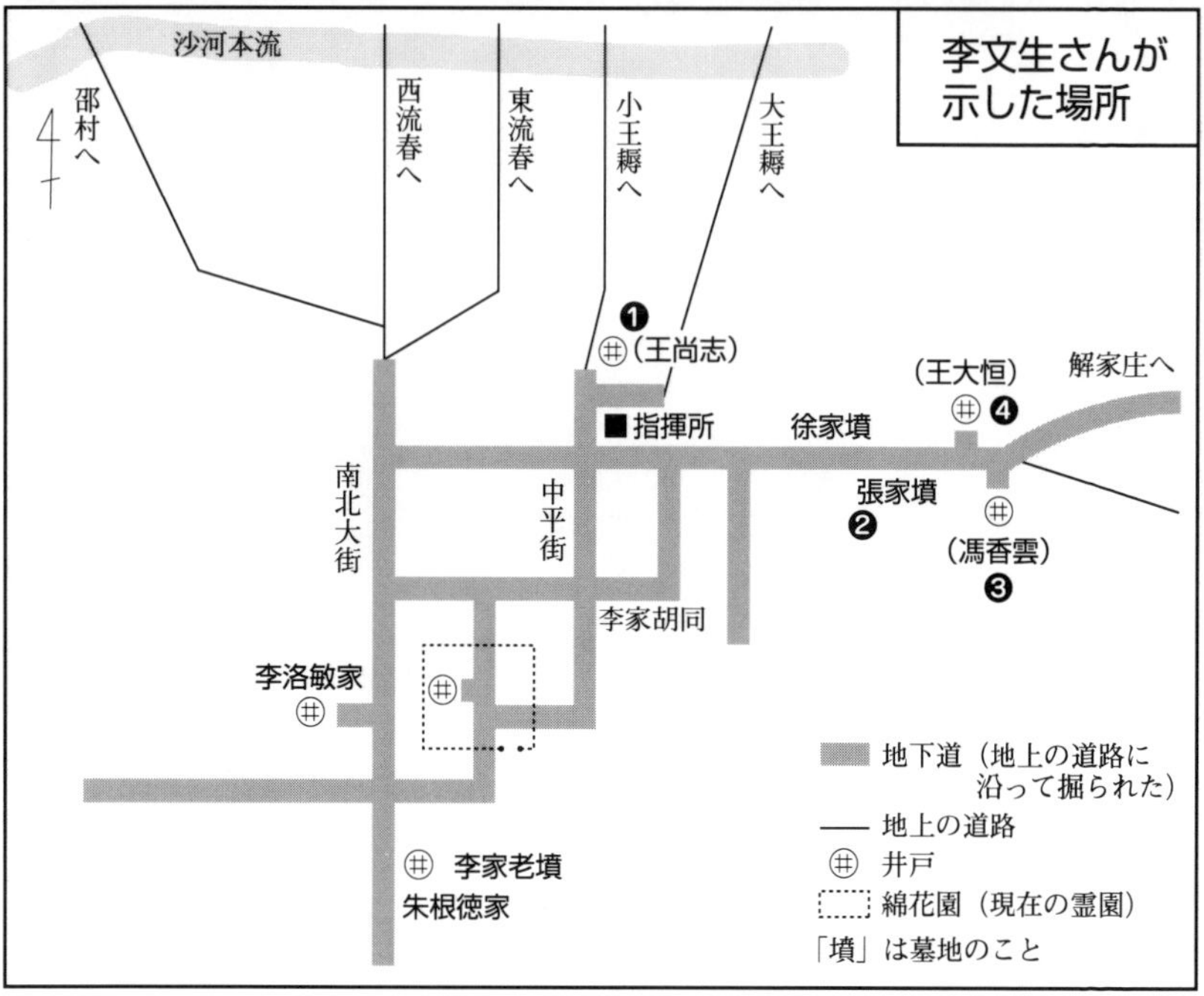

が言った場所だ。すぐ南側が李克郎《リコーラン》さんの家で、その間の壁が当時の村外、村内の境目だった。事件の時、北坦の抗日政府のナンバー5で公安委員（治安を担当）だった李文生《リウエンション》さん（一二三）は当時、自らこの井戸の死体を掘り出して数を数えた（❶）。「掘り出した時には遺体にはもう肉がついておらず、骨のみの状態でした。頭が切り離されているものもありましたが、頭の数を数えると全部で三七人分ありました。間違いないと思います」と、現場で説明してくれた。

前掲の『日軍侵華暴行実録（二）』の提示する数字「一〇体」（一九二ページ参照）よりずいぶん多いが、「このあたりだけで六〇～七〇人の死亡者がありました」という。別の幸存者、李欣友《リシンヨウ》さんのおばは、ここで焼かれて死んだ。その東側の一角が、日本軍主力を迎え撃った村の東北部に当たる。県大隊の多くの兵士が、砲撃を受けてここで戦死したという。

一方、東の村はずれでも多くの人が死んだ。「毒ガスが地下道に投入される前、昼一一時ころでしょうか。村の東側の張家墳《チャンチアフエン》のあたり（❷）に高さ一メートルほどの壁があって、日本兵がこの上に機関銃を据え付けて掃射するのを見て、私は七～八人と一緒に逃げました。最初は見つかりませんでしたが、女性が二人、「日本軍だ！」と声を上げて指さして人に教えたため、日本軍から射撃されました。私の後ろの方の逃げ足のおそい人は、撃ち殺されました」と、李文生さんはふり返る。

また、馮香雲《ファンシアンユン》家の井戸の周囲には、特に女性の遺体が多かった（❸）。ここは当時イモ畑で、日本兵は村の女性をこの畑に引きずり込んで強姦したという。李文生さんによると、知り合いの奥さんがここで強姦された後、銃剣で腹を裂かれて殺された。李文生さんは、王大恒《ワンターハン》、馮香雲の井戸の周辺で、「一八三体の死体を数えた」という（❹、筆者注—『日軍侵華暴行実録（二）』では九〇体）。彼の弟とおじさんも、ここで殺された。

李洛敏《リルオビン》の屋敷は霊園の西側、南北大街《ナンペイターチエ》ぞいにある。李洛敏の息子の李占奎《リチャンクイ》さんは当時、村の共《コン》産党《チャンタン》書記で、八路軍《パールーチユン》が事件前の一時期、この屋敷に泊まっていたこともあるという。屋敷内は非常に広く、大勢が一度に集まれた。敷地はすでに当時とかなり違っており、南北大街の道ばたに当時の屋敷内の井戸を埋めた跡がはっきり見てわかる。

現在の屋敷へと入っていくと、入口の右側に、当時の石うすのあった場所があった。屋敷内には、

李洛敏家にあった井戸の跡。今は南北大街にはみ出している

李徳祥《リトーシアン》さんが座らされていたあたりのブタの檻の跡が見える。庭も当時よりかなり狭くなっている。「この庭にも多くの死体がありました。赤ん坊も女性も、ここで死んでいました」と、居合わせた村人らが説明してくれた。

もう一つの虐殺現場、朱根徳《チュケントー》の屋敷も、当時より縮小していて、当時は今の敷地の東側も屋敷内に入っていた。郭潤清《クオルイチン》さんの証言に出てきた小さな方の井戸は、現在の西側の壁のすぐ下に位置していたという。屋上に上げてもらって庭を見下ろすと、当時の敷地はかなり広かったことが、よりはっきりわかる。

私たち（二〇〇一年の平和訪中団）が庭内で見学していると、村の女性ばかり一〇数人が庭に入ってきた。日本人が北坦《ペイタン》の毒ガス事件の件で見学に来ていると聞いて、みなでかけつけたという。す

北坦村の西端、王俊傑さんが守りについた所

でに三光作戦調査会が村人との交流を続けてきているので、彼女たちの表情は、みな私たちを歓迎してくれている。「戦争中なら、日本人が来たって聞いたら恐ろしくてすぐ逃げたもんだよ」と、年配の一人が言った。

次に北坦の西端、王俊傑《ワンチユンチエ》さんが守りについた所を見る（一五〇ページ参照）。八路軍《バールーチユン》が事件前に村に駐留した時、いつもかけ足をしていたという沙河《シヤーホー》（支流）の堤がすぐ目の前にのびる。

村の北端から「李家街《リチアチエ》」（死体が最も集中していたと、前述の『日軍侵華暴行実録（二）』が示した通り。中平街《チヨンピンチエ》とも呼ぶ）を南に歩いてすぐ左が、王《ワン》菲然《フエイラン》の屋敷だ。事件の時、村側の指揮所がおかれ、趙樹光《チヤオシユークアン》さん（北坦側の指揮官）らがつめていた場所で、事件当時は李家街沿いに南北にいく棟も建っていた。ちょうど息子の王一凱《ワンイーカイ》さん（五五歳＝二〇〇一年）がいて、「当時は富農で、かなり大きな屋敷でした。今は多くの部分が人手に渡りました」と教えてくれた。毒ガスに中毒した軍民を日本兵が木に縛りつけて軍用犬に襲わせたという証言があったが、それが、この屋敷の東側でのことだ。「今は昔とまったく変わってしまいました」。木も残ってはいない。

さらに南側、霊園入口のすぐ脇にはコンクリート造りの二階建ての建物がある。事件当時はここに趙国賓《チャオクオビン》の家があった。「ここの家の屋上に日本兵は機関銃をすえて、村内を撃ったんだ」と、すぐそばで王俊傑さんが説明した。「当時は村の東南端だった」と聞いていたが、こうして実際に場所を見てみると、かなり村の中央部よりに感じた。

5　日本軍将兵の証言

事件の証言は、北坦「討伐」に参加した日本人からも聞き取った。彼らは「あか」の使用は認める一方で、中国側の言う残虐行為を裏付けるようなことは私に話さなかった。しかし、彼らの語る戦闘の具体像や北坦事件への認識は、事件の全容を理解するうえで非常に役立ったので、以下に紹介する（年齢は事件当時）。

第一六三連隊第一中隊長（中尉）の証言（二〇〇一年一月・電話取材）

邢邑《シンユイ》から出撃した第一中隊の中隊長（二五）は、「あか筒」の使用をはっきりと認める。しかし「討伐」の詳細について質問すると、「もう時効ですから」「もうはっきり覚えていません」とくり返すことが多かった（傍点筆者）。

❖「あか筒」は使った

北坦は、問題にすれば問題になる戦闘には違いないけれども、「催涙筒を使ったのがなぜワルイ」くらいのこっちの言い分ですよ。いわゆる毒ガスではないという考え方だから、こっちは。「あか筒」を使ったことは間違いありません。焦点はつまり、（地下）壕のなかに「あか筒」という発煙筒をたき込んだ、そのために敵の便衣《べんい》隊（ふだん着の抗日勢力）や百姓も含めてかなりの戦死が出た、ということです。「みどり」（催涙ガス）は使ってない。「あか」だけです。

上坂《うえさか》さん（第一六三連隊長）には（事件を理由に中国に戦犯として抑留されて）非常に気の毒だったとはもちろん思ってますけどね。連隊長に対してはね、思ってます。

❖戦闘の経過

第一中隊から北坦の作戦に参加したのは、せいぜい二〇名くらいです。分散配置している中から抽出して指揮班を中心に編成した部隊だから、三〇人もいなかったと思います。朝早く邢邑から出撃しました。前日の午後や夕方じゃなく、戦闘当日の朝でした。村までは三～四時間の距離だったと覚えています。四キロの行軍に一時間かからないから、一二～一六キロほどの距離ではなかったでしょうか。村には西南から接近しました。

村に到着した後については、「あか筒」のことはわりと覚えてますが、その他は記憶にありません。北坦では将校が一人、戦死してますね（竹内秋雄・第四中隊長）。

村に着いてすぐに戦闘が始まったわけではありません。始まった後も、（第一中隊の方面では）そんなに激しい戦闘ではありませんでした。みんな地下壕（地下道のこと）に逃げたからです。その壕がものすごく長い、入り組んだ壕で、特殊な陣地でした。自分で中に入ったわけではないが、後からさまざまな情報をとったところではものすごい地下壕であった、ということは聞いてます。

（第一中隊の方面では）敵は手榴弾や地雷は全然使ってません。せいぜい小銃を撃つくらいです。こちらも手榴弾を使うような戦闘じゃなかった。使ってれば記憶あるが、覚えてません。

地下壕の地図を前もって入手していたという事実はありません。こちらの戦闘経験から見て、北坦の村のなかに地下壕があるということは、大体カンでわかります。ああ、こりゃ（地下壕に）逃げたな、というのはね。地下壕の入口は民家の中かな、あるいは道路かな。民家の中からも壕に通じる入口というのはあったように思います。

❖「あか」中毒者のようす

「あか」使用の命令系統については、少なくとも事件当日は、大隊長からの命令があったとしか解釈できません。「あか」は北坦の作戦よりずっと前に、中隊の指揮班が保管していたと思います。邢邑の駐屯地から「あか」を携帯して北坦へ行ったということです。

中隊には中隊長直属の指揮班というのがあって、その中にガス係がありました。そのガス係が発煙筒とか「あか」程度のものは持ってます。専門のガス教育受けたのが一人いて、その下に大体二人か三人がつきました。彼らが「あか」を使います。

北坦では「あか」を使った後、地下壕から向こうの兵隊がゾロゾロと出てきました。鼻を垂らしたり涙を流したりで、素早い動きはできません。それでもノロノロと出てきたという感じでした。見た目では悲惨というか、ヒドイなという感じはなかったです。

夕方までに部落掃討はだいたい終わって、その晩は村内の民家に泊まりました。そんなに大きな民家は村にありませんでした。翌日、第一中隊は邢邑に帰りました。小銃その他の捕獲品が多々あったように思います。その写真もたぶん現存しているでしょう。見たような覚えがあります。

第一六三連隊第四中隊兵士（一等兵）の証言（二〇〇一年一月・電話取材）

『岡山歩兵第百十聯隊史』は、北坦作戦での日本軍側の戦死者を以下の四名と記している。

「第一六三連隊第四中隊長　陸軍大尉　竹内秋雄
　同中隊　陸軍兵長　奥田久人
第一一〇連隊第一一中隊　陸軍兵長　木村三郎」
　ほか一名

このうち、第四中隊の奥田久人兵長の戦死を、同じ部隊にいたこの証言者の一等兵（二一）は目の前で見た。彼は当時、第四中隊第一小隊第一軽機分隊に所属していた。

北坦で戦死した奥田久人は、ご存じもナンも同じ軽機関銃分隊にいた戦友です。彼が戦死した時、肩をならべとりました。奥田クンが射手で私が弾薬手です。

あの日は晴れで、暑かった。私の分隊だけで麦畑のなかを部落へ向けて前進していました。朝八時か九時頃でしょう。村まで一五〇メートルほどのところに来ると、麦畑の上に腰くらいの高さの土手があります。まだ戦闘が始まる前、誰がどう命令したか覚えとりませんが、奥田君と私が二人だけでこの土手まで進出しました。分隊長とか他の兵隊たちは我々の後方にいました。全部で四〇〜五〇名いたでしょうか。

私たち二人は部落に向けて射撃するために、土手の上に軽機関銃を置こうとしました。脚を広げて据え付けようとしたその瞬間、奥田君は撃たれました。心臓を一発。即死でした。

私はすぐに土手のかげに身をかくし、奥田君の遺体を引きずって麦畑の上を後退しました。軽機も一緒に後ろへ下げました。あれはたぶん、向こうからずっと見とったんでしょうな、部落の塀の銃眼か何かから。ここらに来るだろうと、目を付けとったんじゃないでしょうか。それで戦闘前に狙撃したんでしょう。

他のことはあまり覚えとらんです。奥田君が戦死したんで、他のことを見るなんてんじゃなかった。奥田君は鳥取県人で、おとなしい性格でした。あの戦闘に中国人の部隊はいなかったと思います。

第一一〇連隊第一一中隊小隊長（少尉）の証言（二〇〇二年八月一七日・面接）

北坦村の戦闘に参加した、岡山第一一〇連隊第一一中隊（中隊長・小田貞良中尉、混成）の小隊長

(二二)は、「いま考えれば本当に、むごいことをしました。沖縄戦と同じです。住民を巻き添えにしてね」と語った。そして、「自分たちの部隊に戦死者が出たので、みな〝仕返ししてやろう〟という気に燃えた」「(戦死者が出たりすると)人間、気違いになってしまいよるんですよねえ」と回想する。彼の自宅で二時間あまり聞き取った内容を、以下に紹介する(傍点筆者)。

❖冀中《きちゅう》作戦(五一大掃蕩《ウーイーターサオタン》)

河北省易県の太行《たいこう》山脈に紫荊関という昔の関所の町があって、そこよりふもと側に「ジョウチンエキ」と日本側が呼んだ部落がありました。冀中作戦の前は、そこで警備に当たっていたのです。冀中作戦が始まると、これに参加することになった第一一中隊(小田中隊)に、私の小隊が第一二中隊から配属されました。一個中隊にはふつう、小隊が三個編成されますが、この時、第一一中隊の一個小隊は易県に残ったので、欠けた分を補充する形で配属されたのです。ただし私の小隊は、本来四個分隊あるうちの一個分隊をよその部隊に貸し出して欠けていたので、配属先から一個分隊を借りて、計四個分隊としました。

この作戦で、私の小隊は安国付近の部落に宿営して、周辺を討伐する任務につきました。陽動作戦として大きな行動もしましたが、敵に遭遇することはありませんでした。冀中平原に抗日の軍区があって強力な敵がいるとは聞いていました。

紫荊関あたりの山岳地帯から冀中の大平原地帯に出ていったら、勝手が全然違いました。平原の第一印象は、コウリャン畑です。背の高いコウリャンに阻《はば》まれて、視界がほとんどありません。その畑のなかから敵がふいに襲ってくることもあるんです（筆者注―これが中国側のいわゆる「青紗帳《チンシャチャン》」＝コーリャン畑のこと。人が隠れひそむのに都合がよい）。ですから、平原であっても、冀中作戦の時には、戦闘のやりにくさは山地とそれほど変わりませんでした。八路軍は陣地を構築することなく、こちらが襲えば逃げる。引き揚げればまたやってきます。

部落では、夜の間に八路軍の工作員が入ってきて、昼になると日本軍が入ってと、一つの部落でも彼我《ひが》の勢力がせめぎあっていました。村長も、夜の村長と昼の村長がいました。八路軍側の村長と日本軍側の村長です。そういうことも、日本軍の方は最初からわかっていました。北坦に地下道があるのは、事前には知りませんでした。村に行って、初めて知りました。

冀中作戦は、キュウリがそろそろなりよった時分でした。五月になると、もう暑くて飯が食えん。炊事をする時、兵隊がキュウリを買おう言うてね、中国人にキュウリを持って来させとったのを覚えとります。

❖戦闘の前夜（五月二六日）

安国から馬家庄という（そこから北坦に出撃した）部落にいつ移動したのかは、覚えていません。

戦闘の前夜、中隊の指揮班から「小隊長、集合」と呼ばれました。小隊長が集まると、小田中隊長から、「明日、討伐に出る」旨を伝えられました。これに先立って中隊長は、定県城内の大隊本部で「図上作戦」を受けたはずです。図を見ながら作戦の各行動時間などが伝達されるのです。

本来は一個分隊は定員一二名だが、病欠者などもあって、この時、各分隊は八名程度でした。四個分隊で一個小隊、それが三個で一個中隊であり、さらに中隊長には准尉《じゅんい》を長とする指揮班（およそ二〇名）がつきました。（筆者注―中隊全体では一〇〇名余り参加した計算だ。ただし、『岡山歩兵第百十聯隊史』では、よその中隊から借りてきたこの小隊の人数をおそらく計上しないまま、「一ヶ小隊欠」で「総員六十九名」と表記してある。）

中隊の武器は、小銃（三八式歩兵銃）を各兵隊が持っていたほかは、軽機関銃を計六台、擲弾筒《てきだんとう》を計一二台、持っていました。迫撃砲や重機関銃はなく、砲弾で撃ち込む形のガス弾もありませんでした。私の装備は、鉄帽（ヘルメット）、拳銃、弾二〇発、軍刀、手榴弾二個です。一般の歩兵は、小銃と弾一二〇発を持っていました。全体に、「討伐」としてはそれほど重装備ではなかったです。何カ月もの討伐行ではなく、言ってみれば「日帰り」に近い作戦でしたし、我々の中隊は応援でしたから。主力は第一六三連隊（松江）の方です。

こうした装備の中隊に、中国人の警備隊員が七～八名加わり、朝鮮人の通訳がついたと思います。日本人の兵隊に対しても三カ月間くらい中国語の教習を行うことがあって、小隊レベルではこうした即席の日本人通訳がつきました。

日の丸の旗は、友軍に自分の存在を知らすために中隊で一本くらいは持っていました。軍用犬(シェパード)は、北坦の作戦にはいなかったと思います。連隊なら何頭かいたし、鉄道警備では使うこともありましたが。「あか筒」は中隊の指揮班あたりが持っていったのではないでしょうか。自分の小隊では持っていった覚えがありません。したがって防毒マスクも、ガスの解毒剤も自分の小隊では持っていませんでした。

二七日の朝に出撃したと思います。現地人の道案内をつけていました。こうした道案内や雑用係としての人夫には、現地の部落民から志願者が非常に多かったです。というのは、彼らは日本軍から報酬を受け取るほか、日本軍と一緒に討伐先の部落に入ると、衣類でも家畜でも金目のものを盗んで帰り、町で売りさばくからです。定県の城門のなかには、略奪品を売る市がたっていたものです。人夫たちが討伐先の村から帰る時は、夏でも冬の衣装で着ぶくれしていました。別の討伐で何度も顔を合わせた人夫とは、すっかり顔見知りになりました。

❖戦闘当日

戦闘の日の朝、もう夜も明けていた時でした。まだ村での戦闘が始まる前、部隊が前進していったところを「パンパン!」と撃たれました。私のすぐ後ろをついてきた兵隊が、「やられた!」と叫びました。靴下に米を入れて背中にしょっていたんですが、その米がパラパラとこぼれた。「あ、これはやられたな」と、すぐにわかりました。流れ弾に当たったような状況でした。彼の分隊を残して、私は中隊長と一緒にさらに前進しました。腹部貫通銃創でその晩に亡くなった、と後に聞きました。「坪井」という名の上等兵だったと思います。亡くなった場には居合わせませんでした。彼の戦死は、『岡山歩兵第百十聯隊史』には書いてありません。私の小隊が第一一中隊の生え抜きでないからかも知れません。

北坦と村外の間には人が移動できる溝、つまり交通壕が掘ってありました。このなかに入って移動すれば、周囲からは見えません。我々がこのなかに入って北坦まで近づいた時、ドッドッドッドッ——という地響きがたびたび聞こえました。みな不思議には思いましたが、それが実は、部落民か戦闘員が壕(地下道)のなかを逃げる足音だったと、後になって気づきました。音を聞きながら、村のすぐ近くまで壕づたいに行きました。

村に対しては、小隊ごと三つに分かれて包囲しました。私の小隊が真ん中で、全体を指揮する小田中隊長とこれに従う指揮班が一緒でした。村に向かって私たちの右が平野小隊(『岡山歩兵第百十聯隊史』では「右第一線小隊」となっている)、左が増田小隊(同じく「左第一線小隊」)だったように覚えています。包囲は村から二〇〇〜三〇〇メートル離れた地点で、みな交通壕に入って、敵の銃口から身を隠していました。同様にして、村の西北や東南からも、別の部隊が包囲しました。村の外周は、高い土の塀でぐるりと囲まれていました。

小田中隊長とある兵士と私が三人で、たまたま壕から村の北側の空き地へ一緒に出てしまった時のことです。中隊長が家屋の屋上を指さして「あそこに敵がおる」と話していた時、「カーン！」と音がして、私のすぐ脇にいた兵士のアゴを弾が貫通しました。屋上から狙撃されたんです。銃声と弾着がほぼ同時だったから、非常に近い距離から撃たれたとすぐわかりました。人夫として馬家庄から連れてきた中国人に担架を担がせ、すぐさま後送しましたが、亡くなったことを後に聞きました。『岡山歩兵第百十聯隊《れんたい》史』に戦死記録のある「第一一中隊の陸軍兵長、木村三郎」が、これだったのではと思います。小田中隊長とはそれきり別行動になりましたから、中隊長のその後のことは知りません。

戦闘が始まると、村の反対側（西南側）の大隊本部の方から、パチパチ、バチバチと小銃の音が盛んに聞こえていました。この戦闘の主力は第一六三連隊の方でしたから、彼らの方が重装備で、おそらく（西南側では）激しい砲撃で村の家屋や塀が倒れたり火の手が上がったり、ということもあり得たと思います。

しかし、我々の東北側はあまり激しい抵抗も受けず、銃を撃った印象もうすいです。兵隊が弾薬隊から弾を補充することもなかったですから、最初に持っていった一人当たり一二〇発も撃ち切っていないということです。村のはずれの家屋屋上に機関銃を据えつけて、その援護の下を歩兵が突撃を成功させたという話は知りません。また大隊本部（西南側）の方面での戦死の状況はなにも知りません。戦闘の表と裏の位置関係で、場所がずれているから、同じ村の戦闘でも離れた場所のことは何もわからないんです。

「あか筒」は部落を制圧後、地下道に対して使いました。その前の戦闘の時点では使わなかったと思います。

各部隊の突入には時間差があって、最初に突入したのは（西南側の）大隊本部の方だったと思います。したがって、東北から攻めた平野小隊が村に入った（「主力を以って突撃を敢行約五十米前進し、部落に突入し得た」〈『岡山歩兵第百十聯隊史』〉）のは、それより後のことです。ふつう戦闘の時には銃撃の音がパッとやんで、それで「決着がついたな」と判断できるものですが、この日もそういうことがあったかもしれませんが、私は覚えていません。戦闘後も大隊本部の者と言葉を交わしたわけではないので、大隊本部の方のことはよくわかりません。

戦闘に勝って村に入ったのは、まだ日が高くて明るい時でした。入ってみたら、敵も住民も姿がありません。「おかしい、それじゃ壕（地下道）を掘ってそのなかを逃げたんじゃないか」ということになって、一部の者が二〇〇～三〇〇メートル離れた外周から村を包囲し直しました。すると、ちょうどそのあたりにある灌漑《かんがい》用の野井戸から敵兵が出てきました。こりゃあ、井戸が壕（地下道）とつながっているんだろう、やはり壕（地下道）から逃げたんだ、ということになりました。

そこで、村のなかで「あか筒」を二～三本、地下壕の入口から放り込んだ。村への突入から一時間後くらいのことでしょう。すると、最初は女や子ども、老人がガスにやられて涙を流しながら出てきました。これが午後四時頃だと思います。その段階では私もまだ村の中にいて、直接に四～五人見ました。やがて「敵が外へ逃げてるから外周を包囲し直せ」ということで私たちも村を出たので、その後のことは、じかには見てません。やがて、兵隊が武器を携行して出てきました。鉄砲を持って来なかった者には「武器を拾って来い」と、もう一度地下壕のなかに入れました。そうやって、鉄砲を集めました。八路軍は武器さえあれば、いくらでも人間を集めては抗日軍を作っていくので、肝心なのは武器を取り上げることでした。

また、地下にひそんだ者を地上に出しやすいように、壕（地下道）を掘り起こしたように覚えています。しかし、敵の兵士は、地下道のなかで手榴弾で自爆した者もいました。「ドーン！」という爆破音をいくつか聞きました。四つや五つじゃなかったです。「勇敢だなあ」と思いました。我々は穴に入っていくことはできないので、ガスにやられて出てきた者たちに、「鉄砲持ってるなら投降せい、許してやる。持たない者は、もう一度、穴に入って鉄砲拾ってこい」と、取りにやりました。

「あか筒」を放り込んでから、日暮れまではかなりの時間でした。この部落掃蕩に時間をかけたんです。全体的に包囲して、出てきた者は捕まえて、という形でやりました。出てきた者は、涙と鼻水を流して、もうふらふらで戦意がなかったです。水を飲ませたような気もします。

その夜は村の外周へ出て、露営をして夜が明けるのを待ちました。麦畑の上で五～六人ずつ、ぽつんぽつんと固まって。火は焚《た》きませんでした。食べるものは、携行していたんではないかな。討伐の時には普通、部落のなかで炊事したりしますが、北坦ではしなかったように思います。そういう余裕がなかったのではないでしょうか。そのままそこで露営して夜を明かしました。ですから、私はあの討伐では、北坦のすぐ近くに行ったぐらいのもので、部落のなかにはほとんど入ってないのです。

ただ、「あか筒」を使ったこと自体は、覚えています。使ったのは指揮班かな。（「あか筒」は）一〇本も二〇本も焚いとりゃせんだろうと、思います。そうたくさんは持ってないですからね。「あか筒」を地下道に投入するところは、見ました。火をつけてね、放り込んでね。布団なんかがありますから、それをフタにしてかけて、逃げちゃうんだ。自分が嗅がないように。「みどり」（催涙ガス）は使ってません。

地下道の入口は、オンドルの下とか釜の下とかに作ってあるのを、私も見ました。そういうところから、日本軍は「あか筒」を放り込んだんです。（ああいう地下道は）おそらく二カ月も三カ月も前から、準備しとったんじゃないかと思います。地下道の地図を漢奸（日本軍に協力する裏切り中国人）が事前に日本軍に渡したということもあったかも知れませんが、小田中隊長もおそらく地下道の存在は知らなかったと思います。初めて出くわしたんでしょう。自分たち本来の警備地の事情なら通じてもいようが、よその土地でのことでしたから。北坦と関係が深いのは、一六三連隊の方でした。

夜を明かして二日目も残党狩りをしたかどうか、覚えてません。ただ、捕虜は相当捕まえたと思います。（大隊本部が捕虜を連れてトラックで定県城に凱旋《がいせん》した時）私たち第一一〇連隊は車に乗らずに、完全に徒歩で定県城に帰りました。四時間かそこら、かかったと思います。小田中隊の全員一緒に、もちろん中隊長も一緒でした。我々は、捕虜や獲った兵器は何も持たず、ただ戦死者を収容して帰っただけです。戦利品は何本か集めたでしょうが、全部、あっち（大隊本部）に出しました。

定県南門では、国防婦人会など、在留邦人が出迎えてくれたのを覚えてます。三〇人ほどもいたんではないでしょうか。私は自分の小隊の戦死者を戸板にのせて連れ帰り、その夕方、大隊本部で一人だけ荼毘《だび》にふしました。その後しばらくして、「北坦にはあの戦闘後、悪疫（疫病）が流行って、もう全滅したんじゃないか」という噂を聞きました。

元小隊長によれば、同じ戦闘に参加しても、ちょっと行動がずれていれば全然見たものが違うという。私は北坦で幸存者《シンツンチョ》たちから聞いた残虐行為などを一つ一つ伝えたが、次のことはすべて、知らないとの返事だった。今後、思い出すことがあれば、ぜひ教えていただきたいと思う。

▼穴から出てきた人を銃剣、軍刀、機関銃などで殺した――「知りません」

▼地下道入口で火を燃やして、出てきた中国人をその中に放り込んで焼き殺した──「知りません」
▼地下道からでてきた赤ん坊が、死んだ母親の乳をなお吸っていた──「知りません」
▼強姦があった──「聞いてません」
▼井戸が死体で埋まった──「全然見てません」
▼敵の死体──「全然見てません」
▼砲撃で死んだ抗日兵士の死体──「見ていません」
▼村の家を燃やした──「知りません」
▼富農の屋敷に大隊長らが「本部」を設けた──「知りません」
▼村の抗日幹部がある屋敷に集められた──「そうことがあったのかも知れませんが、私は全然知りません」
▼日本語をしゃべる村人（李徳祥《リトーシアン》さんなど）がいた──「知りません」
▼どこかの屋敷に馬が三〇頭いて、戦利品にした──「知りません」
▼北坦のその後──「作戦後は、じきに易県に帰ったし、北坦とはかなり距離があるから、その後のことは知りません」

第一六三連隊第一大隊本部付兵士（二等兵）の証言

一九九〇年八月一五日、北坦で日本軍を指揮した大隊長との面接が終わると、私は同日午後、北坦の戦闘に参加した元第一大隊隊員（二七）に三〇分ほど電話取材した。その後、二〇〇二年八月一八日には彼の自宅で一時間半ほど面接した。一二年の時を経て（既述したようにこの間、北坦事件は日本人の間に知られるようになった）、話の内容に若干の変化も見られるが、聞き取ったままの二回分を以下にならべて紹介する。

【一回目＝一九九〇年八月一五日・電話取材】

歳のわりに若々しいよく通る声で、元第一大隊隊員は以下のように電話で私に語った。

「北坦では、〝あか筒〟を使うたから殲滅《せんめつ》できた。このことは、みんなが知ってますよ。一〇〇人ほど殺したでしょうね。防毒マスクを一人一個ずつ持っていたように覚えています。完全武装していました」

「北坦村の抗日勢力を殲滅後、部落に入って一軒一軒残党狩りしました。ある家の中では一七～一八歳の娘とその母親が奥でワナワナ震えていました。残酷やなあ、と思いました。農家の庭でモミ殻をのけると、地下トンネルの入り口となっていました。私は北坦村で初めて坑道を知りました。

おっそろしいですよ。あんな恐ろしい穴に入るわけにいかないから、〝あか筒〟を使ったんです。〝あか筒〟の中身のガスは、空気より重いので、地下壕に入って行くんです」

「私は第一大隊本部の所属でした。大隊長（筆者注—大江芳若氏）の護衛役として、大隊長とは完璧に一緒だった。我々は、一個大隊一〇〇〇名いました。出発の時間は、たぶん大隊長の記憶の方が正しいでしょう」

「〝あか筒〟というヤツは、普段からよく持って歩きましたですけどねぇ。普通の兵隊にも、みんなに〝あか筒〟が配られました」

——懐中電灯のような形でしたか？

「そうそう！」

「（普段から）赤いのと青いのと持たされました」（「あか筒」と「みどり筒」のこと）

「戦後、〝あか筒〟を焼却しました。洛陽（河南省）郊外で、部隊でです。証拠隠滅のため、ということでしょうねえ。〝あか筒〟のガスは、トウガラシのきついニオイがしました。嗅ぐと涙が出て、クシャミがひどかった」

「戦後、大江さんはなかなか中国へは行かなかった。残虐なことしてきましたからねえ。しかし、あなた、ずいぶん変なこと研究してるんですねぇ」

最後に私がお礼を言って電話を切ろうとすると、「いま余計なこと言ったかもしれないけどねえ」

と、彼は最後に付け加えた。

【二回目＝二〇〇二年八月一八日・面接】

「（北坦での戦闘は）もう六〇年の昔になりますが、ホントに刺激があったもんだから、覚えてます。ただし初年兵ですから、警護とかの部分的な役割を果たしただけで、高所から見た戦闘の全体像はわかりません」

彼は四二年三月か四月、つまり北坦事件の一～二カ月前に、姫路から中国の保定市に到着した。汽車かトラックで定県駅に運ばれ、そこから徒歩で大隊の駐屯地である定県城内に入った。

「駅から三～四キロ歩いたでしょうか。その日は春の風が吹きすさび、砂ぼこりが舞い上がって、もう映画の『モロッコ』の情景そのものでした。こんな最果ての所に、ホントによう来たなと思いました」

第一大隊本部で実戦のための初年兵教育を受けていた最中に、北坦の討伐戦にかり出された。

❖ホントの完全武装で、「あか筒」を携行しました

前の日、明るいうちに、定県城を出発しました。目的地などは、兵隊には一切知らされません。中隊長のほかは、せいぜい小隊長あたりが了解している程度でしょう。部隊では中国人の苦力《クーリー》（肉体労働者）を使っていて、彼らから八路軍にこちらの行動が筒抜けになるからです。兵隊は「討伐に出るぞ」と命令されるまま動くだけですよ。どこをどう歩いたかなんて、そんなもん、さっぱりわかりません。もうホントに、将棋の歩と一緒。どこへ行っとんのやら、どういう作戦やら、なんにもわかりません。あれじゃあ、ちょっといかんと思いますけどねえ。なにしろ、よく歩きました。夜通し歩いて、一二時すぎて、翌朝の三時か四時頃まで歩きました。

ホントの完全武装で、立つだけでも体がふらふらしたくらいです。全部で四〇～五〇キログラムあったのではないでしょうか。装備は「あか筒」、発煙筒、手榴弾、体の前と後に一二〇発の小銃の弾、鉄かぶと（ヘルメット）、食糧などです。

「あか筒」を携行しました。だから、なにも言いわけするわけじゃありませんが、北坦の戦闘では平常の使うとる武器を使うただけですよ。普通の一般の戦闘と同じようなことであってね。後になって、こんな大きなこと（問題）になっとるとわかったんですよ。当時は、普通の戦闘とまったく一緒でした。

部隊には、いつでも通訳がつきました。その通訳自体がね、あっち（八路軍側）についてんのか、こっちについてんのか、わからないんですよ。朝鮮人が多かった。連中は向こう（八路軍側）とも通じていて、それでメシ食うとるということを聞いたことあります。

当時、「警備隊」といって日本軍に協力する中国人の部隊がありましたが、北坦の戦闘に彼らが行ったかどうか、そういう高度なことは、初めて戦闘に参加した私たちにはわかりません。軍用犬は見ませんでした。苦力《クーリー》には、近くの部落民たちが略奪を目的に自分から参加しました。彼らは襲った村から衣服とかロバとか持ち帰って、街で売りさばくんです。普段から、兵営のなかで我々と生活を共にしている者もいました。

最初は道路を歩きましたが、戦闘地域になったら、畑になります。畝《うね》をうまく飛び越えねばならないのが、ひと苦労でした。土ぼこりを上げながら、ひたすら歩きました。畝というのは、あれは平坦なところと比べてなかなか疲れるもんですわ。

日本軍の戦闘は、みな同じです。前の晩に駐屯地を出発して、明け方までに目的の部落を包囲して襲う払暁《ふつぎょう》作戦です。それまでが、えらい（きつい）。

❖被害者が一〇〇〇名いたなどとは、考えられませんね

やや明るくなった頃、行進の途上で中国側の部隊と遭遇し、これを追撃する形になりました。どんどん、どんどん追わいて（追って）行きました。追わうのに、えらかった（きつかった）。ホントに往生しました。我々は追うだけで、小銃も撃ちませんでした。向こうは軽装だからいいけど、こっちは重装備だからきつかったです。ただ部隊から遅れたらイカンから、もうへとへとになりました。敵兵が、畑の中をずーっと逃げていくのは見えました。

追っていって、そのまま北坦を包囲する形になりました。その敵兵が北坦に逃げ込んだかは、定かでありません。北坦の包囲では、我々だけでなく友軍がいっぱいいて、連携していました。それぞれ少人数ずつ村を囲む形で展開していました。北坦の外周には、土の壁が築いてあるところもありました。包囲した時に大隊長がどこにいたかは、わかりません。私は初年兵教育を受けた仲間たちばかりで一緒にいました。班長くらいの地位の人が、一緒にいたように思います。

（『岡山歩兵第百十聯隊史』にある）赤吊星《あかつりぼし》（一一三ページ参照）や砲撃は覚えてません。（主に村の両側から包囲したなどという）高所からの図は、兵隊の目線からは見えませんよ。まったく平坦な畑ばかりの村であって、全体を見回せるような場所もなかったんですからね。村の外周のどこに友軍がおるのかさえ、さっぱりわかりません。

私たちは、ほとんど抵抗は受けませんでした。（村側が土壁にあけた銃眼から小銃を撃って反撃したというような）戦闘の場面は、私は見てません。『連隊史』に書いてあるなら、そういうこともあったかも知れません。壁の外側で地雷がたくさん爆発したというのも、知りません。この作戦では、私は一発も小銃を撃たず、ただ追跡と捜索をしただけです。村全体で見ても、弾の撃ち合いもあまり聞きませんでした。ほとんど戦闘らしい戦闘はなかったんじゃないですか。向こうがすぐ逃げましたから。

向こうの村では、後からわかったら、被害者が一〇〇〇名くらいと言ってますねえ。あんな我々の戦闘で、その数字は多いでしょう？　一〇〇〇名いたなどとは、私には考えられませんね。この日は、天気が良く、風もあまりなかったです。北支では雨なんて降りません。五月で、あまり暑くもなかったです。

❖「あか筒」を投入しました。私はやってませんが

戦闘がほぼ終わって村に入ったのは、日が高くなってから、だいたい時間にして九時か一〇時頃だったのではないでしょうか。お昼すぎじゃない。午前中でした。

村のなかには、手榴弾で吹っ飛んだらしいひざから下の足が、二〜三本ころがってました。ところが、敵兵の姿が見えません。班長から我々に指示がありました。「お前とお前は、ここからここの家を捜索せよ。お前は向こうを見ろ」。私は班長に命じられるまま、戦友と二人で家を一軒、一軒、開けては残敵や武器弾薬を探し回ってずーっと、村のなかを行きました。「家の入口を開ける時は、注意せよ」と、上官から言われました。戸を開けると地雷が爆発する仕掛けがしてあったらしいです。実際に爆発した例は、知りません。村の使った火薬は、日本軍のと違って品質が悪いので、反応が悪かったと思います。村は、当時の北支（華北）ではみな同じでしたが、まったくの貧村でした。家自体のたたずまいを見たらわかります。臭いもくさいし、極貧の生活と見えました。

ところが、村の奥に入っていったら偶然、ある家のなかに一五〜一六名の女、子ども、老夫婦が

ひしめいて、ぶるぶる震えていました。可哀想でした。本来なら、上官に報告せねばならない状況です。しかし、私はこの時、初めての戦闘で、まだ民間人みたいな気持ちでいました。こちらも恐いから、銃を突きつけながらその家のなかに入りましたが、あまりにも戦争の悲惨さというものを目の当たりにして、戦力でないそのような人たちのことを上官に報告するのが忍びなくて、とうとう報告せずに見逃してやりました。これが、私のあの戦闘での唯一の美談だと、自分で思ってます。その他には、戦闘するような若い男はまるでいませんでした。

またある家に入ると、部屋のなかに小麦か何かのワラを山積みにしてあって、その底に地下壕（地下道）がほってありました。それが隣村へつながっているという話でした。その地下壕のなかへ、隊長の命令で、「あか筒」を投入しました。私はやってませんが。「あか筒」は当時、我々が普通に持っとった兵器で、特別なものではありません。くしゃみ性のガスで、空気より重いので、どんどん地下壕のなかに入っていきます。

「あか筒」を使った現場は、自分では見てません。（「あか筒」の使用は）私は後になって知りました。「あか筒」を使ったのが中隊の指揮班だったかは、わかりません。誰が指示して誰が使ったかなど、高いレベルの話になると、私にはわかりません。ただ、普通の戦闘にも「あか筒」は携行させられていました。私も持って行きました。「あか筒」と発煙筒を一本ずつ、腰に下げていたと思います。だが、「あか筒」は風向きによって、なかなか使えませんでした。味方をも中毒させてしまうからです。

部落掃蕩がある程度終わった時、曹長《そうちょう》から、「敵がこの前を通って大量に逃げるかもしれんから、それを銃剣で突き込め」と命令され、その地下壕の入口の前で待機しました。しかし結局は、敵兵はみな逃げた後で、誰も通りませんでした。

「あか筒」のガスを吸って地下壕から出てきた人たちを銃剣で刺殺した、というのは、私は印象にありません。いや、私は見なかったです。大隊本部にいたことと、初年兵で実際の戦闘を勉強しつつあるということとで、そんな主なところには振り向けられなかったんです。私はあの戦闘には、ただ参加したという程度です。

❖事件直後

相当な戦果を上げたというのは、後に聞きました。

北坦で（日本側が）戦死してますか？　ほおー、知りませんでした。戦闘もあったんだな。あの戦闘では、僕は一発も撃ってません。ただ相手が逃げてくれただけ、追わいた（追った）だけです。部落掃蕩する時には、敵はもう逃げておったんです。

（当日の戦闘の後は）村に泊まらずに帰ったんじゃないですかね。トラックがありました。三〇～四〇名は乗れるから、それに乗って定県城内に帰ったのではないでしょうか。あんなところで、泊まるところもないでしょう。ただ他の本当に戦闘をした中隊はねえ、わからんけど。帰る時には小隊で列を組んで帰りました。小隊ぐらいだから、まあ三〇人くらいですかねえ。定県内の従来の部隊に帰りました。帰った時に、特に戦勝の歓迎を受けたということはなかったと思います。受けたのは、我々より後に城内に帰った人たちでしょう。

❖事件に対する認識

あなた（筆者）がどういう目的でやっているのか知りませんが、この事件はもう六〇年前のことで、すべて風化してしまったんでしょう？　こんなこととして（事件の調査なんかして）、なんの効果がありますす？　事実を知りたくても、『連隊史』にあるし、まあ、なんの効果があっておやりになるのか、さっぱりわかりませんねえ。

このこと（北坦の戦闘）についてはね、戦友会でよく話もあって、もう我々には済んでしもうたことですよ。まあ悪いことして、こちらから済んでしもうてというのは、おかしいけども。だから、（調査を）やめろ、と言うわけじゃありませんけども。

問題は、あなたが狙うとるように、無理にそういうこと（毒ガス殺人）をしたのでなしに、そりゃあ、自然とそうなってしもた。戦闘、戦争というたら、平時の常識を逸しますからね。

当時は「弱肉強食」が通例のことだと思っていました。白人が、いかに世界中の多くの国、民族を侵略してきたか。しかし、日本は中国ではやりすぎでした。満州はすごくうまく経営していたのにね。（満州で日本は）ロシアの侵略を防いで、その後に主人がいないので、いただいただけです。それが盧溝橋で、日本は八路軍によって、蒋介石の国民党軍と戦わされたんです。北支に手を出したのが、過ちだったんです。私が洗脳されてると君は言うかもしれんが（筆者はそうは言ってない）、君も洗脳されているよ。ただ、日中戦争は、「自衛の戦争」じゃなかったとは思うね。

あの時（北坦事件の時）は、北支（華北）だけじゃなくて、アメリカともやってましたからね。あんな一個大隊ぐらいの戦果ぐらいは、小さいことですわ。大きな作戦ならともかく、日常のなかの一つの小さな戦闘でしたからね。当時の北支ではどこにでもあるような状態だったと思いますよ。ただ戦果がちょっと大きかったというか、特に相手が非常に、死んだ人がいて、しかもやり方がちょっと、非常に残虐だった結果、そういうことになってしもうた。

なんでまた、あんな地下壕（地下道）なんかに逃げ込んでしょうねえ。連絡にはいいけども、考えなかったんでしょうかねえ。

北坦の戦闘での日本軍の「総合戦果」は、遺棄《いき》死体三〇〇、捕虜六四。鹵獲品《ろかくひん》としては、迫撃砲六、その弾二四、小銃二一七、その弾三二二四、鉄剣三二、拳銃二一、手榴弾一二四四、地雷二〇、馬匹三〇頭を数えた。（『岡山歩兵第百十聯隊史』）

北坦「討伐」を終えた第一大隊は、五月二八日午後、定県城内に凱旋《がいせん》した。

附近の部落から馬車を雇い入れて鹵獲品を積載し、軍馬は大隊命令により乗馬に経験のある者は乗馬が許可になった。乗馬の出来ない者は荷物監視の意味で馬車に乗ることが許可になった。

晴れ渡った大空で囀《さえず》る雲雀《ひばり》の声を聞き乍《なが》ら麦畑の細道を馬車部隊と乗馬隊が定県南門に向かい蜿蜿《えんえん》と続いた。

定県南門に到着したのは十五時すぎだったろうか。南門内の両側には、中国側県知事を始め県警備隊、県公署高官、商工会要人、国防夫《ママ》人会の襷《たすき》を掛けた顔見知りの在留邦人等々が、戦勝を祝して手に手に日の丸の小旗を振って出迎えてくれた。

今日ばかりは特別で、馬上から部隊長気取りで答礼する一つ星の兵（二等兵）の姿も見かける等意気揚々として帰還した。（『第一大隊本部史』）

勝利した日本軍の「喜び」がひたすら記述される。無差別虐殺への反省めいた言葉は一切ないかわりに次の言葉が一行、記されている。

然《しか》し此の戦闘に於いて、第四中隊長、竹内中尉以下三名の戦死、五名の負傷者を出したことは誠に残念なことであった。（『第一大隊本部史』）

第Ⅳ部

事件後——抗日戦争の勝利

コーリャン

1　強制連行された人々

日中戦争と中国人強制連行

日本軍の謀略により引き起こされた満州事変（一九三一年九月一八日）の翌年、カイライ「満州国」が「建国」された。一九三七年、満州開発五カ年計画が始まり、多くの中国人労働者が労働力の不足する満州に流れ込んだ。もともと満州国成立の当初から、河北省や山東省などの華北地方から満州（東北）に出稼ぎにくる中国人は多く、三四年―四四万人、三五年―四二万人、三六年―三六万人を数えていた（北坦《ベイタン》の民兵隊長だった李徳祥《リトーシアン》さんもこのなかの一人。三一～三五年に満州で働いた。二五ページ参照）。

それが、「五カ年計画」の実施により三八年からは、満州労工協会（主に大企業経営者二四〇人から構成。四二年以降は満州労務興国会と改組）が募集し、中国人労働者がそれに応募して各企業に分配されるという形式をふむようになった。これによって三八年に四九万人、三九年―九三万人、四〇年―一三一万人、四一年―九一万人、四二年―一〇六万人、四三年―七八万人が満州に送り込まれた。

こうした「自発的応募」に加え、四〇年頃から日本軍の三光作戦が始まると、「奪い尽く」された華北の中国人農民らが強制連行されるようになる。前述した四〇年の入満中国人労働者一三一万人のうち、強制連行によるものは四二万人を占めるという。そして、華北で「ヒト狩り」された中国人の一部およそ四万人が、日本に強制連行された。それは、どのように行われたか。（以上、太平洋戦争研究会『図説　満州帝国』河出書房新社を参考にした）

一九三七年に始まった日中全面戦争以降、拡大する中国戦線（後には東南アジア、太平洋戦線）に兵力が投入されたため、日本国内および植民地、「満州」では労働力不足が深刻となった。その穴うめとして、中国人労働者の「移入」を三年にわたって産業界が政界に働きかけた結果、一九四二年一一月二七日（北坦事件の半年後）、東条英機内閣（商工大臣・岸信介）において「華人労務者内地移入に関する件」が閣議決定された。「このころ、すでに『満州国』（一九三二年【昭和七年】建国）内において、華北地域から毎年一〇〇万人以上の中国人労働者の動員が行われていたが、日本政府はその経験を日本国内にむけて適用することにしたのである」（石飛仁『中国人強制連行の記録』三一新書）。

さらに四四年二月二八日、「華人労務者内地移入の促進に関する件」が次官会議で決定され、日本への本格的な「移入」実施へふみ出した。こうして、中国からおよそ四万人の「華人労務者」が、日本国内の鉱業、土建、港湾、造船など計一三五カ所の事業所へ送り込まれてゆく。

しかし、現に敵国の中国にくらす中国人を日本の勝手な事情で「移入」するという日本政府の一方的な決定自体が無茶苦茶な話であり、当然、それは本人の意思を無視した強制連行となった。彼らの年齢は一〇代から七〇代に及び、二〇〜三九歳の働き盛りが全体の七割、家族を持っている者は同六割を占めた。各事業所の労働条件は劣悪で、日本の無条件降伏（四五年八月）までに全国で計六八六二人が死亡したという。

こうした「華人労務者」の満州、日本への供給源となったのが、日本が「第二の満州」と位置づけ、前述のように残虐な三光作戦を展開した華北だ。日本への供給を見れば、連行された中国人の九二％が華北出身者だという（杉原達『中国人強制連行』岩波新書）。これを受け入れた産業界は、低賃金、劣悪な労働環境の下で彼らを働かせ、高い収益を目指した。

したがって中国人強制連行は、華北での三光作戦ときわめて密接な関係にあり、華北の中国民衆を「奪い尽くし」て日本国内に「移入」した日本軍国主義は、今度は国内で彼らを「使い尽くし」たのだ。「日本人は中国大陸での三光政策を日本列島にもちこんで、さらに繰り広げた。つまり、（略）全国一三五事業所で人間をつかいつくす政策を実行していったのである」（前掲『中国人強制連行の記録』）。

山東省（華北の一部）で三光作戦を行った部隊にいたある軍人の証言は、この点で興味深い。

私たちは、捕まえた人たちを軍の俘虜として駐屯地に連行し、まとめて軍の施設へ収容しました。彼らは、いわば戦利品なのです。戦って利益を得た、つまり獲得した品物だと思っていました。彼らが持っていた弾薬や小銃、その他の食糧やお金などを最初は戦利品と呼んでいました。そのうちに、人間までも品物だと思うようになったのです。ですから、働けそうな中国人はすべて、労働力を提供してくれる品物だったのです。（NHK取材班『幻の外務省報告書―中国人強制連行の記録』日本放送出版協会、傍点筆者）

そして、三光作戦の典型である北坦事件でも、多数の中国人が「捕虜」という名目で捕らえられ、満州に送り込まれた。彼らのほとんどがすでに死亡しているなかで、筆者は二人の幸存者《シンツンチョ》と面接した。それが、王俊傑《ワンチユンチエ》さんと郭潤清《クオルイチン》さんだ。彼らは強制連行された先の炭坑から逃亡し、北坦に帰ってまた抗日活動を続けた（王俊傑さんは二度、連行されている）。以下に、彼らの証言を報告する。

王俊傑さんの証言

❖石家庄「労工教習所」に押し込まれる

五月二八日、朱根徳《チユケントー》の屋敷で八路軍《パールーチユン》の軍服を着たことで九死に一生を得た王俊傑《ワンチユンチエ》さんは（一五

現在の定県城の南門と開元寺の塔（中央奥）

四ページ参照）、腕を縛りあげられて邵村《シャオ》（北坦《ベイタン》の北）まで、ほかの中国人たちと一緒に歩かされた。邵村に着く道すがら、少なくとも四人が銃剣で刺し殺されるのを見た。まず南北大街《ナンペイターチエ》の学校にさしかかったところで一人（一五一ページ地図⓫）、村を出てすぐのところで一人（⓬）、沙河《シャーホー》を越える前に一人（⓭）、そして邵村に着いて車に乗せられる前に一人だ。みな、中毒が激しくて歩けなくなった者たちだった。

昼に邵村に着くと、四台のトラックの荷台に座らされて運ばれた。一台につき歩兵銃を持った日本兵が三～四人ついた。トラックは、たぶん時間にして午後二時くらいに定県城に着いた。

定県城の南門では、多くの中国人が出迎えた。王さんたちはトラックから下ろされ、門の道の両脇を人々が列になって拍手する間を、縛られたまま歩いて城内に入った。人々はみな、王さんたち縛られた中国人を八路軍の捕虜と見ていて、これを「征伐」して捕まえてきた日本軍を「歓迎」しているのだった。彼らは定県で商売をしている者たちだった。日本軍に強制的に駆り出されたんだと、王さんは思った。

城内に入るとそのまま、王さんたちは監獄に入れられた。午後四時頃のことだったろうと思う。この後、監獄では一日三回食事があって、お湯にアワがわずかに混じる程度の粥が出た。四日後、また縛られて、監獄から駅（現在の駅と同じ場所）までトラックに乗せられ、列車で石家庄《シーチアチョアン》の「労工教習所」に移された（筆者注—石門労工教習所《シーメンラオコンチヤオシースオ》、のちの石門労工訓練所《シーメンラオコンシュンリエンスオ》のこと。石門《シーメン》とは、石家庄の別名）。

ここには二〇〇〇〜三〇〇〇人の中国人が収容されていた。八路軍《パールーチユン》の兵士もいれば、ごく一般の民衆もいた。食べ物はマントウ（小麦粉を発酵させて蒸したまんじゅうで、餡《あん》はなにも入っていない。華北《ホアペイ》の主食の一つ）で、一日三食。量はあったが、火が通っていなかった。アワのご飯もあったが、やはり火が通っていなかった。寝泊まりは、三角テントの形のムシロ小屋。小屋のなかでは真ん中の通路の両側に、互いに通路側に頭を向けてびっしり並んで寝た。一つの小屋に大勢が入ったが、何人とは覚えていない。

ここは監獄とはいわずに教習所といったが、逃げることはできなかった。周囲は塀で囲まれ、鉄条網に電流が流してあった。今は石家庄「平和公園」となっている。入れられて数日後、日本軍の監視下で近くの「益糧廠《イーリヤンチヤン》」に働きに行くようになった。向こうから送り迎えが来て、歩いて通う人もいれば、車で行く人もいた。

「益糧廠」の周囲には、中国人労働者が逃げないように壕が掘ってある。中では、脱穀など食糧の加工をしていた。一方で、山のように積んだ雑草に覆いをかけて、まるで大量の食糧や物資を保管しているように見せかけている場所もあった。食糧が少なかったので、日本兵たちを心配させないために、こんな小細工をしたのだと王俊傑《ワンチユンチエ》さんは言う。

❖満州の炭坑へ

石門労工教習所に二〇数日間入れられた後、貨物列車で東北《トンペイ》(満州)に連行された。まず行ったのは、錦州《チンチヨウ》(遼寧省《リアオニン》)の「太田炭坑」(炭坑名は強制連行された中国人の間での通称かもしれない。以下、郭潤清《クオルイチン》さんの証言でも同じ)で、満鉄が開いたものと聞いた。その一～二日後、「高徳炭坑」に移されて、力仕事をさせられた。管理者で日本語を話す金城という人に会った。日本人か朝鮮人かわからない。食べ物はコウリャン。衣服は、薄い綿の上着に黒い綿のズボンだけでひと冬を過ごした。

その一年くらい後、今度は黒龍江《ヘイロンチアン》省の黒河《ヘイホー》に移されることになった。貨物列車で移動の途中、上り坂でスピードが落ちた時、夜陰に乗じて飛び降りて逃げた。四昼夜歩いて駅に着いたが、列車には乗らずにさらに歩いた。その後、半年あまり乞食をしながら、ひたすら西南に向けて歩き続けた。

こうして四四年の秋、やっと故郷の北坦《ヘイタン》にたどり着いた。

❖逃亡後また抗日活動、再び捕まって今度は九州へ

村に帰って初めて、家族のうち父、姉、妹、弟の四人があの毒ガス事件で殺されたことを知った。みなガスの中毒死だと、遺体の片づけをした者たちに聞いた。このうち父親と弟は、北坦—解家《シェチア》庄《チョアン》の間の井戸端で死んでいたという。姉（おばの家から養子に入った人）と妹は、日本軍が去った後、おばの家まで運ぶ途中で息を引き取った。父親と弟の名前は、犠牲者として霊園の記念碑の上に彫ってある。

王さんは、家族が残虐に殺されたと知ってすぐの四四年秋、「復讐のために」八路軍《パールーチュン》に入った。翌四五年の麦刈りの頃（六月）、地下道戦で有名な冉庄《ランチョアン》（冀中《チーチョン》平原の清苑《チンユエン》県の村。北坦《ヘイタン》の北数十キロ。地下道を修復し、見学できるように整備してある。鳥塚義和『一五年戦争教材発掘あれこれ』〈日本書籍、一九九九年〉にその地下道戦遺跡の説明が若干ある）で戦闘したのが、一番印象に残っている戦いだ。その後、ある戦闘のなかで再び日本軍に捕まり、今度は日本の九州のある炭坑に送られた（注）。ここで日本の投降（四五年八月一五日）を迎え、四六年に故郷に帰った。

「抗日戦争の当時は国民皆兵だから、農民でもみな毛沢東《マオツオートン》思想、なかでも『持久戦を論ず』を学習して、遊撃戦の戦術を習ったものです」

日本の降伏を知った時は、とても痛快だった。「もう日本軍の圧迫がなくなったのです」。八月一五日を迎えた九州の炭坑には中国語がとても上手で善良な日本人がいて、日本が降伏したことを王さんたちに教えてくれた。

（注）王俊傑さんは、連行先を「熊本の鹿児島炭坑」と記憶している。これについては、鳥塚義和氏が追跡調査しており、熊本県荒尾の三井三池炭鉱「四山坑」に四五年三月五日に入れられたと、ほぼ結論している（北疃村教育交流訪中団『毒ガス戦の村を訪ねて―黄沙ふく河北平原・北疃村』二〇〇〇年）。

郭潤清さんの証言

❖定県城内の監獄に押し込まれる

郭潤清《クオルイチン》さんは王俊傑《ワンチュンチエ》さんと同様に五月二八日、朱根徳《チュケントー》の屋敷から邵《シャオ》村へ連行された。七〜八人で一つの組だった（一四九ページ参照）。郭さんと同じ李親顧《リチンク》の人間で北坦事件で強制連行された者は、以下の一三人である。

許銀振《シュイインチエン》、高東海《カオトンハイ》、張文明《チャンウエンミン》、許振海《シュイチエンハイ》、李鳳城《リフオンチョン》、趙喜科《チャオシーコー》、李師子《リシーズ》、徐鳳年《シュイフオンニエン》、韓東尔《ハントンアル》、高《カオ》

全興《チユエンシン》、韓争祥《ハンチエンシアン》、許継福《シユイチーフー》、郭潤清

この一三人一緒に東北《トンペイ》(満州)へ連行された。郭さんは連行されて、もともとあった脚の腫れが悪化した。一緒に連行されたなかに医者がいて、郭さんの状態を診て、「塩分など摂《と》らなければ、治る」と言った。それから八カ月、塩分の多いものを食べずに、やっと治した。一〇数人がこの病気になった。病気のない健康体の者の多くは、東北の炭坑に着いてから脱走した。

毒ガス事件の直後、北坦から二・五キロの邵村に着くまでに、七～八人が銃剣で刺殺された。キョロキョロした者を、日本兵はすぐに刺した。毒ガスに中毒しているので、足元がおぼつかない。その症状が見えると、また殺した。邵村までは隊列を組んで歩いた。その列の先頭を日本兵七～八人が歩き、高東海《カオトンハイ》、高全興《カオチユエンシン》の二人をそのなかに入れた。これは道案内の意味だけでなく、八路軍《パールーチユン》が攻めてきた場合の弾よけにする気だったのではないかと、郭《クオ》さんは思っている。その後ろを郭さんら数十人がタテ二列になり、その両脇と最後尾とを日本兵が両側から挟み込む形だった。

邵村に着くと、トーチカを建設するために周囲の村から捕まえられた農民らが、「今の定期市の人出より多く」集められていた(これは北坦《ペイタン》の毒ガス事件とは無関係だった)。ここから、六台のトラックに分乗して、邵村を出た。日本兵もそれぞれに分乗した。郭潤清さんは、先頭のトラックに乗せられた。トラックには前向きの機関銃が据え付けられていた。八路軍が襲ってきたら反撃できるようにするためだろう。

北坦を襲った第一大隊本部のあった場所。現在は定州中学校になっている

トラックの荷台には車の後から乗るのだが、荷台が高くて乗りにくいので、鉄の棒をはしご代わりに使った。この時、韓争祥《ハンチエンシアン》という男は、毒ガス中毒が激しかった。鉄の棒の上で足がすべって、歩けずに倒れた。そのまま死んだ。すぐ人を呼んで、死体を片づけた。

郭さんたちは、定県城内の十字街北へ運ばれた。そこには定県第九中学があって、日本軍の将校とその妻、漢奸《ハンチエン》（日本軍に協力する裏切り中国人）たちが、拍手して郭さんたち「捕虜」を歓迎した。戦利品を迎えた気になっているのだった。

出迎えの日本人や漢奸たちに向かって、日本軍の将校らしき男が、「これは八路軍一七団（連隊）、二二団の捕虜です」とウソを言った。（「当時、八《パー》路軍《ルーチュン》一七団、二二団といえば精強で鳴らしていて、日本人が震えるほど有名だったんです」〈郭潤清《クオルイチン》さん〉）。

定県城内に入ると、日本軍のカイライ政府に連行された。玄関を入って西側に小さなドアがあり、これが監獄の入口だった。このなかに入れられた。ここでは一日に二度、アワ粥がでたが、まずくて量も少なかった。七〇歳すぎの老人が一人で監視しているだけだが、塀が高くてとても逃げ出せなかった。監獄全体で二つの部屋があったが、人が多くて足も伸ばせず、寝られなかった。さらに困ったのは、「市場の人より多い」虫がごそごそいたことだった。郭さんが押し込まれた部屋は、百数十人が収容されていたと思う。一日に三回、部屋から出ることが許され、この時に散歩したり運動したりした。

❖石家庄「労工教習所」に連行される

収容されて七日後、ご飯の最中に二〇数人の日本人が「食べるのをやめろ」と部屋に入ってきた。みな腕を縛られて監獄から出され、定県駅まで歩かされた。全部でたぶん二〇〇人くらいが、三列に並ばされて歩いた。駅のホームでは東を向いて、ひざまずかされて列車を待った。列車は二つの車両に乗った。窓のない貨物運搬用の車両だった。八路軍の軍服姿のままで乗せられた。

列車を石家庄《シーチアチョアン》で降ろされると、東へ歩かされた後に、東南へ一キロほども歩かされた。そこの道の南側に「石門労工教習所《シーメンラオコンチヤオシースオ》」という看板があった。この看板は入口の鉄柵の門の上に掲げられ、幅三〇センチほど、高さは人の背丈よりも高い。白地に黒の字で書いてあった。門を入ると、運動場のような大きな広場があって、南側には家があった。郭《クオ》さんたちは列になって、その広場へと入らされた。大勢の若い中国人の男たちがやってきて、郭さんたちに対し木の棒を構えて、口々に「服を脱げ」と強要した。服を脱がされると、また列を作って点呼された。「裸にされて、軍用犬のエサにされるんだ」と、郭さんは思った。

人が入れる大きさの二つの金属オケに、胸までつかるくらいの深さのお湯が入っていた。「入れ」。命じられるままに、郭さんたちはこのお湯に入った。動作が遅いと、殴られた。出ると、もう六月なのに綿入れの服を出されて「着ろ」。暑いが着るしかなかった。

郭さんらから見れば、ここは教習所という名の収容所だった。夏は綿入れを着せられ、冬は夏用の薄い服を着せられるようだった（郭さんは一カ月あまりで出所したので、冬のようすは自分の目では見ていない）。重営倉と軽営倉があった（ともに懲罰令による犯則者をとじこめる場所、もしくはその罰。重営倉の方が罰則がより重い）。

河南《ホーナン》省出身という中国人の教育課長（筆者注—捕虜管理機構として、幹部班、警備班などが設けられており、うち幹部班の下に教育課や尋問課などが設置されていた〈戦争犠牲者を心に刻む南京集会編『中国人強制連行』東方出版、一九九五年〉）が出てきて、「訓話」をたれた。

「逃げようと思うな。お前らのいる場所は、教習所のなかでも一番の中心部だ。この周りには三重の堀、三重の壁、三重の鉄条網が張り巡らしてある。絶対に逃げられない」

またこうも言われた。

「教習所内で日本人とすれ違う時には、敬礼しろ。しなければ、ビンタだ」

逃げようとして捕まった者には、水牢が待っていた。水を張った牢で、このなかにつけられると、寝られず、座れず、立ち上がれない。光もない真っ暗闇で、食事も出されない。例えば、郭《クオ》さんと共に連行された徐 振海《シュイチエンハイ》という男は、ある日突然、姿が見えなくなった。石家 庄《シーチアチヨアン》に着いた時点ですでに異常な精神状態で、「太原《タイユエン》（山西《シャンシー》省）まで逃げれば俺の親戚がいるから、一緒に逃げよう」などと郭さんにもちかけた人だ。教習所の警備を任されていた「青年団」（日本軍に協力する中国人カイライ組織）の話によると、夜中に逃げようとして彼らに捕まったうちの一人が、「逃げよう！　逃げよう！」とわめいて、この水牢にぶち込まれた。推測するに、それが徐振海で、牢のなかで死んだのだろうと郭さんは思っている。

三角柱を寝かした形に木を組んでアシのござをかぶせた小屋が一〇棟あって、そのなかの一つに寝泊まりさせられた。

❖「打倒八路軍《バールーチュン》」と叫ばされる

先の教育課長はこうも言った。

「皇軍《こうぐん》（天皇の軍隊）のためによく働け。日本軍に投降してきたのは大歓迎だ。白い米の飯がたくさん食えるぞ」

入所する時には、灰色の服を着た審査課の中国人が、郭潤清《クオルイチン》さんらを審査した。郭さんのなまりを聞くと、「俺は李親顧《リチンク》の近くの出身だが、お前は同郷人か」と尋ねてきた。「俺も李親顧だ」と答えると「共産党員《コンチャンタン》か」と聞かれたので、ただの住民だと答えると、それだけで審査は終わり、その後は殴られもしなかった。郭さんと一緒に連行された李親顧の出身者はみな、こうして殴られずに済んだ。

この教習所は、日本軍の一個中隊が統括しているのだが、内部の管理は収容者自身にやらせていた。例えば、八路軍《ハールーチュン》の地位ある者などに管理させていたようだ。審査課の灰色の服の人も、ここに収容された人だった。

教習所には「隔離室」という重病人を入れる部屋があった。収容者の間では、「隔離室に入れられたら、死ぬしかない」と言われていた。大体いつも二〜三人が入っていたようだ。ある日、郭潤清さんが便所に行こうと「隔離室」の前を通った時、偶然、中が見えた。ここに入れられている一人の病人に、日本人の医者が噴霧器で何かの液体をスプレーした。彼の体は液体で濡れて、苦しそうな表情を見せた。翌日、同じ場所に行ったが、もうその病人は見えなかった。彼はあの時に殺されたのだと、郭さんは思っている。

毎日、食事は東（日本の方向）を向いてとらされる。その方向の柱に、次のようなスローガンを黒字で白い紙に書いて掛けてあった。「打倒八路軍《タータオバールーチユン》」「消滅共産党《シヤオミエコンチヤンタン》」「日華親善《リーホアチンシヤン》」「建設新秩序《チエンシヨーシンチーシユイ》」「擁護新政権《ヨンフーシンチヨンチユエン》」。食事の前に、まず教育課長がこれらの文句を叫び、次いで収容者の全員に叫ばせた。要するに日本の侵略思想への洗脳だ。郭《クオ》さんは、この文句はたぶん日本の国内でも叫ばれているのだろうと思ったという。

教習所では、水もお湯も自由に飲ませてもらえず、のどが常に渇いていた。庭に水車があって、時にはここでこっそり水を飲んだ。ばれると水車のわきにひざまずかされて、ぶん殴られた。ただし衣料工場に出向すると、そこでは自由に水が飲めたので、強制ではないが、みな行きたがった。

その衣料工場は、教習所の一・五キロほど南にあった。行く時には縛られなかった。ここでは昼飯は十分に食えた。郭さんと同じく強制連行されてきた人のうち、特に抗日の幹部は、行く道々、郭さんらを教育した。「腹いっぱい食って、破壊しろ。仕事はなまけろ。上手になまけろよ」。

衣料工場に着くと、各部門から人が迎えに来ていて、その日ごとに違う仕事をさせられた。一般に、軽い仕事だと殴られないが、石炭を運ぶような重労働だと殴られる確率が高くなる。一キロ離れた場所に石炭を担いでいく仕事は、特につらかった。

❖満州へ連行される

この教習所に三八日間入れられた。最後の三日間は、東北《トンペイ》の炭坑に郭さんたちを連行する準備に当てられたようだ。つまりこの三日間で健康検査をし、写真を写し、また綿入れの服と薄手の服が、それぞれ上下セットで支給された。服の色は全部、黒だった。

また面接されて、病気があるかどうか、いろいろ質問された。三〇〇人が選ばれて、服の腕に番号がつけられた。郭さんもこのなかに入った。病気のある者は選ばれなかった。一般住民も八路軍《パールーチユン》も、区別なしに選ばれた。劉紹増《リウシヤオツオン》という男が三〇〇人の隊長に指名された。清苑県《チンユエン》（河北省《ホーペイ》で定県の北、保定《パオテイン》の南）大白村《ターバイ》の出身で、八路軍の営長《インチヤン》（大隊長）だった人だ。副隊長は河南省《ホーナン》出身で、新四軍《シンスー》（八路軍と同じく共産党軍《コンチヤンタン》。華中《ホアチヨン》の敵後方戦場を舞台に活躍した）の軍医だった。

実は、郭さんは面接の前、李親顧村《リチンク》の抗日幹部で家も隣だった張文明《チヤンウエンミン》から、「どうせ行くなら、今回行った方がいい。今回なら自分も行くし、同じ村（李親顧）から十数人も一緒に行くのだから、お前が病気でもめんどう見てやれる。しかし、次回になると、めんどう見る人がいないぞ」と言われ、東北行きを決意したのだった。それで、面接では病気と言われたが、「ただの風邪」と答えて無理に走って元気そうに見せ、なんとか東北行き組に入った。

しかし実際は、かなり重い病気にかかっていた。突然、寒くなったり逆に高熱になったりする。のどがひどく渇いた（マラリアだったと郭さんは言う。中国北部でマラリア？ とも思うが、北坦や石家庄より北の千軍台付近＝北京の西側で一九三七年に行われた戦闘で、軍医にマラリアと診断された日本兵の事例が報告されている〈町尻部隊編『第六師団転戦実話　北支編（上）』〉）。

この三〇〇人が一二班に分けられた。それぞれの班ごとに班長一人と副班長一人が、上から指名された。郭さんは第二班に入れられた。同じ李親顧《リチンク》から一緒に連行された徐銀振《シュイインチエン》は第四班の班長、高東海《カオトンハイ》は第九班の班長に指名された。

列を作って、班ごとに駅まで歩かされた。五〜六里の距離（二・五〜三キロ）で、一時間もかからないくらいだった。駅に着いて、朝ご飯の後、八時か九時頃に客車に乗せられた。座席に座る時には班ごとではなかったから、張文明《チャンウエンミン》さんとか、同じ李親顧の人と同席できた。この時の郭さんの所持品は、フトン、綿入れの黒い服（上下）、一重の黒い服（上下）、帽子（いわゆる人民帽の形、紺色）、白い靴下、脚絆《きゃはん》（緑色）、マントウ（餡《あん》のない中国まんじゅう）、地下足袋（底がゴムで水がしみない）、写真を貼った身分証明書など。金銭は持たなかったし、支給もされなかった。マントウは病気で食欲がないから、他の人にあげた。

一一時頃、北京《ペイチン》の西南の豊台《フオンタイ》駅に着いた。列車を乗り換える時、直径一メートルほどの大きなバケツ五個にお茶が入れてあった。飲みたいが、コップがない。自分のコップは、全員が石家庄で日本軍に捨てさせられて、もうない。しかし一〇数人のみはフトンのなかに隠し持っていて、彼らはお茶を飲んだ。郭さんは、労働組合の彭《ポン》という主任からコップを借りて、飲むことができた。この後は、一切の水、お湯は飲めなかった。日本軍がわざと飲ませなかった。病気でのどの渇く郭《クオ》さんには、耐え難いことになった。

❖マラリアで幻覚を見る

列車は途中、満州と中国との境となる山海関《シャンハイクアン》でいったん下りて、点呼してまた乗り込んだ。列車のなかでは、郭さんは病気のため寒くてがまんできなかった。その後に、今度は高熱が出た。窓をあけて頭を外気にさらして、冷ました。水が飲めないので、病気はよけい悪くなった。あまりにのどの渇きがすさまじいので、列車が橋を渡る時、窓から川に飛び込んで飲もうかと真剣に考えた。周りの人に、「死んでしまうぞ」と止められた。飢えよりノドの渇きが、がまんできなかった。

山海関で、トウモロコシで作った蒸しパンを四個、支給された。発作のようになると郭さんは、張文明《チャンウエンミン》さんらを呼んで、「どんなに拷問されても、共産党員だとは白状するな」と無意識のうちに言ったのを覚えている。また周囲の知り合い一人ひとりをつかまえては、何か言ってたので、みな恐がっていた。この時、高東海《カオトンハイ》さんに、「もう着くか」と聞いた。彼は頭がいいので、「すぐ着くよ」と答えた。気分が良くなった。定県駅を出発してから三昼夜すぎた時、「あと三駅まではのどの渇きもがまんできるが、四つ目は無理だ。もし四つ目になったら、俺を列車から突き落としてくれ」と、周囲に頼んだ。本当に三つ目が、目的地の炭坑の駅だった。

駅に下りると、体の悪い二〇~三〇人にはトラックが迎えに来て、宿舎に行った。健康な者は歩かされた。仲間に聞くと、炭坑は「太平鉱」という名前だった。もともと「高徳鉱」という炭坑に行く予定だったのが、受け入れ態勢が整っていなかったので、まずいったん「太平鉱」に回されたらしい。ここに一カ月いて、その後、「高徳鉱」へ移ることになる。

「太平鉱」の宿舎は村のようになっていて、入口は南向きだった。炭坑の持ち場までは、宿舎から三キロだった。宿舎に着くと、マントウ四個と昆布のスープが出された。今度はちゃんとお椀もあり、スープは飲み放題だったのでたくさん飲んだ。やっとのどの渇きが癒えた。

しかし郭《クオ》さんはこの時、精神的に少しおかしくなっていた。となりの人に「お前、日本人に俺のことを告げ口したな！」とどなりつけた。実はとなりの人は何もしていなかったのだが、郭さんは、日本軍の兵隊が窓の外で銃を構えて郭さんをにらんでいる幻覚を見たのだった。「お前が変なことをチクッたからだ！」。相手はわけがわからなかった。郭さんは自分の身分証明書を破った。もし撃たれたら、「中国共産党万歳《チョンクオコンチャンタンワンスイ》！」と叫んでやろう、と思っていた。服も、「こんな敵のもの」と脱いでしまった。隊長がクスリを郭さんの手のひらに置いたが、その粒が全部、トウモロコシに見えて、全部、投げ捨てた。こうしてこの晩、おかしなことをやりまくって、郭さんは倒れた。みな死んだと思った。宿舎のなかの病人用の部屋に入れられた。

翌朝、目覚めると、周りに大勢知り合いがいた。心配していた。その後、この部屋にずっといた。したがって、「太平鉱」では坑道にもぐったことがない。掃除など雑用のみをしていた。前出の王《ワン》俊傑《チュンチエ》さんとも、一時は一緒にいた。

❖最初の脱走は失敗

一カ月後、「高徳鉱」へ移された。「高徳」とは、その炭坑を所有する日本人の名前だと聞いた。ここでは労働者の組織は「第二興亜隊《ティーアルシンヤートイ》」と名付けられた。ここでも雑用のみで、坑道には入らなかった。

そうこうするうちに、郭潤清《クオルイチン》さんは、李涼児《リリアンアル》、李登海《リトンハイ》、李世明《リシーミン》さんら（ともに北坦《ベイタン》村の出身）四人で脱走する計画を練った。九月一五日、つまり南坦《ナンタン》の廟会《ミアオフイ》の日に合わせて逃げよう、と決めた。宿舎の庭の壊れた壁から逃げた。五〇キロほど逃げたのに、また病気がひどくなって歩けなくなった。筋肉がけいれんして、休んだがダメだった。「どうしても俺はダメだ。お前ら三人で逃げろ。捕まったら、殺されるぞ」。三人は「一緒に逃げよう」「一緒に死のう」と言ったが、郭さんは「俺の家族によろしく伝えてくれ」と言って、無理に彼らを行かせた。

郭さんは一晩寝て、回復した。蒲団《ふとん》だけは持ち出してきていたが、ほかは何もない。しょうがないから、乞食をした。故郷に帰る道は、万里の長城しか知らない。長城にそって歩けば家に帰れるだろう。炭坑から自宅まで一五〇〇里、七五〇キロの道を歩き始めた。途中、貧しい人はいい人が多く、富のある者にはバカが多かった。農民の家では、オンドルの上に上げてもらってご飯をよばれた。

一日に五里（二・五キロ）しか歩けなかった。郭《クオ》さんは考えた。〈このまま前に行けば、凍死するだろう。戻れば殺されるだろう〉。どうしようもなくて、自殺しようとガケから飛び降りようとした。しかし、その前にあれこれと考えた。共産党《コンチャンタン》に入る時のことなどだ。「党員なら、自殺はまずい」「どんな理由でも、自殺なら死んだ後にも除籍される」。この教えを思い出して、自殺を思いとどまった。

やはり炭坑に戻った。脱走した時は回り道だから長かったが、帰りは真っ直ぐ帰ったから、それほど時間はかからなかった。炭坑に着くと、郭さんたちの隊長の劉紹増《リウシヤオツオン》さんに会った。「お前が逃げてから二日二晩、俺は心配で眠れなかった。逃げたのが他の者なら喜ばしいが、お前は病気だから死ぬだろうと思ってたよ。戻ってよかった」と言ってくれた。郭さんと一緒に連行された三〇〇人のうち、結局、一〇〇人くらいが逃亡した。

劉《リウ》隊長は、「逃げる時は三〜五人で一緒に逃げろ」と教えた。あまり大勢だと追われやすいからだ。「今、俺が逃げると、残ったお前らが新しい隊長のもとで苦しむだろうから、俺は最後に逃げる。みんなが逃げた後、俺も脱走するよ」と言った。

❖食糧倉庫襲撃と革命歌

郭さんたちはその後、炭坑を去るまでに、食糧倉庫を集団で襲った。この炭坑では、最初は赤コーリャンのご飯だったが、後に赤コーリャンの粉でつくったパンに代わった。これがまずかった。劉《リウ》隊長が言った。「会社にトウモロコシを要求して、くれなければ食糧倉庫を襲え。ガラス窓を破っても、ケガするなよ。隊長の俺が会社から呼ばれたら、交渉してやるから」とみなに伝えた。

結局、隊長が影の指導者となって食糧倉庫を襲い、占拠した。すぐに隊長は会社側に呼ばれた。「指導者は誰か。みなを宿舎に帰らせろ」と言われた隊長は、そ知らぬ顔で、倉庫を襲った連中を会社側の人間の前で批判した。劉隊長の言うとおりに、郭さんらは宿舎に戻った。この後、隊長は高徳と二度、交渉してトウモロコシを勝ち取った。

隊長はみなを集めると、革命歌を歌わせた。日本の支配下の炭坑内でそんなことができたのかと意外に思うが、実際にできたらしい。日本人は高徳の社員だけだったし、郭さんたち中国人労働者をかなり低く見ていたので、逆にこうした点でゆるやかだったのではと、郭さんは言う。革命歌を歌っても、会社側は何もしなかった。

❖脱走、また抗日活動へ

郭潤清《クオルイチン》さんが先に脱走した時のこと。奉天（現在の瀋陽《シエンヤン》）にいたおじの郭玉林《クオユイリン》さん（鉄職人）が畑二ムー（一三・三三四アール）を売り払って、二五〇元を作った。加えて定南県《ティンナン》の共産党委員会《コンチャンタン》が一〇〇元を出し、合わせて三五〇元で郭《クオ》さんを買い戻しに炭坑に来た。郭さんはちょうど逃亡中でおらず、この計画は失敗した。

その後、郭さんは炭坑に戻ると、おじに手紙を書いて衣服を請求した。おじはさっそく、衣服を持って炭坑に来た。ここで二人は顔を合わせ、「後で、脱走しよう」と決めた。実はおじの親友で羅文俊《ルオウエンチュン》という男が、炭坑から二〜三キロのところに住んでいた。この男に手紙を書いて申し合わせ、旧暦の一月一四日、高東海《カオトンハイ》さん（九班の班長）と張文明《チャンウエンミン》さん（副班長）の二人と一緒に逃げることを決めた。この二人は、警備員（会社に雇われて労働者の逃亡などを監視する人）と知り合いだったし、第一、雪に閉ざされる冬は警備が手薄だった。

一月一四日。「仕事だ」と警備員に言って宿舎を出ると、そのまま三人は羅文俊の家に逃げ込んだ。羅《ルオ》は新しい服と着替えを用意して、馬車をやとって駅まで見送ってくれた。こうして三人は列車で奉天のおじの家へ行き、おじと四人で故郷の李親顧《リチンク》に向かった。当時の「国境」となる山海関《シャンハイクアン》では、おじのコネで身分証明書を三人分作って「越境」できた。最後に定県まで帰ってきてから知り合いの旅館に一泊し、それから李親顧の自宅に帰った。毒ガス事件の翌年、四三年の旧暦二月一二日（太陽暦で同年三月一七日）のことだった。

李親顧に帰ると、区の青年抗日先鋒隊《チンニエンカンリーシエンフオントイ》の隊長だった李章《リチャン》さんが見舞いに来た。日本軍に捕まった経過を説明するとともに、さっそく抗日活動を再開することになった。北坦《ペイタン》にも李親顧にも、日本軍によって村の外周に壕が掘られて「愛護村《アイフーツン》」（要するに「親日の村」）とされてしまった。しかし、それでも郭《クオ》さんたちは、日本軍に食糧を差し出す際にもできうる限り延ばしのばしにするとか、出した後には県大隊《シエンタートイ》と協力して奪い返すとか、さまざまな抵抗をねばり強く続けた。

糧秣主任をしている時に、八・一五を迎えた。うれしかった。米軍の飛行機が八・一五もその後も飛んできた。「アメリカの飛行機だ!」。農民たちは大喜びだった。抗日の信念を持ち続けたからこそ、最後には侵略者に勝利したのだと思う。

2 事件後の北坦村

青紗帳闘争の開始、一年後には形勢逆転

北坦《ペイタン》の毒ガス事件は、定南県《ティンナン》の抗日活動にきわめて大きな打撃を与えた。県大隊三個中隊のうち、第一・第三中隊は大部分が犠牲となり、第二中隊も命からがら日本軍の包囲を突破した後にちりぢりとなった。日本軍は、「八路軍と県大隊を消滅し、県共産党委員会の趙鉄夫書記と県長の李守真を

捕らえた」とのウソの宣伝をくり返した。これにより、一時的に民衆、抗日幹部の士気が低下したことは否めない。

しかし、北坦周辺の民衆はこのように残虐な日本軍の仕打ちに対しても屈服することなく、抗日活動を堅持した。一九四二～四三年の最も苦しい時期をのり越えて、最後には侵略者を自分の国から追い出した。五一大掃蕩《ウーイーターサオタン》ほどの残虐さをもってしても、冀中《チーチヨン》の民は屈服せずに、最後の勝利を手にしたのだ。

北坦事件の後、北坦（とその周辺）の民衆は、どのようにして「八・一五」の勝利に至ったのだろうか。**趙鉄夫**さんの文章から以下、簡単に北坦周辺の抗日戦争勝利までを追ってみる（「回憶〝五一大掃蕩〟前後定南県的抗日闘争」中共定県県委党史弁公室編『革命回憶録』第一七集、一九八三年）。

事件の二日後、定南県共産党委員会の指示により、県長（李守真《リシヨウチエン》）と県議長（呂丁儒《ルイテインルー》）が北坦の死体片づけなど善後処置を開始した。

半月後、県大隊第二中隊の生き残りが部隊に復帰し、県の抗日幹部も大部分と連絡がついた。六月一〇日、事件後初の県委員会会議を大定《ターテイン》村（北坦《ペイタン》の東七キロ）で開いた。会議では、あれほど大きな打撃を被った直後にもかかわらず、「今はいわば夜明け前の暗闇の時期（黎明前的黒暗《リーミンチエンタヘイアン》）だ。夜明け（勝利）はすぐそこに来ている」と確認された。その根拠は――

①　日本軍の「三光政策《サンクアンチョンツォ》」が残虐であればあるほど、民衆はそれだけ侵略者に対する憎悪を燃え上がらせ、死も恐れずに抗日に向かう。

②　毛沢東《マオツオートン》の遊撃戦争の戦略で広範な民衆に依拠し、地下道を利用し、「青紗帳《チンシャチャン》」（コーリャン畑のこと、人が隠れひそむのに都合がよい）を利用すれば、抗日闘争を維持できる。

③　日本軍がトーチカを増設すればするほど、彼らの兵力はそれだけ分散せざるを得ない。

したがって当面の任務は――

①　武力の回復を、最優先課題とする。これを促進するため、沙河《シャーホー》の南（責任者・範棟申《ファントンシエン》＝事件時の県大隊隊長）と北（責任者・趙樹光《チャオシユークアン》＝事件時の北坦側指揮官）で、競い合って敵をやっつける運動を展開する。

②　抗日勝利の自信をもつよう民衆、幹部を教育する。

③　漢奸《ハンチエン》をなくす。

その後、事件の教訓から、地下道の改良が進められた。具体的には防毒、防水、防火の設備がつけられ、地下道口を防衛するための銃眼や通気口が増設された。

一カ月後、範棟申と趙樹光らの指揮により、県大隊《シエンタートイ》の形がほぼ回復した。区小隊《チユイシアオトイ》も同様にそろった。事件によって一時的に生じた混乱は、だいたい収まった。また、敵を二～三人殺すくらいの小さな戦闘の勝利をいくつも積み重ねて、抗日側は自信を取り戻していった。

二カ月〜三カ月後、「青紗帳」の闘争を行い、「人民の支持さえあれば、自分の身を守りながら敵に打撃を与えられる」と、自信をつけた。「青紗帳」の闘争とは、昼は「青紗帳」つまりコーリャン畑のなかに隠れ、日暮れと同時に村に入って抗日の活動をし、村人から情報をもらい、夜明けと同時にコーリャン畑に戻って寝る。村人は畑仕事に行くと言っては、畑のなかにいる抗日幹部に食事を届けてくれた。民衆が「水」となって大海原を形成し、抗日勢力という「魚」を自在に泳がせてくれるという関係がより強まった。

三カ月後、県大隊と区小隊が、立派に戦闘できる部隊となった。ちょうど「青紗帳」が枯れて隠れ場所がなくなる時期で、その後は一般民衆の家や地下道が根城とされた。富農や地主の家にも寝泊まりしたが、彼らも日本軍に（抗日勢力が自分の家にいるなどとは）密告などできなくなっていた。密告した後のしっぺ返しを恐れるほどに、抗日側の武力が強くなっていたからだ。

ただし、日本軍も「青紗帳」が枯れたのを好機とばかり、村々で八路軍《パールーチュン》や幹部を捕らえに出た。例えば、書記（趙鉄夫《チャオティエフー》さん）の首には生け捕りで一万元、殺しても五〇〇〇元の賞金が懸けられた。しかし民衆の抗日支持は厚く、したがって幹部を売るような村人はおらず、日本軍に捕まったり殺されたりした幹部は一人も出なかった。幹部をかくまった家の者は、日本軍が突然の捜索に来たりした時は、ニワトリを追う声で暗に知らせたりした。万が一、日本軍に捕まった幹部は、農民が「自分の息子だ」「夫だ」などと言って守った。

こうした民衆の支持に支えられて、抗日活動はさまざまに展開された。民兵たちは夜、日本軍のトーチカの周りで二〇～三〇連発の爆竹を壺のなかで鳴らしては機関銃を撃っているように見せかけたり、厭戦《えんせん》気分をあおる内容をトーチカに向けて呼びかけた。村々には八路軍《パールーチュン》側の村長と、日本軍に対応する村長の二人を置いた。また、中国人のカイライ軍に対しては、「同じ中国人同士が殺し合うのはやめよう」という説得工作を行った。

このようにして事件の一年後、四三年五月頃には、形勢に大きな変化が現れた。もはや日本兵が三～五人程度で村まで気ままにかっぱらいや村人をぶん殴りに来たりはできなくなった。それどころか、一〇人、二〇人でも軽々しく村には入れなくなった。彼らはトーチカのなかにこもるようになり、真っ昼間から抗日部隊が移動するのが見えても、撃ってこなくなった。さらには、トーチカが民衆に破壊されたり、日本軍部隊がトーチカから撤退を余儀なくされるという新たな情勢さえ、一部に出現した。

つまり、あれほどの疾風怒濤《しっぷうどとう》の「五一大掃蕩《ウーイーターサオタン》」も、冀中《チーチヨン》の民衆はおおよそ一年間でその被害からほぼ完全に立ち直った。のみならず、逆に侵略者を叩き出す一歩手前まで力関係を逆転させたのだ。勢いはその後もとどまることなく、四五年八月一五日の日本軍の無条件降伏までなだれ込むことになる。

三光《サンクアン》作戦は、中国の民衆を屈服させられなかった。逆に、三光作戦こそが、民衆の前に屈服したのだ。

この時期、北坦《ペイタン》（とその周辺）の民衆は、以下のように抗日闘争の日々を送った。

頭を腰にぶら下げて、抗日活動

青年抗日救国会《チンニエンカンリーチユクオフイ》の主任だった王布雲《ワンプーユン》さんは、事件後も、定県内で抗日活動を堅持した。しかし抗日の環境は、事件前よりさらに悪化し、武装闘争はもはややりにくくなった。日本軍はさらに封鎖壕を掘り、トーチカを建設した。昼間の活動はほとんど不可能となり、活動の時間帯は夜となった。死の危険はもとよりだが、抗日闘争をしないともっと悲惨になることはわかり切っていたから、「頭を腰にぶら下げて」（首はもう切り落とされたものと腹をくくって）抗日活動をした。

政策的に敵を揺さぶる必要から、県の党委員会のなかに「敵偽軍工作部《テイーウエイチユンコンツオプー》（敵工部《テイーコンプー》）」と「城市工作部《チヨンシーコンツオプー》（城工部《チヨンコンプー》）」が設置された（城市＝都市）。敵工部は日本軍と偽軍に対する工作、城工部は日本軍の占領地区（主に都市）の住民に対する工作をした。占領地区の住民は、やがては偽軍に入って日本軍に協力するからだ。王さんは一九四二年九月、この敵工部に配置され、青年抗日救国会の仕事から離れた。敵工部ではまず幹事、後に部長となった。そのまま四五年の日本投降を迎えた。

トーチカの跳ね橋を焼き払う

事件後、村人のなかには悲観的になってしまった人もいたが、李勝徳《リシヨントー》さんは、民兵仲間と抗日活動を堅持した。例えば、李親顧《リチンク》や趙庄《チヤオチヨアン》に敵の砲台があった。南側に封鎖溝を掘ってあった。幅七メートル、深さ二メートル強。日本軍が互いの砲台を行き来する時に、李勝徳さんたちは自家製の銃や手榴弾でこれを襲い、彼らの思い通りの通行をじゃました。

また、砲台の周囲に壕が掘ってあって、入口には跳ね橋（日本軍側の人間が砲台に出入りする時のみ壕の上にかける橋。普段は橋の一端を吊りあげて、人が渡れないようにしてある）が架けてある。この跳ね橋を焼き払った。「銃も大砲もないが、敵が俺たちにくれる」という歌の文句通りに、武器はなかったが敵から奪って戦った。

村の西にある李親顧や東の東城《トンチヨン》の日本軍は、しょっちゅう村に来たので、民兵や区小隊《チユイシアオトイ》はよく彼らと戦った。

「日本侵略軍はウサギの尾っぽと同じで、短いまま終わる。つまり、日本軍はいずれ中国人民に負けるのだと信じて戦いました。死んでも亡国奴《ワンクオヌー》にはなるまいと誓いました」

民衆も民兵も、政治的な教育を受けた。その頃はみな毛沢東《マオツオートン》の著作『持久戦を論ず』をよく学習し、中国人民が必ず勝つとの信念を持っていた。本の文章はまる暗記していた。共産党《コンチャンタン》の指導方針だった。毒ガス事件の時には、すでにこの本は読んでいた。今の苦しい状況は「夜明け前の暗闇」にすぎない、暗闇は永遠には続かず、最後の勝利は自分たちのものだ、と信じていたという。

日本軍は中国民衆に対して「殺し尽くし、奪い尽くし、焼き尽くす」残虐な三光政策《サンクアンチョンツォ》をやったが、中国の民衆がこれに屈服することはなかったと、李勝徳さんは言う。日本軍の前に中国人民は弱い存在だったが、戦いを続けた。いつか自分たちは必ず勝利するという信念の源泉は、やはり毛沢東思想だったという。

日本軍は確かに強大だが、人数は少ない。日本人全員を中国大陸に引き入れても、広大な全中国を占領しきれない。さらに戦闘は中国人民の土地の上で行われているが、日本人はよそ者で、地形にも自然にも疎《うと》い。しかし中国人民は中国の実状をよく知っている。日本軍を一つ一つ消滅していけば、いつか必ず全部を潰して中国から追い出せる――毛沢東思想から、こう信じていた。

毒ガス事件後の、一九四三年の末か四四年前半の頃、各地の砲台にいた多くの日本軍が姿を消した（注）。警備隊の中国人のみが残った。付近の民衆は、こうした砲台に対して毎日のように説得を行った。みな同じ中国人だ、武器を放して出て来いと。ある砲台では周囲の壕に跳ね橋をかけて、民衆をなかに入れるようになった。また別の砲台では、県大隊《シエンタートイ》と区小隊の指導のもと、民衆が砲台を焼き払った。これほどのことが、八路軍《パールーチユン》の正規部隊なしに、民衆だけで十分できるようになった。

この頃から、「日本軍はそろそろ終わりだ」と感じ始めた。

一九四五年八月、日本降伏の知らせを、南坦《ナンタン》村で聞いた。家々では銅鑼《どら》を鳴らし、太鼓を叩いて祝った。大変な喜びだった。

（注）北坦《ベイタン》の周囲のトーチカの多くは「五一大掃蕩《ウーイーターサオタン》」の期間中か直後に建造されたものだが、早くて翌四三年九月（大王耨《ワンルー》）、遅いものでも四四年三月（李親顧《リチンク》、邵《シャオ》村）には、中国民衆によって実質的に消滅させられた（冀中《きちゅう》人民抗日闘争史資料研究会七分区組・製図「抗日戦争期間冀中七分区　敵点碉溝路分布図」一九八六年）。

三人の漢奸《ハンチエン》を村で処刑した

日本軍は事件後、新たに東城《トンチヨン》、西城《シーチヨン》（北坦の東一・五キロ）、趙庄《チヤオチヨアン》、大王耨《ワンルー》、小王耨にトーチカを建設したが、李徳祥《リトーシアン》さんはゲリラ活動を続けた。李勝徳《リシヨントー》さんと同じく、毛沢東《マオツオートン》の『持久戦を論ず』を毎日のように学習した。

地下道は、事件で大勢の死者が埋まったままの部分は利用できなくなったが、その他は事件後も利用し、新たな地下道も掘って、むしろ事件前より積極的に活動した。また地下道に毒ガスや水を注入される恐れがあるので、地下道の一部を狭くしたり、砂などで塞げるよう工夫した。北坦は一度日本軍に目を付けられた村なので、李さんたち民兵は北坦では寝泊まりしなくなった。

毒ガス事件の同じ年の九月、李徳祥さんは自宅の東で偽軍《ウェイチュン》（カイライ軍）の中国人兵士に捕まった。「李徳祥を知っているか」と彼は聞いてきた。彼らは村の抗日幹部の名前を掌握している。「知っている。彼ら一家は、地下道に逃げたところを毒ガスで襲われ、家族全員が死に絶えた」とウソをついて、難を逃れた。四二年一〇月頃、毒ガス事件の際に日本軍と密通した容疑で、三人の漢奸を村で死刑に処した。

この後も抗日活動を堅持して、四五年の日本の無条件降伏を迎えた。日本軍の拠点では白旗を掲げ、日本軍は定県城内に引き上げた。日本軍が投降した時の村人の喜びは、とても口では言い表せない。

一人二役、昼は日本軍、夜は八路軍の警備

北坦村民の劉忠明《リウチョンミン》さん（二三）は、死体の片づけが終わると、事件前と同じように抗日活動に入った。この頃、東城の日本軍トーチカの小隊長は、松本といった。

事件の半年後となる四二年初冬、村の外周には封鎖壕が掘られた。李慶祥《リチンシアン》さんによると、北坦と

南坦《ナンタン》の外周の封鎖壕は深さ五メートル、幅五メートルの大規模なもので、下りたら上がってこれない。周辺の村人を日本軍が強制的に動員して、掘らせたもので、北坦《ペイタン》、南坦に一カ所ずつの出入り口がともに東側にあった。そこだけ地面を掘らずに残してあり、トーチカにあるような跳ね橋は作ってなかったという。

村から外部への出入り口は東の一カ所だけとなった。日本軍はこの出入り口で警備に立ったわけではないが、しょっちゅう村に来た。だから逆に、北坦の民兵がこの出入り口に立って日本軍の来るのを見張った。「壕はもともと日本軍が共産軍への対策に掘ったものですが、実際には逆に、私たちの方がこれを利用しました」(李文生《リウエンシヨン》さん)。入口が一カ所だとかえって見張りがしやすくなり、日本軍が来た時も、村内の幹部に身を隠すように連絡する手間が稼げるなど、さまざま措置がとりやすくなったらしい。

この封鎖壕は、日本軍の側からは「護村壕」(村を守る壕)という言い方をした。北坦と南坦とを一本の封鎖壕で囲んだ。あるいは南坦の方にも、南坦用の出入り口があったかもしれないという。南坦では、薬王廟《ヤオワンミヤオ》の南を壕が走っていた。出入り口を東側に作ったのは、「東の東城《トンチヨン》村に日本軍のトーチカがあったから、彼らが北坦に出入りするのに便利な形にしたのではないか」(李文生《リウエンシヨン》さん)という。

劉《リウ》さんはこの出入り口で、昼は日本軍のために、夜は八路軍《パールーチユン》のために警備に立った。八路軍は昼間は行動できなくなったので、もっぱら夜に活動した。ある夜、突然、八路軍の拳銃隊が村に来たこともあった。

「第一七団、銃一五〇挺」の拷問

「あれほどの虐殺事件の後も、北坦《ペイタン》では日本軍の侵略に抵抗する情熱がなお非常に高かった。事件後、北坦の周囲の多くの村に日本軍のトーチカが建設されたが、中国人民は共産党《コンチャンタン》の指導のもとで抗日活動を堅持しました」と、王士傑《ワンシーチエ》さんは言う。

毒ガス事件の一カ月後、日本軍はまた北坦を掃蕩し、王士傑さんは捕まった。その時受けた拷問を、一生忘れない。自宅のすぐ南の劉芬元《リウフエンユエン》の家の庭に連行されて、木の棒で肩をぶん殴られ、腫れ上がった。その後、三〇〜四〇人の日本兵、偽軍《ウエイチユン》がいる所で、弾丸の先端を使って、裸の左胸に「第十七団」、右胸に「銃一五〇丁」という文字を刻み込まれた。「第一七団は一五〇丁の銃を、日本軍に出せ」という意味だった。とても痛く、文字が消えるまで何カ月もかかった。

その後、柔道の技で投げられた。また、先端が二股に分かれた鉄でノドを絞め上げられた。さらに板の上に仰向けに寝かされて口に布をかぶせられ、その布ごしに口のなかに水を注ぎ込まれた。こうされると息を吐く時は大丈夫だが、息を吸う時、一緒に水を飲まねばならない。日本兵は大量の水をこうして飲ませた上で、長い木の板を腹の上に渡し、その両端に兵隊がのっかって、腹を押しつぶす。また水を飲ませる、押しつぶす、という動作を繰り返した。あまりに苦しくて時間など覚えていようもないが、おそらく一～二時間くり返されて、王さんは気を失った。

意識が戻ると、周囲は水浸しだった。またぶん殴られたが、立ち上がりざまに死にものぐるいでその場を飛び出して、逃げた。敵が三〇人ほども王さんを追ったが、村の地理はわかり切っているので、何度もくねくね路地に入りながら逃げ、最後は自分の家から地下道にもぐって逃げのびた。この後、三カ月以上も大便に血が混じった。

四四年になると、トーチカ内の日本兵の数が減ったのが王士傑さんにもわかった。四五年二～三月にはすでに、多くのトーチカが破壊され、焼かれて、数が少なくなった。日本軍の弱体ぶりが至るところで露わになってきており、もう勝利の日も近いと思えた。

「日本が投降したと知った時は、何よりもうれしかった。奴隷の苦しさをさんざん味わって、ようやく侵略者の圧迫がなくなると思いました」

拷問と漢奸《ハンチエン》の通報、間一髪で命びろい

事件後のある時、北坦《ペイタン》の共産党《コンチャンタン》公安委員で、治安を担当していた李文生《リウエンシヨン》さんは日本軍に捕まっ

た。「李文生」は日本軍のブラックリストの筆頭なので、本名を名のれば殺される。「王秋貴《ワンチウクイ》といいます」とウソをついた。それでもトーチカで二日間、傷口に塩をすり込まれたり、口から棒を突っ込まれたりして拷問された。父親が仲間の一人と腕章をつけて日本兵になりすまし、助け出しに来た。李文生さんたちがトーチカから出て数歩も歩かないうちに、トーチカに入っていく劉鳳武《リウフォンウー》という男とすれ違った。彼が日本軍と通じていることを、この瞬間に初めて知った。

劉鳳武はトーチカに入ると、「あれが李文生だ」と日本軍に報告した。彼がトーチカに来るのがあと二分も早ければ、李文生さんはトーチカのなかで正体がばれて、殺されていたところだった。李文生さんはすぐ公安部署に、「劉鳳武は漢奸《ハンチエン》（日本軍に協力する裏切り中国人）だ」と報告した。

李親顧トーチカの「大ヒゲ」

まだ子どもだった李昇児《リションアル》さん（一一）は事件後、李親顧の日本軍トーチカ（四二年五月～四四年四月）を友達と見に行ったことがある。日本軍も子どもには自由に見せてくれたらしい。殴られもしなかった。何階建てだったか覚えてないが、円筒形で上下の階はそれぞれ小さな階段で結ばれていた。屋上には一メートル四方の日の丸が掲げてあった。

北坦《ペイタン》付近の日本軍には、「大胡子《ターフーツ》」（大ヒゲ）というあだ名で近隣の村々に有名な日本兵がいた。

李さんは毒ガス事件後、この男を見た。太って背が高く、ヒゲを生やしていた。メガネはしていなかった。李慶祥《リチンシアン》さんによると、毒ガス事件の後、「東城《トンチヨン》のトーチカには〝大ヒゲ〟というひどく残虐な将校がいる」とうわさされるようになった。実際の階級はわからないが、この男は後に八路軍《パールーチユン》に殺されたと聞いている。(筆者の聞き取りの場に居合わせた村の老人たち五〜六人が、「当時、〝大ヒゲ〟といえば誰でも知っていた」と口をそろえた。)

日本軍トーチカで同化教育

北坦《ペイタン》村は事件後に日本軍の「愛護村《アイフーツン》」とされ、日本軍は村に来て学生を招集した。学生を集めてトーチカで教育しようというのだ。学費、飲食費、宿舎費ともに不要だったが、これは同化教育だった。侵略政策を浸透させるための措置だ。李全道《リチユエンタオ》さん(一八)はまず李親顧《リチンク》トーチカ、後に東城《トンチヨン》トーチカで勉強した(筆者注—東城の日本軍トーチカは、毒ガス事件直後の四二年六月に建設され、四四年一一月に中国民衆によりつぶされた)。

教師は日本人で通訳がついた。科目は軍事訓練、書き方、日本語など。「集まれ」「気をつけ」「右向け右」「止まれ」など、全部日本語で教えられた。教師の名前は覚えていない。

李さんと一緒にこのトーチカで勉強した仲間たちは、もうほとんど死んでしまった。当時、一人の仲間は病気で行かなくなった。李さんたちは、強制的にトーチカに行かされた。行かないわけにはいかなかった。日本軍は村ごとに出す学生の数と年齢を決めていた。必ず両親のある者で、孤児は選ばれなかった。トーチカでは給食も出た。この食糧は、村から徴発したものだった。

北坦からは十数人の学生が出された。李親顧からも出された。一クラス五〇～六〇人ほどだった。トーチカごとに管理範囲が決まっていて、その管轄ごとに学生を集めたらしい。北坦は最初は李親顧トーチカの管轄下にあり、次いで東城トーチカの管理下に移った。したがって、学生も後には東城のトーチカへ行った。

青年団《チンニエントアン》をも村に対して要求した。その目的は子どもたちと同じで軍事訓練だった。つまり、児童団《アルトントアン》で一クラス、青年団で一クラスあった。一クラス五〇～六〇人ほどで、それを六班に分けてあった。児童団はトーチカのなか、青年団は外にいた。児童団と青年団で、計二クラス、一〇〇人あまりが泊まり込み、いわば全寮制でこのトーチカのなかで勉強させられた。日本軍の指名により団長《トアンチャン》も選ばれていた。

児童団は年齢一五～一八歳で、青年団は二五～二六歳。民兵や共産党員《コンチャヤンタン》が紛れ込んでいると危ないから、トーチカ外周の壕の外に宿舎があって、そこで学習し、寝泊まりした。青年団の方には日本人の教師はつかず、偽軍《ウェイチユン》の中国人が教官になった。日本軍の監視もなかった。ある日、八路軍《パールーチユン》が来て、青年団を全部連れて逃げてしまった。しかし班長たちは、わざわざトーチカに戻ってきた。

日本軍の期待通り、すでに立派な漢奸《ハンチエン》（日本軍に協力する裏切り中国人）に「成長」したわけだ。その後は、外に出されないで、壕のなかに入れられた。

その班長のうち一番悪かったのは、許国柱《シュイクオチュ》といった。実に「立派な」漢奸であって、後に共産党に処刑された。その他の班長の名は覚えていない。トーチカの学校に名前は特にない。教師は男の先生が一人だけ。全部の科目を一人で教えた。名前は忘れた。教師が中国人の生徒を殴ることはなかったが、団長《トアンチャン》の中国人は、よく一般の生徒を殴った。児童団《アルトントアン》の団長は、南坦《ナンタン》村の朱国志《チュクオチー》といい、当時一九～二〇歳だった。

毒ガス事件の二～三カ月後には、このトーチカの学校に行き始めた。強制的に行かされた。最後はいつまで通ったか、はっきり覚えていない。とにかく、それほど長くは行かなかった。一年か、せいぜい二年くらいだろう。

特に印象の深い思い出といえば、東城《トンチョン》で勉強させられている頃、宋継奎《ソンチークイ》という拳銃隊の人が日本軍に捕まって、東城のトーチカに連行された時のことだ。彼はトーチカの地下室に閉じこめられた後、李全道《リチユエンタオ》さんを呼んだ。「俺は無事だと、家族に伝えてくれ」。実際に李さんは、北坦《ペイタン》の彼の家族に伝えた。宋継奎は自家製の銃を持っていたので、銃殺された。

李親顧《リチンク》トーチカでは全寮制だったが、東城トーチカには自宅から通学した。ただし、何か特別に用事があって家族が迎えに行けば、届けを出したうえで、休暇にできた。普段は家にも帰れなかった。

定県の城内で運動会があった。「君が代」かどうかわからないが、日本語の歌を授業で習った。今はもう、歌えない。トーチカ内の教室正面の左右には、小さな日の丸が一つずつ飾ってあった。またトーチカの屋根には二メートル四方くらいの日の丸が掲げてあった。

トーチカの壕のなかではいつでも日本兵たちを目にするが、特に話もしなかった。壕の内側の敷地内では別に行動を制限されたりもしなかったが、子どもたちは恐ろしいので歩き回らなかった。しかし、中にはトーチカの最上階まで上った子どももいた。

李親顧でも東城でも、トーチカ内の日本兵は一〇～一五人ほどしかいなかった。この数は流動的だった。警備隊の中国人や漢奸《ハンチエン》、要するに日本軍の手先として働く中国人は全部で、トーチカ内に三〇～四〇人いた。日本人と中国人の間にときどき、ケンカが起きた。いつも最後は日本人が勝っていたようだ。

李さんは、四階建てのトーチカのなかには入ったことがないので、それぞれの階がどう使われていたかは知らない。トーチカはそれぞれの村に供出させたレンガで造った。厚さ一メートルもある壁には、東西南北すべての方角に窓が開いている。窓は外側は広く、内側は小さく作ってあった。

李親顧と東城のトーチカの間の木はすべて切られた。三キロ前後離れているこの二つのトーチカが、お互いに見えるようにするためだ。北坦、南坦、東湖《トンフー》（北坦の南二・五キロ）、西城《シーチョン》（北坦の東一・五キロ）ともトーチカはなかった。

八路軍《パールーチユン》に入隊、毛沢東《マオツオートン》思想で難局のりきる

南坦《ナンタン》の魏振昌《ウエイチエンチャン》さん（一六）は事件の年の秋、一〇月頃、李五全《リウチユアン》さん（一八）と一緒に八路軍に入った。李さんは最初から志願入隊だが、魏振昌さんは、東城《トンチヨン》にあった日本軍のトーチカの警備隊に選ばれてしまい、これを嫌って八路軍《パールーチユン》に志願入隊したのだった。しかし二人とも、「祖国を守るために」八路軍に入った気持ちは同じだった。

最初に配属された第一七団（連隊）は二カ月後に第三二区隊に、さらに一～二カ月後に第四五区隊に改編された。第四五区隊の区隊長は肖志華《シアオチーホア》、連長は張建華《チヤンチエンホア》、副連長は張寿和《チヤンシヨウホー》といった。魏さんは機関銃班に配属され、李五全さんは偵察員となった。

印象深かったのは、毒ガス事件の翌年、四三年三～四月に安国《アンクオ》県の農村で二回にわたって日本軍を待ち伏せ攻撃した作戦だ。まだ畑の小麦の背は低かった。うち一回は東北馬《トンペイマー》、もう一回は張市《チヤンシー》という村だった。日本軍は、自軍の戦死者の遺体をすべて持ち帰った。

八路軍では、戦闘がなければ、基本的に毎日午後の一～二時間を学習に当てた。特に毛沢東思想を学び、「人民に奉仕せよ」という教えを叩き込まれた。毒ガス事件後の一～二年は、八路軍側の最

も困難な時期となった。日本軍がトーチカを二～三キロの間隔に一カ所建設し、抗日勢力に猛烈な圧力を加えた。しかし、李さんや魏さんたちの抵抗は、この難局も、毛沢東思想を支えとして、乗り切った。

この後、李五全さんは四五年旧暦四月一三日（新暦五月二四日）、日本軍に捕まった。河北省《ホーペイ》南部の藁城《カオチヨン》、石家庄《シーチアチヨアン》で一〇〇日ほど捕らわれの身で過ごしたところで、日本の降伏を迎えた。

八路軍に入り、日本降伏後は国民党軍と戦った

魏振昌《ウエイチエンチヤン》さんと同様に、李根山《リケンシヤン》さん（二〇）も八路軍に入った。「事件後は、村の周囲には日本軍のトーチカがいくつも建設されたので、抗日活動もできなくなりました。仕方なく武器はどこかに隠しました。地下道がなければ、戦いもできないので、私は八路軍第一七団に入隊しました」。河北《ホーペイ》省から山西《シヤンシー》省、包頭《パオトウ》（現在の内蒙古自治区の都市）までも転戦した。

四五年七～八月頃、山西省の臨《リン》県で八路軍の指揮官から、「日本軍はもうじき武器を捨てて、自分の国に帰るぞ」と聞いた。じきに日本軍降伏の知らせを聞いた。大きな喜びだった。「もう日本軍がいない。おれたちがこの国の主人になるんだ」と思った。この後、李根山さんは包頭に移動して、そのまま国民党《クオミンタン》軍との解放戦争に入った。（日本軍の去った後、共産党《コンチヤンタン》軍と国民党軍との間に起きた内

戦。広大な農村部で農民の圧倒的な支持を得た共産党軍が、その後四年間で当初の兵力の劣勢を完全に逆転させて勝利し、四九年一〇月に新中国＝中華人民共和国を成立させた。一方、破れた国民党軍は台湾にのがれ、実質上「二つの中国」となって現在に至る。）

婦女救国会で八路軍を支える

「三光《サンクアン》作戦の過酷だった四二～四三年、北坦《ベイタン》の毒ガス事件のような残虐な仕打ちを受けても、なお私たちの勝利への自信は、揺るぎませんでした」と、李春梅《リチュンメイ》さん（一六）は言う。この苦難も一時的なもので永遠には続かない、日本軍は残虐なことをすればするほど中国人の反抗心を強めるだけだと、仲間の誰もが一様に思っていた。学校の教師はみな、年配の共産党員《コンチャンタン》だった。「人民戦争だから、こうした宣伝が民衆の間に行き届いていたんです」。

李春梅さんの所属する婦女救国会《フーヌイチウクオフィ》では、八路軍《バールーチュン》兵士の身につけるもの（軍服、靴下、布靴）を作っては、村の武装委員会を通じて軍に供給するなどの活動をした。八路軍を側面から支援するのが主な任務で、武器弾薬や食糧の運搬なども含む。戦闘には参加せずに、もっぱら「後方活動」のみだった。一方、男たちは日本軍トーチカのレンガをはずして破壊したり、日本軍の使う電話線を切断したりした。

「当時、日本兵を捕まえたら、一番苦しむ方法で殺してやりたかった」。代わりに、漢奸《ハンチエン》（日本軍に協力する裏切り中国人）を処刑したことがある。南坦《ナンタン》に丁瑞達《ティンルイター》という四〇代の漢奸がいた。抗日幹部の名前をよく日本軍に密告したヤツで、おかげで日本軍からひどい拷問を受けた民兵もいる。李春梅さんたちは、この男を漢奸と特定して捕まえた後、村人たちで少しずつ肉をそぎ落として殺したという。

李春梅さんの夫、朱鋼児《チュカンアル》さんは事件当時一八歳で、南坦の青年抗日先鋒隊《チンニエンカンリーシエンフォントイ》の主任だった。事件後のある時、村が日本軍に襲われた。県大隊《シエンタートイ》の一人の兵士が、歩兵銃三挺をある家の井戸に落として隠した。その後に投降した彼は、日本軍に三挺の隠し場所をもらした。しかし銃は、すでに村のおそらくは民兵たちが引き上げて持ち去った後だった。探しても銃はない。そこで日本軍は、朱鋼《チュカン》児《アル》さんを捕まえると、銃の行方を聞き出すために拷問した。ふくらはぎを銃剣で刺されたりした。

＊

聞き取りを終えて、村を去る。

北坦から定州《ティンチヨウ》、保定《パオティン》、北京《ペイチン》を経て、日本の東京まで。北坦からの帰路は、来た時とは正反対に、抗日解放区《カンリーチエファンチユイ》から日本侵略軍の大本営への旅だ。その日本の支配層はいま、かつての侵略思想を明確に否定しているといえるだろうか。

左の車窓に沈み行く夕陽を眺めながら、私の乗るタクシーは、冀中《チーチヨン》の民が日々のくらしを送る平原をひた走った。

日本人への言葉――あとがきにかえて

「日本人の、特に若者に伝えたいことを一言」と、私は聞き取りの最後に、それぞれの幸存者《シンツンチョ》にお願いした。以下に紹介する彼らの言葉には、一見激しいものもあるが、その激しさの原因をつくったのは誰だろうか？　これは、日本の残虐な侵略作戦に、最も激しく抵抗し、凄惨に殺された「毒ガス作戦の村」の民衆から、私たち日本の民衆への呼びかけの言葉だととらえていただきたい。

李《リ》春梅《チユンメイ》さん

昔と同じ道を歩かないでくださいと、日本の若者に伝えたいです。お隣の国どうしだから、仲良くした方がいい。誰にでも友達がいて、家がある同じ人間です。そういうものを失い、命も落とす戦争などというものは、すべきではありません。

昔、日本が中国を侵略したのは、みんなが知っている事実です。世界中が知っているのに、なぜ（あれは侵略ではなかったと）ウソをつく人が、日本にはいるんでしょうか。

◈李徳祥《リトーシアン》さん

日本人は、過去の歴史を次の世代によく教育してほしい。そして中国と日本は、友好的につき合っていくべきです。中国侵略の歴史を美化するような教科書で日本の若者を教育するのは、理にかないません。小泉首相は歴史の事実にしたがっていない（筆者注―二〇〇一年八月、A級戦犯をまつる靖国神社を小泉首相が参拝したことを踏まえている）。事実を事実と認めることです。

◈王占民《ワンチヤンミン》さん

中日両国がずっと友好関係にあるよう願っています。日本は、若者にしっかりと過去を教育して、二度と軍国主義で中国を侵略することがないようにしてほしい。同時に、日本政府には、事件の被害への経済補償を求めたい。中日友好を壊すわけにはいきませんが、要求だけは出しておきたい。

◈李勝徳《リシヨントー》さん

日本の若者には、過去から教訓をくみ取り、中国の若者と一致団結して軍国主義の復活に反対するよう望みます。

A級戦犯の東條英機をまつってある靖国神社に首相が参拝したり、侵略を美化する教科書が出てきたり、という日本の現状をテレビなどで見聞きして、非常に怒りを覚えます。歴史を改ざんし、中国に侵略したことを正当化するのは、許せません。平気で靖国神社に参拝するような人には、日本の首相になる資格はないと思います。

小泉さんは、盧溝橋の抗日戦争記念館にも来ました。これもテレビで見ました。日本帝国主義の中国侵略を、そこで認めたはずです。中国人犠牲者の祈念碑のところでは、花輪も供えました。それなのに日本に帰ったら靖国神社に参拝するのでは、中国で言ったこと、やったことと矛盾しています。

◈王俊傑《ワンチユンチエ》さん

日本の若者たちには、本当の歴史を勉強してほしい。あなた（筆者）が日本に帰ったら、日本の青少年がウソの話を信じないように、彼らに教えてやってください。

日本が昔、中国を侵略したわけではなく中国の解放に来たかのように一部の日本人が言うのは、デタラメというものです。小王耨《ワンルー》（北坦《ベイタン》の北）では三〇人も中国人が殺されました（筆者注―一九三七年一二月の王耨惨案《ワンルーツアンアン》〈八六ページ参照〉。『華北《ホアベイ》歴次大惨案《ツアンアン》』〈中央档案館・中国第二歴史档案館・吉林省社会科学院共編『日本帝国主義侵華档案資料選集』第一一巻、中華書局、一九九五年〉によると、小王耨では六五人が殺されたという）。その村人たちは、逃げるために真冬の沙河《シャーホー》（王耨事件の時は水があった）にまで飛び込みました。殺されるからです。このように中国人を殺しておいて、「解放に来た」とは、なんという言い草か。

小王褥《ワンルー》の事件は、日本軍が中国人の土地の上で引き起こしたことです。李親顧《リチンク》が攻撃されたときも中国人がたくさん殺され、家や財産が焼かれました。日本軍が北坦《ペイタン》の周囲に封鎖壕やトーチカを建設するとき、使い回された中国人の人夫たちは、アリほどの価値もなく簡単に殺されました。それなのに、なぜ日本では若者たちに間違った歴史を教えようとするのか。おかしいです。

◈王士傑《ワンシーチエ》さん

最近の日本の教科書問題と靖国神社参拝の問題については、中国人も知っており、よくこれについて議論します。今の日本には、昔の侵略者のような思想を持つ、例えば小泉さんのような人が結構います。昔の歴史の事実を認めないような人間の思想を変えない限り、もう一度、侵略が起こると思います。

今の日本では、よその国と仲良くするよう若者に教えることをせずに、侵略思想を教え込もうとしているように見えます。昔、日本は中国を侵略したのではなく、中国を解放に来たのだなどと教育するのは良くありません。

王紅喜《ワンホンシー》さん

今でも日本人と会ったら本当に、ぶん殴ってやりたい気持ちだ。日本人が北坦でやったことを、とても恨みに思います。もし共産党《コンチャンタン》の（中日友好の）政策がなければ、必ず日本とまた戦うところだ。（中国侵略を美化する）日本の歴史教科書のことは、私も話に聞いて知っています。まったくでたらめな話だ。侵略に来て、三光政策《サンクアンチヨンツオ》をやったのに、何を言うのか。こういう思想で若者を教育するのは良くない。昔のことを知らない若者を、なんでだますのでしょう。もし本当に〝解放に来た〟のなら、こんなに多くの中国人を殺すわけがありません。

李根山《リケンシヤン》さん

日本の若者には、昔の歴史の真実を伝えたい。日本では教科書で、過去に中国を侵略しなかったように教えるらしいですが、私たちは侵略の実際の被害者です。本当のことを日本の若者に伝えたいです。

日本軍は中国で悪いことばかりしました。どこの村に入っても殺し尽くし、奪い尽くし、焼き尽くしました。人間として一番悪いことを日本軍はやったのに、これを認めないのはおかしいです。

私たちの言った話を日本の政府に出してほしい。

最もひどかったのは、村々に若い女を要求したことです。女を出さなければ、また掃蕩《サオタン》に来る。

今度はむりやりに若い娘をさらっていきます。例えば、北坦《ペイタン》事件のすぐ後、私が北馬《ペイマー》という村（河《ホー》北《ペイ》省安国《アンクオ》県。北坦の東南一〇数キロ）にいたときのことです。そばに日本軍のトーチカがあって、若い女性三人を要求してきました。八路軍《パールーチュン》が「出す必要はない」と、村人に要求を突っぱねさせたので、日本軍は報復の掃討にきました。八路軍はこれを撃退し、すぐに移動しました。

翌日の夜、トーチカの日本軍が村を包囲しました。報復です。年寄りも子どもも女性も、みな空き地に追い込まれました。誰が共産党員か、誰が村の幹部か、と尋問されたけれど、誰も答えません。そこで、日本兵は村人のなかから三人を引き出しました。偶然ですが、三人とも村の抗日幹部でした。日本兵は村人全員の目の前で、その三人の首を切り落としました。三つの頭は、日本軍のトーチカの入口に掲げられました。

これに対して、日本軍捕虜に対する毛沢東《マオツオートン》の寛大政策をご存じですか？　当時の中国共産党の方針では、日本軍の負傷者を八路軍がとらえれば、すぐに治療しました。とても優遇してやりました。快復して、本人が日本軍に帰りたいと望めば、帰してやりました。また逆に本人の希望で八路軍にとどまりたければ、入隊もできるという寛大政策でした。しかし、一方の日本軍はどうでしたか。いま言ったように、農民に対して非常に残酷でした。そういうことを、伝えたいです。

正直に言って、当時の私たち八路軍の兵士には、侵略者に対するこうした寛大政策には、不満を持つ者もありました。例えば、私の周囲に、両親を日本軍に殺されて八路軍に入った兵士がいました。「復讐するんだ」と言っていました。ある戦闘で捕虜にした一人の負傷した日本兵を、彼は殺しました。これを聞いた上官は、彼を何週間も一つの部屋に隔離して、反省させました。なぜ中国共産党の規律に違反するのか、と。これほど共産党の捕虜優遇政策は厳格でした。日本人捕虜には飲み食いでもよいものを優先的に与えたりして優遇したのです。

しかし、日本人も悪いヤツばかりではありませんでした。なかには八路軍とともに日本軍に対して戦った日本人もいました。私の知っている日本人もとても面白くていい人で、中国人民に接する態度が非常に良かった。私たち中国人の方が逆にしつけられたくらいです。山西省《シャンシー》のある所にいたときは、顔を洗う水や飲み水を無駄にしないよう、彼に教わりました。山西省では水は貴重だからです。民衆のことを常によく考える人でした。

反戦同盟（一一一ページ参照）の日本人とは何人にも会いました。部隊から人を出して、こうした日本人を延安《イエンアン》（陝西省《シャンシー》。当時の共産党指導者、毛沢東のいた所。「革命聖地」と呼ばれている）まで送っていったこともあります。新中国成立後には、山西省《シャンシー》の陽泉《ヤンチユエン》という所で、ずっと日本人の技師と一緒に働きました。中国語もうまく、彼の悪口を言う中国人は誰もいませんでした。

❖王布雲《ワンブーユン》さん

私は今年八〇歳になります。事件からはもう六〇年ですが、この事件は忘れられません。忘れることはあり得ない。これらは、私が自分の目で見たことです。ですから私たちの年代の中国人は日本人と聞けば、あなた（筆者）のような人は別ですが、まさに恨み骨髄なのです。これらは私たち民族の恥辱だ。中国人なら誰でも、少しでも民族の誇りがあるなら、そう思うべきです。

北坦《ペイタン》の事件は、日本侵略軍が中国で行った悪業の一例にすぎません。日本兵は女性を強姦した後には、銃剣で刺し殺しました。あまりにも酷かった。抗日の八年間！　その間、日本は今日も掃蕩、明日も掃蕩――。それに対して我々は、四五年まで八年間、抗日戦争を堅持したのです。

日本人が自ら日本軍の加害事実を掘り起こすのは、良いことだと思います。今日の中国はもう、二〇年代の落後した中国ではないし、四〇年代の弱い中国でもありません。しかし同時に、中国が日本の東京に攻め入るなどというのも、あり得ないことです。中国と日本は今後、いく世代にもわたって友好関係を築いてゆくべきです。

＊

学生のときからこれまで、私がさまざまな場所で日本の中国侵略について中国人と話したとき、よく耳にしたのは、「中日両国の人民同士は常に仲良くすべきだ」という言葉です。これは、彼らを指導して抗日戦争を勝利に導いた毛沢東の教え――「広範な日本の人民と一握りの軍国主義者とは区別して見よ」という視点にならったものです。この単純明快な視点は、いまでも私が「日中戦争史」を見るときの基本になっています。

戦争で被害を受けるのは民衆です。民衆は権力者によって、殺し、殺される役回りだけを押しつけられ、戦後もえんえんと続く心と体の傷に悩まされます。北坦では少なくとも五人の日本軍将兵が戦死しました。彼らは、本当は誰に殺されたのでしょうか？　自分の国の、軍国主義者の同じ日本人に殺されたのではありませんか？

ですから、私たち日本の民衆がかつての「日中戦争」の歴史から真に学び取るべきは、日本を戦争のできる国にしようという動きを常に警戒することでしょう。

しかしながら、この「あとがき」を書く直前の二〇〇三年五月、あろうことか、「有事法制」の法案が国会で成立してしまいました。十分な審議もつくされないまま、しかも圧倒的多数の議員の賛成によってです。来年か再来年には平和憲法の改悪が「実現」され、その次にくるのは徴兵制——などという声さえ聞こえてきます。

私たち日本の民衆は戦争につながる動きを止め、広く国境を越えて、中国や韓国の民衆と団結することが大切でしょう。本書がそのために少しでもお役に立てれば幸いです。

最後に、つらい思い出を証言してくださった中国側の幸存者《シンツンチョ》の皆さんに、お礼を申し上げます。

ある人は、私の前では淡々と証言していましたが、実は聞き取りを終えて私がトイレに行っている間に泣いていたと、後に通訳の方に聞きました。

中国での取材では、河北《ホーペイ》大学の陳俊英《チエンチユンイン》教授に通訳、案内、幸存者との連絡ほか全面的に協力をいただきました。陳教授がいなければ、中国での取材はこれほど順調にいきませんでした。北坦《ペイタン》村共産党《コンチヤンタン》支部の李江呂《リチアンルイ》書記、一九八八年に村で私を案内してくれた王慶珍《ワンチンチエン》さん、通訳の馬麗華《マリーホア》さんと魏興華《ウエイシンホア》さんにもお世話になりました。

本書の第Ⅰ部「北坦事件との出会い」では、私が勝手に北坦現地に入り込んでの調査でしたが、その後、三光作戦調査会が発足してからは、同調査会と中国側との信頼関係のすそ野に立たせてもらった調査となりました。同調査会を立ち上げた渡辺登氏の熱意が私をつき動かし、本書の出版にこぎつけた面が強いと私は思っています。また、同調査会の中川寿子氏には特に文献調査の面で非常にお世話になりました。北坦の戦闘に岡山一一〇連隊が参加していたことのほか、数々の重要な点について、中川氏からは多くを教示されました。また同調査会の石川久枝氏にも常に励ましの言葉をいただいたほか、同調査会の多くの会員の皆さんにお世話になりました。

北坦の戦闘に参加した元日本軍将兵の方五人には、私とは北坦事件の見方がまったく異なる方もおられながら、私の質問に答えていただけました。

このほか日本での調査では、安養寺《あんようじ》功幸《のりゆき》氏、岡山・十五年戦争資料センターの上羽修氏、写真家の新井利男氏（故人）にお世話になりました。立教大学の粟屋憲太郎教授には、何度も貴重な教示をいただきました。

また本書の出版にあたり、高文研の梅田正己代表、飯塚直営業部長、編集部の真鍋かおる氏にたいへんお世話になりました。なかでも真鍋氏には私のつたない原稿の問題点を丁寧に指摘していただき、毒ガス戦というなじみの薄い内容をわかりやすいものに高めていただきました。また、梨の木舎の羽田《はた》ゆみ子代表取締役にもお世話になりました。

このほか、ここにお名前を書ききれないたくさんの方々のご支援があって、本書を刊行することができました。あらためて厚くお礼を申し上げます。

二〇〇三年五月二七日（北坦事件六一周年の日に）

石切山英彰

石切山英彰（いしきりやま・ひであき）
1960年、静岡県生まれ。現在、三光作戦調査会会員。

日本軍毒ガス作戦の村
――中国河北省・北坦村で起こったこと
●二〇〇三年 八 月一五日――――第一刷発行
著者／石切山 英彰
発行所／株式会社高文研
東京都千代田区猿楽町二―一―八
三恵ビル（〒一〇一＝〇〇六四）
電話 03＝3295＝3415
振替 00160＝6＝18956
http://www.koubunken.co.jp
組版／WEB D（ウェブディー）
印刷・製本／光陽印刷株式会社
★万一、乱丁・落丁があったときは、送料当方負担でお取りかえいたします。
ISBN4-87498-307-3 C0021